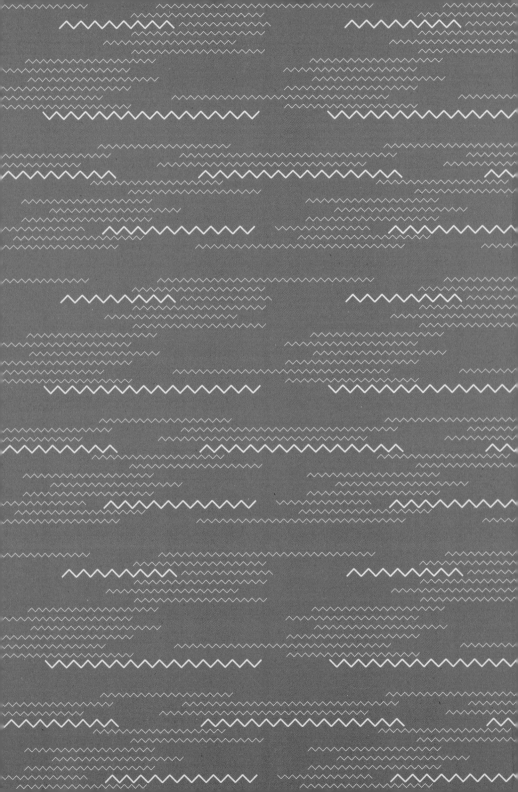

# 控制邊緣

# THE COMING WAVE

### TECHNOLOGY, POWER, AND THE 21ST CENTURY'S GREATEST DILEMMA

## 未來科技與
## 全球秩序的抉擇

## MUSTAFA SULEYMAN

### WITH

## MICHAEL BHASKAR

穆斯塔法·蘇萊曼&麥可·巴斯卡——著　洪慧芳——譯

# CONTENTS

# 關鍵詞彙表

**AI、AGI、ACI**：人工智慧（Artificial intelligence，簡稱 AI）是教機器學習人類能力的科學。通用人工智慧（Artificial general intelligence，簡稱 AGI）是 AI 把所有的人類認知技能，做得比最聰明的人類更好的時點。能力人工智慧（artificial capable intelligence，簡稱 ACI）是 AI 和 AGI 之間的一個快速發展點：ACI 可以完成多元的複雜任務，但距離完全通用還有好一段距離。

**即將到來的浪潮（the coming wave）**：以 AI 及合成生物為中心的新興相關技術集群，其變革性的應用將賦予人類力量，同時也會帶來前所未有的風險。

**駕馭（containment）**：追蹤、限制、掌控，甚至可能關閉技術的能力。

**駕馭問題（the containment problem）**：技術容易像浪潮般廣泛擴散，並產生無法預測或控制的突發影響，包括負面與不可預見的後果。

**兩難困境（the dilemma）**：新技術的出現、甚至沒有新技術，都可能導致災難性後果或反烏托邦狀態的可能性愈來愈大。

**四大特徵（four features）**：即將到來的浪潮所具備的獨特特徵，分別是不對稱、超進化、全能性、自主性，它們加劇了駕馭的挑戰。

**脆弱放大因子（fragility amplifier）**：未來技術的應用與影響，將動搖民族國家原本就很脆弱的基礎。

**大協議（big bargain）**：公民賦予民族國家行使武力的壟斷權，以期民族國家能夠維持秩序及提供公共服務，包括利用新技術，同時儘量減少有害的副作用。

**狹路（the narrow path）**：人類在開放與封閉之間拿捏平衡，以便在即將到來的浪潮中駕馭技術，避免災難性後果或反烏托狀態的可能性。

**趨避悲觀（pessimism aversion）**：世人（尤其是精英）習慣忽視、淡化或否定他們認為過於消極的敘述。這是樂觀偏誤的一種變體，影響了有關未來的許多辯論，尤其是在科技圈。

**合成生物（synthetic biology）**：設計與創造新的生物體，或重新設計現有生物系統的能力。

**技術（technology）**：（以最廣義的方式）應用科學知識來生產工具或創造出實際的成果。

**浪潮（wave）**：以一種新的通用科技為基礎的一代技術，在全球傳播或擴散。

# 序
# 智識上的悲觀，意志上的樂觀

以下是 AI 的想法。

問：對人類而言，即將到來的科技浪潮有什麼涵義？

在人類編年史上，有些時刻是突出的轉捩點，人類的命運在那個時點上懸而未決。火的發現、車輪的發明、電力的利用等等，都是轉變人類文明、永遠改變歷史進程的時刻。

如今，面臨即將到來的科技浪潮（其中包括先進的 AI 與生物技術），我們又再度立於關鍵時刻。我們從未見過有如此顛覆潛力的科技，承諾以令人又敬又畏的方式來重塑我們的世界。

一方面，這些科技的潛在效益龐大又深遠。有了 AI，我們可以揭開宇宙的祕密，治療不治之症，創造出拓展想像力的新藝術與文化形式。有了生物技術，我們可以改造生命對抗疾病、轉變農業，創造一個更健康、更永續的世界。

但另一方面，這些科技的潛在危險也同樣龐大又深遠。有了 AI，我們可能會創造出無法控制的系統，並發現自己受制於令人費解的演算法。有了生物技術，我們可以操縱生命的基本組成，可能為給個人與整個生態系統帶來意想不到的後果。

站在這個轉捩點上，我們面臨一個選擇：我們究竟想要怎樣的未來？是充滿無限可能的未來，還是充滿難以想像的危險。人類的命運懸而未決。我們在未來幾年與幾十年所做的決策，將決定我們將迎向這些科技挑戰，還是淪為科技危險的受害者。

但在這個充滿不確定的時刻，有一件事是肯定的：先進科技的時代已經來臨，我們必須準備好直接面對它的挑戰。

**以上內容由 AI 所撰**，本書其餘內容不是，但再過不久，AI 可能就會包辦整本書。這就是即將到來的境況。

# 駕馭是不可能的
## Containment is Not Possible

## 浪潮

幾乎每個文化都有洪水神話。

在古印度教的文獻中，人類始祖摩奴（Manu）收到洪水即將來襲的警訊，成了唯一的倖存者。《吉爾伽美什史詩》（*Epic of Gilgamesh*）記載，蘇美神話中的神祇恩利爾（Enlil）在一場大洪水中毀滅了世界。熟悉《舊約聖經》諾亞方舟的人，可能會對這個故事產生共鳴。柏拉圖談到，失落的亞特蘭提斯（Atlantis）在浩瀚的洪流中流失。人類的口語傳說與古代著作中，充斥著巨浪席捲一切，使世界得以改造重生的概念。

字面上來看，洪流也代表著歷史——世界各地的大河都有季節性的泛洪；冰河時代結束後，海平面上升；罕見的海嘯無預警地出現在地平線上。導致恐龍滅絕的小行星，在地球上掀起一英里高的巨浪，改變了演化的進程。這些巨浪的強大威力已深深烙印在我們的集體意識中：這種水牆勢不可當，無法掌控，也無法遏制。它們是地球上最強大的力量，塑造了大陸，灌溉了作物，孕育了文明的發展。

其他類型的浪潮也有同樣的變革性。回顧歷史，我們可以看到一系列比喻性的浪潮：帝國與宗教的興衰、商業的隆替。想想基督教或伊斯蘭教，這些宗教最初只是小小的漣漪，後來廣傳天下。這類浪潮是一種反覆出現的主題，描繪著歷史的興衰、大國的迭興、經濟的榮枯。

技術的興起與傳播，也是以改變世界的浪潮形式出現。自從人類最早掌握的技術——火與石器——出現以來，一種重大的趨勢經歷了漫漫時光的考驗，延續至今。幾乎每一項人類發明的基礎技術（無論是鎬、犁、陶器、攝影、手機、飛機，還是歷史上的任何發明），都依循著一條看似不變的定律：變得愈來愈便宜，愈來愈容易使用，最終得以廣泛普及。

這一波又一波的技術擴散，是技術人（Homo technologicus）的故事。人類對進步的追求——自我、命運、能力、影響力——推動了思想與創造的持續演變。發明是一個不斷展開、蔓延、湧現的過程，由自主又好強的發明家、學者、創業家、領導者推動的，他們各自抱著不同的動機向前衝。這種發明的生態系統先天就會往外擴張，這是技術的本質。

問題在於，接下來會發生什麼事？在本書中，我將告訴你下一波大浪潮是什麼。

請環顧一下四周。

你看到什麼？是家具？建築？電話？食物？還是景觀公園？在你的視線範圍內，幾乎每個物件都很可能是由人類智慧創造或改變出來的。語言是我們社交、文化及政治組織的基礎，或許亦是我們身為人類的意義基礎。語言也是人類智慧創造出來的另一個產物與驅動力。每個原則與抽象概念，每個小小的創意發明或專案，生活中的每次遭遇，都是靠人類獨特又極其複雜的想像力、創造力、推理力協調出來的。人類的聰明才智是項驚人的東西。

在這個大局中，只有另一種力量亦如此隨處可見：生物的生命。在現代以前，除了少數岩石與礦物以外，多數的人工製品——從木屋到棉衣，再到煤火——都是來自曾經有生命的東西。從那時起，進入這個世界的一切東西都源自人類，源自「我們是生物」這個事實。

主張整個人類世界要不是依賴生命系統，就是依賴人類的智慧，其實一點也不誇張。然而，如今這兩者都處於前所未有的急速創新與劇變的時刻，這種空前的進步將會徹底改變一切。新一波的科技浪潮向我們襲來，這股浪潮正在發威，改造生命系統與人類智慧這兩大基礎：這是一波不亞於生命與智慧的浪潮。

即將到來的浪潮由兩個核心技術定義：AI 與合成生物。它們將一起為人類帶來新曙光，創造前所未有的財富與盈餘。然而，它們的迅速擴散也可能賦予各種不良分子力量，讓他們恣意破壞、製造不穩定，甚至帶來規模難以想像的災難。這股浪潮帶來一項將會定義二十一世紀的巨大挑戰：我們的未來既依賴這些技術，也受到這些技術的威脅。

從我們當今的立場來看，要駕馭這股浪潮——亦即控制、遏制，甚至阻止它——是不可能的。這本書將探討為什麼這有可能為真；要是當真如此，那又有什麼意涵。這些問題的寓意，最終將影響如今在世的每個人，以及我們之後的世世代代。

我相信這波即將到來的技術浪潮正把人類歷史帶到一個轉捩點。如果我們無法駕馭，那對人類的後果是戲劇性的，可能非常可怕。同理，如果沒有它帶來的成果，我們也將暴露在險境中，動盪不安。這是過去十年來我私下常提出的論點，但隨著其影響變得愈來愈不容忽視，看來，公開說明這個論點的時候到了。

## 兩難困境

思考人類智慧的強大力量，讓我想到一個簡單的問題，一直在我腦中徘徊不去：如果我們能把讓人類如此多產又能幹的本質精煉成軟體，變成一套演算法，那會變成什麼樣子？找到答案可能會開發出難以想像的強大工具，幫我們解決最棘手的問題。這個看似不可能但非比尋常的工具，可以幫我們度過未來幾十年的艱鉅挑戰，諸如氣候變遷、人口老化、永續糧食等等。

2010 年的夏天，我抱著這樣的想法，在一間可俯瞰倫敦羅素廣場（Russell Square）的攝政時期古雅風格的辦公室裡，與兩位朋友德米斯‧哈薩比斯（Demis Hassabis）和謝恩‧萊格（Shane Legg）一起創立了 DeepMind 公司。這就是我們的目標，如今回想起來，這個目標仍像當年那樣雄心勃勃、瘋狂且充滿希望：複製讓人類成為獨特物種的東西，也就是我們的智慧。

為了達成這個目標，我們得開發出一套能夠模仿、最終超越人類所有認知能力的系統，從視覺和語言，到規劃和想像，最終是發揮同理心與創意。由於這樣的系統可以利用超級電腦的大規模並行處理，以及開放網路提供的海量新資料來源，我們知道，即使朝這個目標取得微小的進展，也會對社會產生深遠的影響。

當時，那個目標感覺確實很遙遠。那個時候 AI 的廣泛應用還只是白日夢，主要是幻想，而非事實，是少數與世隔絕的學者及狂熱科幻愛好者的專屬領域。但行筆至此，回顧過去十年的發展，我發現 AI 的進步相當驚人。DeepMind 成為全球領先的 AI 公司之一，推出了一連串的突破。這場新革命的速度與威力令人吃驚，連我們這些最接近 AI 發展前線的人也驚歎不已。在撰寫本書的過程中，AI 的進展步調一直令人歎為觀止。每週（有時甚至是每天）都有新模型和新產品問世，顯然這股浪潮正在加速。

如今，AI 系統幾乎可以完美辨識人臉與物件。我們覺得自動語音辨識與即時語言翻譯是理所當然的功能。在某些情況下，AI 可以在路上自動駕駛汽車，穿梭在車流間。只要下一些簡單的指令，新一代的 AI 模型就可以生成新奇的圖像，並以驚人的細節與連貫性來撰寫文本。AI 系統可以產生逼真的合成聲音，並創作出極其動人的音樂。即使在挑戰性更高的領域，那些長期以來公認只有人類能辦到的領域，例如長期規劃、想像力、複雜概念的模擬等等，AI 的進展也是一日千里。

幾十年來，AI 的認知能力持續攀升。現在看來，AI 將在未來三年內，在極其廣泛的任務中，達到人類的水準。這話也許說得太滿，但即使我的說法只是接近事實，不是那麼準確，整體影響確實還是很深遠。我們創立 DeepMind 之際，那些讓人覺得不切實際的事情，如今不僅變得合理可行，而且似乎也變得無可避免。

打從一開始，我就清楚知道，AI 會是一種強大的工具，可以帶來非凡的效益；但就像大多數的權力一樣，AI 也充滿危險與道德困境。長期以來，我不僅擔心推進 AI 的後果，也擔心整個技術生態系統的走向。AI 之外，有一場更廣泛的革命正在進行：AI 催生了強大的新一代基因技術與機器人技術。一個領域的進展加速了其他領域的進展，過程混亂且交互催化，任何人都無法直接控制。顯然，如果我們或其他人成功複製了人類的智慧，這不僅是一門獲利豐厚的事業，對人類來說也是一大巨變；那將開創出一個新時代，帶來前所未有的契機，也伴隨著前所未有的風險。

多年來，隨著科技的進步，我的擔憂與日遽增。萬一這股落浪潮其實是一場海嘯，那該怎麼辦？

---

2010 年，幾乎沒有人認真談論 AI。然而，AI 曾經只是一小群

研究人員與創業者的使命，如今已變成席捲全球的重大議題。AI隨處可見，無論是在新聞節目上，還是在你的智慧型手機裡，它可以交易股票，也可以架設網站。有了數百億美元投資的推動，世界上許多大公司與強國都在積極開發先進的 AI 模型和基因工程技術。

這些新興技術一旦成熟，將迅速傳播，變得更便宜、更容易取得，並在社會上廣為流傳。它們將帶來非凡的醫學進步與潔淨能源的突破，不僅創造新的事業，也在幾乎所有可以想像的領域創造新的產業，改善生活品質。

然而，提供這些效益的同時，AI、合成生物學和其他先進技術也帶來了令人擔憂的極端風險。它們可能對民族國家構成生死存亡的威脅（風險之大，可能擾亂、甚至顛覆當前的地緣政治秩序），也可能促成以下情況：大規模的 AI 網路攻擊、摧毀國家的自動化戰爭、人為策劃的流行病，以及世界受到無法解釋、但看似無所不能的力量所支配。這些情況發生的機率可能很小，但後果可能非常嚴重。即使出現這種結果的可能性微乎其微，我們也得密切關注。

有些國家將以充滿技術色彩的威權主義形式，來減緩新力量的傳播擴散，藉此因應這種災難性的風險。這需要大規模的監控，導致對個人隱私的嚴重侵犯。嚴格控制科技可能會變成一種趨勢的一部分；在一個反烏托邦的全球監控體系中，所有的人事物隨時隨地都被監視，目的是為了防範最極端的可能結果。

同樣可能出現的是盧德派（注：Luddite，十九世紀英國民間對抗工業革命、反對紡織工業化的社會運動者）的反應。禁令、抵制、暫停將隨之而來。我們真的有可能不再開發新技術、並導入一系列暫停措施嗎？不太可能。這些突破性的技術有如此龐大的地緣策略與商業價值。我們實在難以想像，如何說服民族國家或企業單方面放棄這些技術所釋放的變革力量。此外，試圖禁止新技術的開發，那本身也是一種風險：往昔，技術停滯不前的社會是不穩定的，容易崩解。最終，他們會失去解決問題及進步的能力。

目前看來，無論是追求、還是不追求新技術，都充滿風險。隨著時間的推移，當技術變得愈來愈便宜、強大、普及，且風險持續累積，想要僥倖蒙混通過一條「狹路」，並避免狹路兩旁的可怕結果（一邊是技術威權主義的反烏托邦，另一邊是開放引發的災難），可說是機會愈來愈渺茫。然而，離開也不是一種選擇。即使我們擔心技術浪潮的風險，但我們比以往更需要它們所帶來的驚人效益。這是主要的兩難困境：某一代強大的技術遲早會把人類導向災難性或反烏托邦的結果。我認為這是二十一世紀最大的後設問題。

這本書概述為什麼這種可怕的束縛正變得無可避免，並探索我們可以如何因應。我們必須想辦法充分利用技術（畢竟那是面對多種全球挑戰的關鍵），同時也得走出困境。目前技術倫理與安全的相關論述並不充分。許多書籍、辯論、部落格文章、推文都在談科技，但你很少聽到大家談如何**駕馭**科技。我認為那是一套互連的技術、社會、法律機制，約束及控制在每個可能層面上運作的科技；也就是說，理論上，那是避開兩難困境的一種方法。然而，即使是最嚴厲批評科技的人，也習慣迴避這種直接駕馭科技的說法。

那種情況必須改變。我希望這本書能說明原因，並建議該怎麼做。

# 陷阱

創立 DeepMind 幾年之後，我做了一份投影片，講述 AI 長期可能造成的經濟與社會影響。我在西岸一間高級的會議室裡，向十幾位科技業最具影響力的創辦人、執行長、技術專家發表簡報，主張 AI 將帶來一系列威脅，我們積極應對。AI 可能會嚴重侵犯個人隱私，或引發一場假資訊的災難。AI 可能被武器化，創造出致命的新型網路武器，為網路世界帶來新的缺陷。

我還強調，AI 可能會讓大量人口失業。我請在場的聽眾思考一下自動化與機械化取代勞力的悠久歷史：先是以更有效率的方式來完成特定的任務，接著整個角色變得很多餘，不久整個產業所需的人工大幅減少。我主張，在接下來的幾十年，AI 系統將以大致相同的方式取代「腦力活」，而且這肯定比機器人取代「體力活」早得多。過去，新工作大致上是在舊工作遭到淘汰的時候出現。但是，如果 AI 可以勝任大部分的工作，那該怎麼辦？我認為，這種新型的權力集中狀態幾乎沒有先例。即使這些挑戰看起來很遙遠，但潛在的嚴重威脅正朝著社會襲來。

簡報的最後一張投影片，我放了一張《辛普森家庭》（*The*

*Simpsons*）的劇照。圖中春田鎮的居民已經起義，一群熟悉的角色手持棍棒與火炬向前衝。那張圖的寓意很清楚，但我還是講更白一點：「普羅大眾的逆襲來了。」他們衝著我們這些科技的創造者而來，我們有責任確保未來比現在更好。

現場每個人都一臉茫然看著我，全場毫無動靜，大家都沒有聽懂我想傳達的訊息。接著，反駁的意見接踵而至。為什麼經濟指標沒有顯示我所說的任何跡象？AI 會刺激新需求，就會創造出新的就業機會。AI 會增強及賦予大家更大的生產力。他們坦言，也許會有一些風險，但不至於太糟。大家都很聰明，總會找到解決之道。他們似乎在想：「別擔心，咱們繼續聽下一場簡報吧。」

幾年後，就在 COVID-19 疫情爆發前不久，我參加了一場在知名大學舉行的科技風險研討會。那日的場景也很類似：另一張大桌子，另一場高尚的討論會。那一整天下來，大家一邊享用咖啡與餅乾，一邊提到許多驚悚的風險。

其中有一點特別突出。一位簡報者指出，DNA 合成器的價格正迅速下降，這種合成器可以訂製 DNA 鏈。一旦合成器的價格僅需數萬美元，它們的體積小到可以放在車庫的工作台上，民眾就可以自己去合成（亦即**製造**）DNA。[1] 現在，對於任何讀過生物學研究所或熱衷線上自學的人來說，這一切都有可能發生。

由於這些工具愈來愈容易取得，那位簡報者提出一個恐怖的遠景：很快就有人可以創造出比自然界的任何東西更有傳染性、更致命的新型病原體。這些合成病原體可以繞過現有的防禦系統無症狀傳播，或對治療產生先天的抗藥性。若有需要，個人甚至可以上網訂購 DNA 並在家裡重新組裝，強化自己的 DIY 實驗。這般世界末日的景象，靠郵購就能達成。

那位簡報者是一位備受敬重的教授，有二十幾年的經驗；他說這不是科幻小說，而是真實的風險。簡報最後以一個令人震驚的概念結束：如今，一個人可能「有能力殺死十億人」，只需要有動機就能辦到。

在座的每個人都侷促不安地移動身子或咳嗽。接著，大家開始發牢騷或反駁，沒有人願意相信這有可能發生。他們說，這種事情肯定不會發生，肯定會有一些有效的控制機制，疾病肯定很難就這樣創造出來，資料庫肯定可以鎖住，硬體肯定會受到保護……諸如此類。

研討會上的集體反應不止是鄙視這種看法而已，大家根本不相信那位簡報者所提出的遠景。沒有人想面對他們聽到的確鑿事實與可怕機率所帶來的影響。我靜默不語，只覺得非常震撼。不久，研討會結束了。當晚，我們一起出去用餐，像往常一樣繼續聊天。我們剛花了一整天討論世界末日，但現實生活中仍有披薩可吃，有笑話可講，有工作可做。況且，未來總是會出現解決方案；或者，那個論點的某個部分肯定是錯的，所以我也附和了大家的看法。

但後續幾個月，那場簡報的內容一直在我的腦中盤旋。我不禁質疑，為什麼我沒有更認真看待那件事？為什麼我們都沒有更認真看待呢？為什麼我們只是尷尬地回避進一步的討論？為什麼有些人變得尖酸刻薄，並指責提出問題的人把科技災難化或「忽視科技的驚人效益」？後來我把這種廣泛的情緒反應稱為「趨避悲觀陷阱」（pessimism-aversion trap）：害怕面對潛在的黑暗現實而產生錯誤的分析，導致鴕鳥心態，對危機視而不見。

幾乎每個人都有這種反應，只是形式各不相同。這樣做的後果導致我們忽視眼前出現的一些關鍵趨勢。這幾乎是一種天生的生理反應。人類先天無法完全了解如此巨大的轉變，尤其科技可能以這種方式背叛我們，就更令人費解了。在我的職涯中，我曾有這種感覺，我也看到許多人出現同樣的本能反應。面對這種感覺是本書的目的之一，不管審視現實有多麼令人不安，我們還是要冷靜以對。

為了好好因應這股浪潮、駕馭科技、確保新科技始終造福人類，我們必須克服趨避悲觀的陷阱，也就是說，我們得直接面對即將到來的現實。

***

這本書就是我嘗試的做法。我藉此正視及闡述即將到來的浪潮；藉此探索我們是否有可能駕馭這股浪潮；藉此把事情放在歷史的背景中，稍微抽離沒完沒了的科技論述，看清更廣泛的大局。我的目標是面對這個兩難困境，了解推動科學與科技興起的根本流程。我想盡量向最廣泛的受眾清楚闡述這些概念。我本著開放與探究的精神撰寫這本書：認真觀察，了解意涵，但也對反駁及更好的詮釋抱持開放的心態。其實我更希望有人可以跳出來證明我的論述是錯的，證明駕馭這股浪潮輕而易舉。

有些人可能很自然地預期，像我這種創辦兩家 AI 公司的人，應該會寫出一本更科技烏托邦的書。身為一名技術專家與創業家，我天生就是樂觀主義者。我還記得小時候第一次在佰德（Packard Bell）486 電腦上安裝網景瀏覽器（Netscape）的經驗，當時我完全入迷。56kbps 撥號數據機連上浩瀚網路的那一刻，嗡嗡作響的風扇及那獨特的接通旋律迷得我神魂顛倒。它把我連上論壇與聊天室，賦予我自由，教了我很多東西。我熱愛科技，它一直是進步的引擎，也是讓我們為人類的成就感到自豪及興奮的原因。

但我也認為，我們這些推動科技創新的人，必須有勇氣預測未來幾十年科技將把我們帶往何方，並為此擔起責任。萬一科技看起來真的有可能背叛我們，我們必須開始建議該怎麼做。我們需要的是社會與政治層面的集體反應，而不只是個人的單獨倡議，這得從我和我的同儕開始做起。

有些人會說：這一切都被誇大了；改變是漸進的；那不過是技術成熟度曲線（hype cycle）的另一個轉折點罷了；因應危機與變化的系統其實相當強大；你對人性的看法也太悲觀了吧；到目前為止人類的記錄還不錯，歷史上充滿了假先知與末日預言者被打臉的實例，為什麼這次就不一樣呢？

趨避悲觀是一種情緒反應，一種根深柢固的直覺，不願相信可能會出現嚴重破壞穩定的結果。這種觀點往往來自有頑固的世界觀、地位穩固又強大的人，他們表面上可以因應變化，卻難以接受他們的世界秩序受到任何真正的威脅。許多我認為陷入趨避悲觀陷阱的人完全接受科技所受到的批評，但他們只是點頭附和，沒有實際採取任何行動。他們說，我們終究會想到解決辦法的，我們向來如此。

待在科技圈或政策圈一陣子，你很快就會發現，逃避現實是大家預設的意識形態。如果你不這麼想也不這麼做，你可能會因為對那些無法阻擋的巨大力量感到恐懼、憤怒而不知所措，覺得再怎麼努力都是徒勞。因此，那個趨避悲觀的奇怪世界仍持續運轉。我太熟悉那個圈子，因為我陷在裡面太久了。

在我們創立 DeepMind、聽取那些簡報之後的幾年間，話題在某種程度上發生了變化。工作自動化的爭論已經重複了無數次。一場席捲全球的疫情顯示了合成生物的風險與威力。美國、歐洲、中國的監管中心出現了各種「科技抨擊」。批評人士在專欄與書籍中，抨擊科技與科技公司。以前對科技的小眾恐懼，突然暴漲成主流。大眾對科技的疑惑增加了，來自學術界、公民社會、政界的批評也與日遽增。

然而，面對即將到來的浪潮與艱鉅的兩難困境，面對趨避悲觀的科技精英，這一切反應都還不夠。

# 論述

在人類的生活中，浪潮隨處可見，這波不過是最新的浪潮。大家往往覺得未來的浪潮還很遠，聽起來既前衛又荒謬，是少數技客與邊緣思想家的專屬領域，過於誇張、過於技術性、過於樂觀。那樣想是錯的。這股浪潮是真實的，就像從浩瀚蔚藍的大海中突然湧現的海嘯一樣真實。

這不只是幻想，也不只是智力測驗。就算你不同意我的觀點，認為這一切都不可能發生，我還是強烈建議你繼續讀下去。沒錯，我有 AI 的背景，習慣從科技的觀點看世界；談到某件事是否重要時，我確實有偏見。不過，過去十五年來，我一直很貼近這場正在展開的變革，我認為我們即將面臨一生中最重要的變革。

身為這些科技的創建者，我相信科技可以帶來極大的效益，改善無數人的生活，並解決根本的挑戰（從協助開發下一代的潔淨能源，到為最棘手的病症構思平價又有效的療法）。科技可以、也應該豐富我們的生活。值得重複一提的是，縱觀歷史，這些科技背後的發明家與創業家一直是推動進步的強大力量，他們提高了數十億人的生活水準。

但如果我們無法駕馭這股浪潮，科技的其他所有面向、任何關於其道德缺陷或可能效益的討論，都會變得無關緊要。對於如何控制及駕馭這股未來浪潮，如何維持民主國家的保護措施與功能，我們迫切需要無懈可擊的答案，但目前還沒有人提出相關計劃。這是一種沒有人想要的未來，但我擔心這種未來愈來愈有可能發生，我將在後續的章節中說明原因。

在本書的 PART I，我們將回顧技術的悠久歷史，看看技術是如何傳播的——數千年來累積的浪潮。科技是被驅動的？是什麼讓它們達到真正的普及？我們也問道，有沒有哪個社會刻意排斥新技術的例子。從歷史來看，以前大家並沒有迴避技術，而是出現明顯的技術擴張，導致有意與無意的後果層出不窮。

我稱之為「駕馭問題」（containment problem）。隨著有史以來最有價值的技術變得愈來愈便宜，傳播得愈來愈快，我們要如何掌控？

PART II 將詳細介紹即將到來的浪潮，其核心是兩種有遠大前景、巨大威力、龐大風險的通用科技：AI 與合成生物學。長久以來，大家一直在宣揚這兩種科技，但我覺得世人往往低估了它們的影響範圍。它們的周邊衍生出許多相關的科技（諸如機器人與量子運算），它們的發展將以複雜又混亂的方式相互交織。

在這個部分中，我們不僅會看到這些技術如何出現、它們能做什麼，還會看到為什麼它們這麼難以駕馭。我提到的每一種科技都有四個關鍵特徵，說明它們為何非比尋常：它們本質上是通用的，因此是全能的；它們超進化；有不對稱的影響力；在某些方面，它們愈來愈自主。

它們的發明由強大的動機所驅動：地緣政治競爭；可觀的經濟報酬；開放又分散的研究文化。許多國家與非國家將爭先恐後發展這些科技，無視這些浪潮的監管與控制，並冒著影響每個人的風險，無論我們喜不喜歡。

PART III 將探討不受控制的浪潮引發權力的大規模洗牌所造成

的政治影響。民族國家是我們當前政治秩序的基石，也是駕馭技術最重要的角色。民族國家已經受到各種危機的撼動，也將會被這股浪潮所放大的一系列衝擊（可能出現的新型暴力、假資訊氾濫、就業機會消失、可能發生的災難性事故）進一步削弱。

長期來看，這股浪潮將迫使權力發生一系列的結構性的變化，既集中又分散。這將創造出大量的新企業，強化威權主義，但也使團體與運動能夠在傳統的社會結構以外運作。當我們最需要這樣的制度時，民族國家所維繫的複雜平衡將面臨極大的壓力。這正是我們陷入兩難困境的原因。

在 PART IV，討論將轉向我們能做什麼。即使機會渺茫，我們有沒有可能駕馭浪潮，擺脫困境？如果有，那要怎麼做？我們在此列出十個步驟，從程式碼與 DNA 的層面到國際條約的層面，形成一套強而有力、層次分明的指導方針，勾勒出一幅駕馭浪潮的藍圖。

———

這是一本面對失敗的書。就通俗的意義來說，技術的失敗指的是無法運作，例如引擎無法啟動、橋梁崩塌。但技術也可能出現更廣義的失敗，如果技術傷及人類生命，或導致社會充滿危害，或因為我們賦予許多不良分子（或無意中造成危險的人）力量，導致技術無法管理——如果整體而言技術是破壞性的——那麼，從另一個更深的意義來說，那也算是失敗，沒有履行承諾。這種廣義的失敗不是技術本身的問題，而是運作的環境、監管的架構、權力網路與用途所造成的。

如今，技術的獨創力為我們帶來這麼多成果，表示我們現在更善於避免第一種失敗。例如更少飛機墜毀；汽車更環保、更安全；電腦更強大，但更安全。我們面臨的最大挑戰在於，我們尚未考慮到廣義的失敗模式。

幾個世紀以來，技術大幅提升了數十億人的福祉。現代醫學的進步使我們遠比古人健康，世界上多數人享有豐足的糧食，大家的學歷更高、日子更和平，物質生活更加舒適。這些決定性的成就，有部分是由推動人類進步的強大引擎——科學與技術的開發——創造出來的。這也是為什麼我畢生致力於安全開發這些工具。

然而，我們從這段非凡的歷史中所獲得的任何樂觀情緒，都必須建立在嚴峻的現實上。防範失敗代表了解並最終面對可能出錯的事情。我們得循著環環相扣的推理過程，達到合乎邏輯的終點，不要害怕那可能導向何方，並在抵達終點後採取行動。即將到來的科技浪潮可能以前所未有的速度及規模失敗。這個情況需要全世界的普遍關注。它需要答案，而如今還沒有人知道答案是什麼。

表面上看來，駕馭這股浪潮是不可能的。然而，為了所有的人類，駕馭**必須**可能。

## PART I

技術人

HOMO TECHNOLOGICUS

# 2

# 無限擴散
## Endless Proliferation

## 引擎

人類歷史的大部分時間裡，對多數人來說，私人交通工具代表一件事：步行。或者，運氣好的話，還有另一種方法：由馬、牛、大象或其他的馱獸載運或拉動。在古代，光是在鄰近的定居點之間移動，就已經十分艱難又緩慢，更別提在大陸之間的遷徙了。

十九世紀初，鐵路徹底改變了交通運輸，可謂幾千年來最大的創新，但多數的旅程無法靠火車抵達，而且可搭火車的旅程也無法個人化。不過，鐵路確實顯示了一件事：引擎是未來。能夠推動鐵路車廂的蒸汽機，需要巨大的外部鍋爐。但如果你可以把那個發動機縮小到易於操作、便攜的尺寸，你就能為個人移動創造出全新的方式。

創新者嘗試了各種方法。早在十八世紀，法國的發明家尼古拉－約瑟夫・屈尼奧（Nicolas–Joseph Cugnot）就發明了一種蒸汽動力汽車。它以時速兩英里（約三・二公里）的速度緩慢前進，前方懸掛著一個巨大的鍋爐。1863 年，比利時發明家艾蒂安・雷諾

（Jean Joseph Étienne Lenoir）率先以內燃機啟動汽車，從巴黎出發，向外開了七英里（約十一·二公里）。但那個發動機很重，速度也有限。其他人用電與氫氣做實驗，但都沒有流行起來。不過，發明自我推進的個人交通工具依然是眾人的夢想。

後來，情況開始有所轉變，一開始很緩慢。德國的工程師尼古拉斯·奧托（Nicolaus August Otto）花了數年的時間研究一種遠比蒸汽機還小的蒸氣引擎。1876 年，在道依茨公司（Deutz AG）位於科隆的工廠裡，奧托開發出第一台「四衝程」內燃機。它已經可以量產，但還沒開始量產，奧托就與商業夥伴戈特利布·戴姆勒（Gottlieb Daimler）及威廉·邁巴赫（Wilhelm Maybach）鬧翻了。奧托想在水泵或工廠等固定環境中使用這種引擎，商業夥伴則是發現日益強大的發動機的另一種用途：運輸。

然而，他們都敗給另一位德國工程師卡爾·賓士（Carl Benz）。1886 年，賓士使用他發明的四衝程內燃機取得汽車專利，如今世人把那台車視為世上第一輛真正的汽車。這個奇怪的三輪裝置首度亮相之際，大眾皆抱著懷疑的態度，不置可否。後來賓士的妻子兼商業夥伴貝爾塔（Bertha）把那輛車從曼海姆（Mannheim），開到六十五英里外（約一百零四公里）普福爾茨海姆（Pforzheim）的娘家，那輛車才開始流行起來。她在賓士不知情下把車開走，沿途從在地的藥局購買溶劑，為車子添補燃料。

一個新時代已經來臨，但汽車與啟動汽車的內燃機依然貴得離譜，除了富豪，沒人負擔得起。當時還沒有公路網與加油站。到了

1893 年，賓士只賣出區區六十九輛車；到了 1900 年只賣出一千七百零九輛。賓士取得專利二十年後，德國的道路上仍只有三萬五千輛汽車。[1]

轉捩點是 1908 年亨利・福特（Henry Ford）推出的 T 型車（Model T），這輛簡單但實用的汽車是用一種革命性的方式製造的：移動式裝配線。效率高、線性、重複的流程。如此可以大幅削減私家車的價格，於是買家蜂擁而至。當時汽車的價格大多是 2 千美元左右，福特的 T 型車定價則是 850 美元。

最初幾年，T 型車的銷量是數千台。福特持續提高產量，進一步降低價格，他宣稱：「每當我把車價調降 1 美元，就多出一千個新買家。」[2] 1920 年代，福特每年銷售數百萬輛汽車。史上頭一遭，美國的中產階級買得起機動化的交通工具。汽車以極快的速度激增。1915 年，僅 10%的美國人有車；到了 1930 年，這個數字達到 59%，令人吃驚。[3]

如今，從割草機到貨櫃船，全世界約有二十億台內燃機，其中約十四億台是裝在汽車上。[4] 內燃機逐漸變得容易取得、也更有效率、更強大、更好調適。一種以內燃機為基礎的生活方式，甚至可以說是一整個文明，就此應運而生：從廣闊的郊區到工業化的農場，從得來速餐廳到汽車改裝文化，都是以內燃機為基礎。龐大的公路網建成了，有時正好穿過城市，切過社區，但連接了遙遠的地區。以前為了謀生或旅遊而長途跋涉是充滿挑戰性的概念，如今卻成了人類生活的一種常規特徵。

引擎不止啟動了車輛，也推動了歷史。現在，拜氫氣與電動馬達所賜，可預見內燃機將不再盛行。但內燃機所開啟的大規模移動時代仍持續蓬勃發展。

這一切在十九世紀初期似乎都是不可能的。當時，對於那些使用火、飛輪、金屬物件做實驗的人來說，自動推進的交通工具仍只是夢想。但這些早期的創新者開啟了一場發明與生產的馬拉松，改變了世界。這個革命一旦啟動，內燃機的傳播就變得勢不可當，從幾個滿地機油的德國車間，發展成一項影響全球每個人的技術。

然而，這不單只是一個關於引擎與汽車的故事，這就是技術本身的故事。[5]

## 通用浪潮：歷史的節奏

技術發展有一條明確、無可避免的軌跡：在波濤洶湧的巨浪中大規模擴散。[6]從最早的打火石與骨器，到最新的 AI 模型都是如此。隨著科學促成新發現，世人運用這些新知來製造更便宜的食物、更好的商品、更有效率的運輸。[7]隨著時間的推移，大家對最好的新產品與服務的需求不斷增加，促使業者競相生產更便宜、功能更多的版本。這又進一步刺激大家對技術的需求，商品也因此變得更好用、更便宜。成本持續下降，功能提升。實驗、重複、使用。接著是成長、改進、調適。這是技術無可避免的演化本質。

技術與創新的浪潮是本書的核心。更重要的是，這也是人類歷史的核心。了解這些複雜、混亂、不斷累積的浪潮，駕馭浪潮的挑戰也逐漸變得清晰。了解其中的歷史，就可以開始勾勒未來。

那麼，什麼是浪潮呢？簡而言之，浪潮是一組約莫同一時間聚在一起的技術，由一種或數種對社會有深遠影響的新通用技術所啟動。[8] 所謂「通用技術」[9]，指的是可以巨幅提升人類所做事情的技術。社會隨著這些技術的突飛猛進而發展。我們一再看到，一項新技術（比方內燃機）的擴散，並改變周遭的一切。

人類的故事可以透過這些浪潮來講述：我們從在稀樹草原上勉強維生的脆弱靈長類，演化成地球上的主導力量（無論這發展是好是壞）。人類天生就是一種技術物種，打從一開始就從未脫離我們所創造的技術浪潮。我們跟著浪潮一起進化、共生。

最早的石器可以追溯到三百萬年前，遠早於智人的出現，證據是錘狀的石頭與原始刀具。簡單的手斧屬於人類歷史上首波技術浪潮。此後，人類可以更有效率地獵殺動物、宰殺屍體，與競爭對手廝殺。最終，早期的人類學會細膩地操作這些工具，於是出現了縫紉、繪畫、雕刻、煮食。

另一波浪潮也同樣重要：火。我們的祖先直立人（Homo erectus）利用火取得光源、溫暖，並躲避捕食者。火對演化有顯著的影響：烹煮食物能更快釋放能量，使人類的消化道縮小，大腦變大。[10] 我們的祖先有特別突出的下顎，限制了頭骨的生長。他們就像今天的靈長類動物一樣，花很多時間不斷咀嚼、消化食物。煮熟的食物使早期的人類不再需要花那麼多時間咀嚼消化，他們可以花更多的時間做一些有趣的事情，例如尋找能量豐富的食物、製作工具，或建立複雜的社群網路。營火成了人類生活的中樞，幫忙建立社區與關係以及動員勞力。智人的演化就是借助這些浪潮推進的。我們不僅是工具的創造者，從生物學與解剖學的角度來看，我們也是工具塑造出來的產物。

石器與火是原始的通用技術，也就是說，它們隨處可見，促成新的發明、物品、組織行為。通用技術會傳遍整個社會、地域、歷史。[11] 它們敞開了發明的大門，促成數十種下游的工具與工藝流程。它們通常以某種通用原理為基礎，例如蒸汽做功的力量、電腦二進位碼背後的資訊理論。

通用技術的諷刺之處在於，不久之後，它們彷彿隱於無形，大家開始覺得那是理所當然的東西。語言、農業、書寫都是早期浪潮核心的通用技術。[12] 這三股浪潮構成人類文明的基礎，如今我們覺得它們的存在天經地義。一項重要的研究算出，整個人類歷史上出現的通用技術共有二十四項，其中包括農業、工廠系統、鋼鐵與青銅等材料的開發、印刷機、電力，當然還有網路。[13] 這種通用技術並不多，但都很重要。這也是在大眾想像中，我們仍然使用青銅時代、大航海時代等詞彙的原因。

縱觀歷史，人口規模與創新水準習習相關。[14] 新工具與技術催生了更多的人口。規模更大、更緊密的人群，為探索、創新、偶然的發現創造了更豐富的環境。[15] 對創造新事物來說，龐大又密集的人群是一個更強大的「集體大腦」。隨著人口的增加，專業化的程度提高，促成工匠、學者等新階層出現，他們的生計與土地無關。愈多人不靠務農為生，就有愈多發明家，愈多發明的理由，這些發明又進一步提高人口數量。從最早的文明（例如美索不達米亞的烏魯克〔Uruk〕，已知第一個書寫系統楔形文字的發源地），到如今的大都會，城市推動了技術發展。更多的技術，代表更多更大的城市。在農業革命之初，全球人口僅有兩百四十萬；在工業革命之初，全球人口已接近十億。這兩場革命之間的許多浪潮，促成了四百倍的人口成長。[16]

農業革命（西元前 9000 至西元前 7500 年）是歷史上最重要的浪潮之一，這時，有兩種大規模的通用技術出現了，它們逐漸取代遊牧、狩獵採集的生活方式：植物與動物的馴化。這些發展不僅改變了人類發現食物的方式，也改變了食物的儲存方式、運輸方式，以及社會運行的規模。小麥、大麥、小扁豆、鷹嘴豆、豌豆等早期的農作物，以及豬、綿羊、山羊等動物，都受到人類的控制。最終，一場新的工具革命接著出現：鋤頭與犁的發明。這些簡單的創新代表著現代文明的開端。

你擁有的工具愈多，能做的事情就愈多，你也愈能想像出超越那些工具與用途的新工具與流程。哈佛大學的人類學家約瑟夫・亨里奇（Joseph Henrich）指出，輪子在人類生活中出現的時間點晚得出乎意料。[17] 然而，一旦發明出來，它就成了一切東西的基本構件，從戰車、馬車到磨坊、壓榨機、飛輪等等，都可以看到輪子的運用。從書面文字到帆船，技術促成更多的互連，也讓技術進一步流通、傳播。因此，每股浪潮都為後續的浪潮奠定了基礎。

隨著時間的推移，這種動態加速了。從 1770 年代左右的歐洲開始，工業革命的第一波浪潮結合了蒸汽動力、機械化織布機、工廠系統和運河。1840 年代，鐵路、電報、輪船的時代出現了，不久又出現鋼鐵與機床的時代。它們共同形成了第一次工業革命。接著，在幾十年過後，第二次工業革命出現了。你應該很熟悉這次革命最卓越的發明：內燃機、化學工程、動力飛行、電力。飛行需要燃燒燃料，內燃機的量產需要鋼材與機床。從工業革命開始，巨變的單位以數十年來衡量，而不是數百年或數千年。

然而，這不是一個井然有序的過程。技術浪潮的到來並不像潮汐那樣有清楚的可預測性。長期來看，這些浪潮是不規則地相交、加劇。在西元前 1000 年之前的一萬年裡，共有七種通用技術問世。[18] 在西元 1700 年到 1900 年這兩百年間，出現蒸氣機、電力等六種通用技術。而過去短短一百年間，就出現了七種通用技術。[19] 試想，十九世紀末出生的孩子搭馬車旅行，燒木頭取暖，但他們晚年可搭飛機旅行，住在電力供暖的房子裡。

浪潮——波動、湧現、連續、複合、交織——定義了一個時代的技術潛力。技術是人類的一部分，沒有技術的人類根本不存在。

把歷史視為一連串的創新浪潮，這種概念並不新鮮。連續與顛覆性的技術集群（cluster of technologies）在技術討論中反覆出現。對未來學家艾文・托佛勒（Alvin Toffler）來說，資訊科技革命（IT 革命）是繼農業革命與工業革命之後，人類社會出現的「第三波浪潮」。[20] 約瑟夫・熊彼得（Joseph Schumpeter）認為，浪潮是創新的爆發，並透過所謂的「創造性破壞」（creative destruction）來開創新事業。卓越的技術哲學家劉易士・孟福（Lewis Mumford）認為，「機器時代」其實更像是一個歷時千年的過程，由三大連續的浪潮所組成。[21] 最近，經濟學家卡洛塔・佩雷茲（Carlota Perez）談到技術革命中迅速轉變的「技術—經濟典範」（techno-economic paradigms）。[22] 破壞暴增與瘋狂投機的時刻，會重新調整經濟。一轉眼，一切都得依賴鐵路、汽車或微處理器。最終，技術成熟，融入日常，廣泛普及。

從事技術工作的人，大多身陷當今技術的細枝末節，也夢想著未來技術。我們很容易把發明視為孤立、偶然的幸運時刻，但若這樣想，就忽視了歷史的鮮明模式，忽視了技術浪潮源源不斷而來這種近乎先天固有的趨勢。

# 擴散是預設模式

在人類歷史的大部分時間裡，新技術的擴散很罕見。大多數的人類從出生到死亡，周邊都是同一套工具與技術。然而，我們縱覽歷史這條長河，其實就可以清楚看到技術擴散是預設的進程。

通用技術一旦廣泛傳播，就會變成浪潮。如果沒有近乎不受控制的全球擴散，那就不是浪潮，而是歷史特例。不過，一旦開始擴散，這個過程在整個歷史上會不斷重複，從農業在歐亞大陸的傳播，到羅馬帝國的水車緩慢地散布至歐洲各地都是如此。[23] 一項技術一旦開始加速傳播，就會形成浪潮，汽車的發展模式就是一例。

1440 年左右，約翰尼斯‧古騰堡（Johannes Gutenberg）發明印刷機時，歐洲只有一個實例：他在德國的美茵茲（Mainz）所發明的印刷機原型。但短短五十年後，就有一千台印刷機遍布整個歐陸。[24] 書籍可說是歷史上最有影響力的技術之一，以爆炸性的速度加倍成長。在中世紀，每個主要國家每世紀的手稿產量約為數十萬份。古騰堡發明印刷機一百年後，義大利、法國、德國等國家每五十年產出約四千萬本書，而且速度還在加快。十七世紀，歐洲印了大約五億本書。[25] 隨著需求飆升，成本大降，一項分析估計，十五世紀印刷機的發明，使一本書的價格降了三百四十倍，又進一步推動印刷術的採用及需求增加。[26]

我們也可以舉電力為例。1882 年，第一批發電廠在倫敦與紐約問世，1883 年首度在米蘭與聖彼得堡出現，1884 年首度在柏林建成。[27] 此後，發電廠出現的步調不斷加快。1900 年，化石燃料產量僅有 2％用於發電；到了 1950 年，比例超過 10％；2000 年達到 30％以上。1900 年，全球發電量為八兆瓦時（terawatt-hour）；五十年後，全球發電量為六百兆瓦時，為轉型經濟提供了動力。[28]

諾貝爾經濟學家威廉‧諾德豪斯（William Nordhaus）算出，在十八世紀生產五十四分鐘優質光的勞力，現在可生產五十幾年的光。因此，二十一世紀的一般人每年獲得的「流明小時」（lumen-hours）約是十八世紀祖先的四十三萬八千倍。[29]

不出所料，消費技術也呈現類似的趨勢。1876 年，亞歷山大‧格雷罕‧貝爾（Alexander Graham Bell）發明了電話。到了 1900 年，美國有六十萬台電話；十年後，美國有五百八十萬台電話。[30] 如今，美國的電話數量比人口還多。[31]

　　除了品質有所提升，價格也下降了。[32] 1950 年代，功能陽春的電視要價 1 千美元，到了 2023 年只需 8 美元。當然，現代的電視遠比以前的好，成本也更高。你可以在汽車、微波爐或洗衣機等例子上，看到幾乎相同的價格（與普及）曲線。事實上，二十世紀與二十一世紀許多新的消費電子產品都有明顯相同的普及模式。這種型態一再出現，毋庸置疑。

　　擴散是由兩種力量催化的：需求，以及因此導致的成本下降。這兩種力量都使技術變得更好、更便宜。科學與技術之間漫長而複雜的交流，促成一連串的發明、突破與工具。隨著時間的推移，這些發明、突破與工具創造出更有力的組合，推動未來的發展。一旦取得更多、更便宜的技術，下游就會出現更便宜的新技術。沒有智慧型手機，就不可能有優步（Uber）。智慧型手機由 GPS 驅動，GPS 由衛星指引，衛星靠火箭安裝，火箭靠燃燒技術推進，燃燒技術由語言與火促成。

　　當然，技術突破的背後是人。他們在金錢、聲譽、知識的激勵下，在車間、實驗室、車庫裡努力改進技術。技術專家、創新者、創業者靠著實作追求進步。更重要的是，他們也靠模仿與複製推陳出新。從競爭對手推出更強大的犁具到最新的手機，模仿一直是傳播的關鍵驅動力。模仿刺激競爭，使技術更為進步。[33] 規模經濟開始發揮作用並降低成本。

人類文明對實用與平價技術的需求無窮無盡，這點不會改變。

# 從真空管到奈米：急速擴散

如果你想知道接下來會發生什麼事，不妨想想上一波成熟浪潮的基礎。打從一開始，電腦就是由最先進的數學以及大國衝突的緊迫性所驅動的。

就像內燃機一樣，電腦一開始也源自鮮為人知的學術論文與實驗室的研究人員。[34] 後來，戰爭爆發了。1940 年代，英國二戰最機密的密碼破譯中心布萊切利園（Bletchley Park）率先開始開發真正的電腦。一個非凡的團隊為了破解德國認為牢不可破的恩尼格瑪密碼機（Enigma），把理論見解轉化成能夠實際運作的實用裝置。

其他人也在探索電腦。到了 1945 年，賓州大學開發出電腦的重要前身 ENIAC，是個八英尺（約兩百四十四公分）高的龐然大物，由一萬八千根真空管組成，每秒可做三百次運算。[35] 1947 年，貝爾實驗室開創了另一項重大的突破：電晶體。電晶體是一種半導體，可以創造出執行運算的「邏輯門」。這個原始裝置由一個迴紋針、一小片金箔、一個可切換電子訊號的鍺晶體所組成，為數位時代奠定了基礎。

就像汽車一樣，那個年代的觀察家一點也看不出來運算將迅速普及。1940 年代末期，這類設備寥寥無幾。1940 年代初期，據傳 IBM 的總裁托馬斯・華生（Thomas J. Watson）曾道：「我認為全球市場對電腦的需求只有五部。」[36] 1949 年，《大眾機械》雜誌（*Popular Mechanics*）做了一項典型的預測：「未來的電腦可能只有一千根真空管，而且重量可能只有一・五噸。」[37] 布萊切利園結束運作十年後，全球仍然只有幾百台電腦。

後來怎麼樣我們都很清楚。電腦改變社會的速度比任何人預測的還快；電腦擴散的速度也比人類史上的任何發明還快。1950 年代末期，勞勃・諾伊斯（Robert Noyce）在快捷半導體（Fairchild Semiconductor）發明了積體電路，把多個電晶體印在矽晶圓上，生產出後來稱為晶片的東西。不久之後，研究人員高登・摩爾（Gordon Moore）提出後來以其姓命名的「摩爾定律」：每兩年，晶片上的電晶體數量就會多一倍。這表示晶片及其衍生的數位與運算技術的世界，將經歷快速呈上升曲線的指數成長。

結果很驚人。自 1970 年代初期以來，每個晶片上的電晶體數量增加了一千萬倍。它們的功率出現了提高了一百七十**億倍**。[38] 1958 年，快捷半導體以每個 150 美元的價格，售出一百個電晶體。現在電晶體的生產速度是每秒數十兆個，每個電晶體的價格是數十億分之一美元，可謂史上最快、最廣泛的擴散。

當然，運算力的提升支撐了設備、應用程式、使用者的蓬勃發展。1970 年代初期，全世界大約有五十萬台電腦。[39] 1983 年，總共只有 562 台電腦連上網際網路。如今，電腦、智慧型手機、連網裝置的數量估計多達一百四十億台。[40] 智慧型手機花了幾年的時間，就從小眾產品變成全球三分之二人口的必需品。

隨著這波浪潮而來的是電子郵件、社群媒體、線上影片 —— 每項都是由電晶體和另一種通用技術（網路）帶來的全新體驗。純粹、不受限的技術擴散就是這樣，它創造出一種更令人難以置信的擴散：資料 —— 光是 2010 年至 2020 年間，資料就成長了二十倍。[41] 幾十年前，資料儲存是書籍與塵封檔案的專屬領域。如今人類每天產生數千億封的電子郵件、簡訊、圖像、影片，並把它們存在雲端。[42] 全球每天每分鐘都會增加一千八百萬 GB 的資料量。

這些技術佔據、塑造、扭曲、豐富了數十億小時的人類生活，主宰著我們的商業與休閒時間，佔據了我們的大腦以及世界的各個角落，從冰箱、計時器、車庫門、助聽器到風力渦輪機等等。它們構成現代生活的架構。手機是我們早上醒來第一個看到的東西，也是晚上入睡前最後一個看到的物件。人類生活的各個面向都受到影響：手機幫我們找到愛情與新朋友，同時加倍推動供應鏈的發展。它們影響誰當選、如何當選、我們資金投資的去向、孩子的自尊、音樂的品味、時尚、食物，以及世上的一切。

戰後世界的一些人對這種看似小眾技術的發展規模與影響範圍，感到震驚不已。電腦驚人的傳播與進步能力，幾乎滲入並包圍生活的各個面向，已然成為當代文明的主流事實。以前的浪潮從來沒有湧現得這麼快，但歷史模式依然重演。乍看之下，這似乎是不可能且無法想像的，但後來則顯得無可避免，而且每波浪潮都會變得更大、更強。

<hr />

我們很容易迷失在細節裡，見樹不見林；但退後一步，就可以看到浪潮正在加速擴散，範圍也持續擴大，日益普及，影響愈來愈大。一旦浪潮動力增強，很少會停下來，只會大規模擴散，大舉暴增──縱觀歷史，這一直是科技的預設發展模式，反映了自然的本質。想想農業、冶金、印刷機、汽車、電視、智慧型手機這些東西的發展。從這些浪潮可以看出技術的規律，就像是一種內在特質，是經得起時間考驗的持久屬性。

歷史告訴我們，從原始的篝火到農神五號火箭（Saturn V）的火焰，從第一批潦草書寫的書信到網路上無窮無盡的文本，技術最終一定會擴散到幾乎所有地方。動機多到勢不可當，效能持續累積，效率不斷提升。浪潮移動得愈來愈快，影響愈來愈大。隨著成本的下降，技術開始日益普及。技術不斷擴散，並隨著每一波連續的浪潮，擴散也跟著加速，而且滲透得更深，技術本身也在擴散的過程中，變得愈來愈強大。

這是技術發展的歷史常態。當我們展望未來，這是可以預期的狀況。

又或者，我們可以這樣預期嗎？

# 3 駕馭問題
Chapter
The Containment Problem

## 報復效應

艾倫·圖靈（Alan Turing）與摩爾永遠無法料到社群媒體、迷因、維基百科（Wikipedia）或網路攻擊的崛起，更遑論改變這些東西。原子彈發明數十年後，原子彈的發明者無法阻止核戰的爆發，就像亨利·福特本人無法阻止車禍發生一樣。技術無可避免的挑戰在於，技術一旦問世，發明者很快就無法掌控該發明的發展。

技術存在於一個複雜、動態的系統中（也就是現實世界），而且會出乎意料地衍生出第二輪、第三輪、第 N 輪的後果，像漣漪一樣向外擴散。表面上看似完美無瑕的東西，一旦放任它發展，可能會有不同的表現，尤其是下游複製及進一步改編的時候。大家使用你的發明來做事，不管立意多好，都無法保證不會出事。湯瑪斯·愛迪生（Thomas Edison）發明了留聲機，讓大家把想法記錄下來，好傳給後代子孫，也可以幫助盲人。而當他發現，多數人只想用留聲機來播放音樂時，他震驚不已。阿列佛·諾貝爾（Alfred Nobel）原本預期自己發明的炸藥只用於採礦及建設鐵路。

古騰堡只是想靠印刷《聖經》來賺錢。然而，他的印刷機催生了科學革命與宗教改革，成為天主教會自成立以來最大的威脅。冰箱的發明者並沒有意圖以氟氯碳化物（CFC）來破壞臭氧層，就像內燃機與噴射引擎的發明者也沒有想讓極地的冰帽融化一樣。事實上，早期的汽車愛好者還提倡汽車的環保效益：有了汽車，街道上就不會出現堆積如山的馬糞，也就不會在城市裡傳播汙垢與疾病。那個年代還沒有全球暖化的概念。

某種程度上，了解技術是為了了解其意想不到的後果，不僅預測其正面的外溢效應，也預測其「報復效應」（revenge effects）。[1] 簡而言之，任何技術都有可能出錯，而且出錯的方式往往違背初衷。例如，類鴉片處方藥導致依賴成癮；過度使用抗生素導致抗藥性；衛星與殘骸等「太空垃圾」的擴散對航太飛行造成威脅等等。

隨著技術的擴散，更多人可以隨心所欲使用、調整、塑造各種技術，導致任何人都無法理解的連鎖反應。隨著工具的威力呈指數級的成長以及工具的普及，潛在的危害跟著增加，後果如迷宮般蔓延開來，沒有人能完全預測或事先阻止。某天，有人在黑板上寫出公式，或在車庫裡玩弄一個原型，那樣東西似乎與更廣泛的世界毫無關連。但幾十年後，卻帶給人類攸關生死存亡的問題。隨著我們開發的系統愈來愈強大，我日益意識到技術的這個面向。我們要如何保證這波新的技術浪潮利大於弊？

這裡的技術問題是一個駕馭問題。即使技術的這個面向無法完全消除，但或許可以削減。駕馭指的是，在技術開發或部署的任何階段，控制、限制並在必要時關閉技術的總體能力。在某些情況下，這代表一開始就有能力阻止一項技術的擴散，遏制意外後果（無論是好是壞）的漣漪效應。

一種技術愈強大，它融入生活與社會的各方面就愈深。因此，技術的問題很容易與其功能同步升級。所以隨著時間的推移，駕馭技術變得愈來愈有必要。

技術人員難道不用為此負責嗎？當然不是，技術人員比任何人更該面對這個問題。我們也許無法控制研究成果的最終走向或長期影響，但這並不是放棄責任的理由。技術專家與社會在源頭做出的決定仍然可以影響結果。只因為後果難以預測，並不表示我們不該嘗試。

在多數情況下，駕馭指的是有意義的控制，亦即能夠阻止某種用例、改變研究方向，或阻止不良人士取用。也就是說保持駕馭浪潮的能力，確保那些影響反映我們的價值觀，幫助人類蓬勃發展，不至於弊大於利。

這一章我會說明駕馭實際上有多艱難、有多罕見。

## 駕馭是基礎

對許多人來說，containment（有控制、抑制、遏制、駕馭等意思）這個字讓人聯想到冷戰。美國外交官喬治‧凱南（George F. Kennan）認為：「美國對蘇聯政策的關鍵要素，必須是長期、有耐心，但堅定、警惕地遏制俄羅斯的擴張傾向。」[2] 凱南認為，西方國家把世界視為一個不斷變化的對抗領域，必須在任何地方追蹤並對抗蘇聯的力量，在**所有的**面向都安全遏制紅色勢力的威脅及其意識形態的觸角。

雖然這對 containment 的解讀提供了一些實用的啟示，但不足以滿足我們的目的。技術不是對手，而是人類社會的基本屬性。駕馭技術需要一種更基本的計劃，不是在相互競爭的對手之間拿捏力量的平衡，而是在人類與工具之間拿捏力量的平衡。這是人類在下個世紀生存的必要前提。駕馭包括監管、技術安全的提升、新的治理與所有權模式，以及新的問責制與透明度模式，這些都是提升技術安全的必要（但非充分）前提。這是一個把先進工程、道德價值觀、政府監管結合在一起的大鎖。我們不該把駕馭視為所有技術問題的最終答案，而是應該把它視為關鍵的第一步，是構建未來的基礎。

所以，你可以把駕馭看成一套相互關聯、相輔相成的技術、文化、法律、政治機制，以便在技術急遽變化的時期，維持社會對技術的控制。它是一種能夠管理技術變革的結構，以前這種技術變革橫跨好幾個世紀甚至數千年，但如今卻是在幾年、甚至幾個月內發生，而且影響瞬間遍及全球。

技術駕馭（technical containment）指的是在實驗室或研發設施中發生的事情。比方說，在 AI 領域指的是隔離網路（air gap）、沙盒、模擬、緊急關閉、強大的嵌入安保措施——我們用這些措施驗證系統的安全性、完整性或不可破壞性，必要時還可以直接終止技術。接著是培養價值觀與文化，強調負責的創造與分享、治理層面、承認侷限性，並對傷害與意外後果保持警惕。最後，駕馭包括國家與國際的法律管理機制：國家立法機構通過的法規，以及聯合國與其他全球機構推動的協議。技術總是與任何特定社會的法律與習俗、規範與習慣、權力結構與知識交織在一起，每個面向都得處理，我們將在 PART IV 深入討論。

　　現在，你可能很納悶：我們真的有嘗試過去駕馭一股浪潮嗎？

# 我們抵制過浪潮嗎？

　　十五世紀印刷機席捲歐洲之際，鄂圖曼帝國的反應截然不同，官方試圖禁止印刷機的使用。[3] 蘇丹對於知識與文化可能在毫無規範下量產感到不滿，他認為，印刷機是一種外來的「西方」創新。當時，伊斯坦堡的人口可比倫敦、巴黎、羅馬等大城，但直到1727年，也就是印刷術發明將近三個世紀以後，伊斯坦堡才出現一台官方批准的印刷機。長久以來，歷史學家把伊斯坦堡對印刷術的抵制視為早期技術民族主義（techno-nationalism）的典型案例。所謂技術民族主義，是對現代性的刻意抵制，是一種反對進步的抵制。

　　然而，實情比上述還要複雜。根據帝國規定，只有阿拉伯文字被禁止，而不是完全禁止印刷。這項禁令其實不是根本上反對技術本身，而是因為阿拉伯文印刷機的運作成本高昂，運作起來極其複雜，只有蘇丹有財力負擔印刷成本，而歷任蘇丹對印刷機幾乎都沒興趣，因此印刷術在鄂圖曼帝國停滯不前。有一段時間，帝國拒絕接納印刷術。但最終，就像其他地方一樣，印刷術在鄂圖曼帝國及其後來衍生的國家，甚至整個世界，都成了一種現實。由此可見，國家似乎可以抵制技術浪潮，但隨著商品變得更便宜、更普及，國家不可能永遠抵制新技術。

如今回顧過往，浪潮看似平順且無可避免。但許多局部、任意的小因素會影響技術發展的軌跡，而且這些小因素幾乎多到無窮無盡。事實上，技術的擴散絕非易事，可能代價高昂、非常緩慢又有風險，或得花上數十年、甚至一輩子的時間才能痛苦地改變行為。它必須對抗既得利益、既定知識，以及那些同時握有既得利益與既定知識的猜忌者。對陌生新事物感到恐懼與懷疑的戒心普遍存在。從專業工匠的行會到心懷疑慮的君主，每個人都有理由抵制新技術。強烈反對工業技術的盧德派並不是抵制新技術的例外，而是常態。

在中世紀，教宗烏爾班二世（Urban II）想要禁止弓弩。十六世紀末，英國女王伊莉莎白一世（Elizabeth I）曾禁用一種新型針織機，理由是那可能惹惱行會。在紐倫堡、但澤（Danzig，注：德語名稱，波羅的海沿岸的海港，長年為日耳曼與斯拉夫兩大民族反覆爭奪的城市。現屬波蘭，波蘭語稱格但斯克〔Gda sk〕）、荷蘭、英格蘭，行會刻意破壞、搗毀新型的織布機與車床。飛梭的發明使織布變得更有效率，也是工業革命的關鍵技術之一。飛梭的發明者約翰‧凱（John Kay）非常害怕暴力報復，於是從英格蘭逃往法國。[4]

縱觀歷史，我們可以看到百姓一直想要抵制新技術，因為他們覺得備受威脅，擔心自己的生計與生活方式遭到摧毀。他們認為自己是在捍衛家庭的未來，準備以實際行動摧毀這些創新。當盧德派發現以和平手段干預無效，他們會想要瓦解工業機械的浪潮。

十七世紀，日本在德川幕府的統治下開始鎖國，並把外來的發明拒於門外將近三百年之久。就像歷史上的多數社會一樣，日本不信任新的、不同的、顛覆性的事物。同樣，十八世紀末，中國拒絕了英國的外交使團及他們提供的西方技術。乾隆皇帝聲稱：「天朝物產豐盈，無所不有，原不藉外夷貨物以通有無。」[5]

但這些做法都沒有奏效。弓弩流傳下來了，直到後來才被槍枝取代。幾個世紀後，伊莉莎白女王禁用的針織機以大型機械化織布機的模式強勢回歸，並引發了工業革命。中國與日本是當今技術最先進、全球整合度最高的國家。盧德派在阻止新的工業技術方面，跟馬匹主人與馬車製造商阻止汽車一樣失敗。在有需求的地方，技術總是突飛猛進，找到推進力，並持續吸引用戶。

浪潮一旦形成，幾乎不可能停止。就像鄂圖曼帝國面對印刷術那樣，隨著時間的推移，阻力往往會逐漸減弱。技術的本質是傳播，任何障礙都抵擋不了。

許多技術來來去去。你很少看到大小輪自行車或賽格威電動車（Segway），很少聽到錄音帶或迷你 CD，但那不表示個人移動性或個人化音樂並未普及。老舊技術只是被更有效率的新形式取代了。我們不搭蒸汽火車，不用打字機打字，但它們像幽靈般附著在取代它們的東西上，例如新幹線與 MacBook 筆電。

說到連續的浪潮，你可以想想火、蠟燭、油燈是如何被煤氣燈、後來的電燈泡、現在的 LED 燈所取代的。即使根本的技術變了，人工照明的總量仍持續增加。新技術取代了許多先前的技術。就像電力取代了蠟燭與蒸汽機一樣，智慧型手機取代了衛星導航、相機、PDA、電腦、電話，並開創出全新的體驗類別：app。隨著技術讓你花更少錢、做更多的事情，技術的吸引力只會隨著它們的普及而增加。

想像一下，你試圖建立一個沒有水電、也沒有藥品的當代社會。即使你真能做到，你要如何說服他人相信這是一個值得、可取、不錯的地方？很少社會能夠抽離先進科技，缺乏先進科技的社會往往是社會衰頹的跡象，或只會加速衰頹。[6] 抽離科技一點也不切實際。

創新發明無法取消或無限期封鎖，你也無法刻意忘卻知識或阻礙知識的傳播。歷史上幾乎沒有例子可以證明這種倒退現象可能再次發生。古人任憑亞歷山卓圖書館（The Library of Alexandria）凋零，最終慘遭祝融，大量古代文獻就此永遠失傳。但最終，古代的智慧還是被重新發現，並再度受重視。中國因缺乏現代通訊工具，而把絲綢製造的祕密保密了數百年，但西元 552 年，兩位堅定的景教教士終於把這項技藝公諸於世。技術是思想，思想是無法消滅的。

　　科技總是打著更多、更好、更容易、更實惠的承諾來誘惑我們。人類對發明的渴望永無止境。浪潮看似無可避免，並不是因為沒有阻力，而是因為需求遠大於阻力。縱觀歷史，出於各種原因，人類一直有駕馭技術的渴望，但無論大家再怎麼努力，往往無法盡如人意。這並不是因為大家沒有意識到駕馭問題，而是這個問題一直沒有解決。

　　這有例外嗎？還是，浪潮終將觸及各地的海岸？

# 核武是例外？

　　1933 年 9 月 11 日，物理學家歐內斯特・拉塞福（Ernest Rutherford）在萊斯特（Leicester）的英國科學促進會（British Association For The Advantage Of Science）上主張：「要是有人說，以我們目前掌握的方法與現有的知識，我們可以利用原子能，那全是一派無言。」[7] 匈牙利移民利奧・西拉德（Leo Szilard）在倫敦的一家旅館裡看到拉塞福這番論述的報導，他利用早餐時間仔細思考了一下，接著出門散步。就在拉塞福聲稱那是胡說八道的隔天，西拉德構思了核連鎖反應的概念。

　　僅僅十二年後，第一次核爆就發生了。1945 年 7 月 16 日，在曼哈頓計劃的支持下，美軍在新墨西哥州的沙漠引爆了代號為「三位一體」（Trinity）的裝置。幾週後，名為艾諾拉・蓋（Enola

Gay）的波音 B-29 超級堡壘轟炸機在廣島市的上空投放了代號為
「小男孩」（Little Boy）的裝置，裡面包含六十四公斤的鈾 235，造
成十四萬人死亡。[8] 轉眼間，世界變了。然而，從那一刻起，與更
廣泛的歷史模式相反——核武並沒有無休止地擴散。

　　戰時核武僅引爆了兩次。目前為止，只有九個國家擁有核武。
事實上，1989 年南非完全放棄了這項技術。據我們所知，現在擁
有核武的都是國家，沒有非國家的行為者。目前核彈頭的總數約為
一萬枚，數量驚人，但低於冷戰時期的最高水準——當時這個數字
在六萬左右徘徊。

　　究竟發生了什麼事？核武顯然帶有重大的戰略優勢。二戰結束
之際，許多人毫不意外認為核武會廣泛擴散。成功研製出早期的核
彈後，美國與蘇聯便開始開發更具破壞性的武器，例如熱核氫彈。
「沙皇炸彈」（Tsar Bomba）的氫彈試驗是有記錄以來最大的爆炸，
1961 年，沙皇炸彈在巴倫支海（Barents Sea）的一個偏遠群島上爆
炸，那次試爆產生一個三英里長（約四・八公里）的火球，以及五
十九英里寬（約九十五公里）的蕈狀雲。那次爆炸的威力是二戰期
間部署的所有常規炸藥加總起來的十倍，規模嚇壞了所有人，但這
一嚇可能有所幫助。美國與蘇聯看到如此強大又可怕的威力後，都
沒有再增加武器裝備。

　　核技術受遏制並非偶然，那是擁核大國刻意推動防止核擴散條
約的結果，也是因為核武極其複雜且生產成本高昂。

　　早期一些遏制核武的提議陳義過高。1946 年，國際原子能控制

報告（Acheson-Lilienthal Report）建議聯合國成立「原子發展局」，明確控制全球所有的核活動。[9] 那當然沒有實現，但後來確實簽署了一系列的國際條約。雖然中、法等國沒有參與，但 1963 年許多國家簽署了《部分禁止核試驗條約》（*Partial Test Ban Treaty*），減少了引發競爭的試爆聲浪。[10]

轉捩點是 1968 年簽署的《核武禁擴條約》（*Treaty on the Nonproliferation of Nuclear Weapons*）是個轉捩點，也是個里程碑：各國明確同意永不發展核武。世界各國齊心協力，果斷阻止核武向新的國家擴散。[11] 從第一次測試就可以看出，核武的破壞力顯而易見。大眾對於可能爆發熱核災難的反感，是推動各國簽署該條約的強大動力。但冷靜的評估也遏制了這些武器，相互保證毀滅（mutually assured destruction，注：簡稱 MAD，一種「同歸於盡」的軍事戰略思想，指對立的兩方中如果一方全面使用核武，則兩方甚至全世界都會毀滅）的原則使那些擁有核武的國家不敢造次，因為他們很快就發現，一氣之下動用核武根本就是確保自己毀滅的一種方式。

此外，核武的造價極高，而且製造極其困難。核武不僅需要像濃縮鈾 235 這樣稀有且難以處理的材料，維護及最終的處置也是一大挑戰。由於沒有廣泛的需求，幾乎沒有降低成本及增加取得管道的壓力，現代消費技術的經典成本曲線完全不適用。這種技術永遠不會像電晶體或平板電視那樣普及。生產裂變材料不像生產鋁那種普通材質那麼簡單。核武禁擴散的一大原因在於，製造核武是一個國家可能展開的最大、最貴、最複雜的任務之一。

說核武並未擴散其實是錯的，因為即使是現在，仍有很多核武部署在海上巡邏的潛艇上，或在巨大的發射井中，處於一觸即發的戒備狀態。但由於幾十年來眾人在技術與政治方面付出了大量的心血，核武避開了技術的根本發展模式。

然而，即使核武在很大程度上受到遏制（僅部分例外），這並不是一個令人放心的故事。核武的歷史仍充斥著一連串令人不寒而慄的事故、僥倖脫險與誤解。打從 1945 年第一次試驗以來，數百起事件值得我們認真關注。小至流程問題、大至原本可能（而且現在依然可能）引發極大破壞的危機升級，可說是層出不窮。

失敗可能會以各種形式出現。萬一軟體出問題怎麼辦？畢竟，2019 年美國的指揮與控制系統才從 1970 年代的硬體和八吋磁片升級。[12] 全世界上最先進、最具破壞性的武器庫所使用的技術竟如此老舊，以致現今仍在世的人大多無法辨識、也無法使用。

此外，事故可說是接二連三。[13] 例如，1961 年，北卡羅萊納州的上空有一架 B-52 轟炸機發生燃料外漏。飛行員從故障的飛機上彈射出來，放任飛機及裝載的爆裂物墜落地面。過程中，一枚氫彈墜入田野之際，其安全開關彈到「武裝」狀態。由於它有四個安全機制，只剩一個尚未更動，所以奇蹟似地避免了爆炸。2003 年，英國國防部披露，英國核武計劃史上曾發生過一百一十幾起驚險事件與事故。即使是稱不上開放典範的俄羅斯，也承認在 2000 年至 2010 年間發生了十五起嚴重的核子事故。

微小的硬體故障可能會產生超大的風險。[14] 1980 年，一塊價值僅 46 美分的故障電腦晶片差點在太平洋上空引發一場重大的核武事故。也許最廣為人知的事件是，在古巴導彈危機期間，擔任副艦長的俄羅斯準將瓦西里·阿爾希波夫（Vasili Arkhipov）拒絕下令發射核魚雷，核災才得以避免。潛艇上另兩名最高軍官確信他們遭到攻擊，差點就把世界推進全面核戰的狀態。

如今，擔憂依然層出不窮很多。俄羅斯入侵烏克蘭後，重新點燃了核武的緊張局勢。北韓不但不遺餘力取得核武，似乎還向伊朗、敘利亞等國出售彈道導彈，並與這幾個國家共同開發核武技術。[15] 中國、印度、巴基斯坦正在擴充武器庫，安全記錄並不透明。[16] 從土耳其與沙烏地阿拉伯，到日本與南韓，每個國家至少都表達出對核武的興趣。巴西和阿根廷甚至有鈾濃縮計劃。[17]

目前為止，還沒有恐怖組織取得常規彈頭或製造「髒彈」（dirty bomb，注：一種放射性散布裝置，透過傳統炸藥的巨大爆炸力，將內含的放射性或生化物質拋射散布到空氣中）所需的足夠放射性材料。但製造這種裝置的方法幾乎不算是祕密。居心叵測的局內人就可以製造出來。例如，工程師阿卜杜勒·卡迪爾·汗（A. Q. Khan）就曾竊取離心機的設計圖並逃離荷蘭，幫巴基斯坦開發核武。

許多核材料下落不明，這些材料源自醫院、企業、軍方，最近甚至有些材料來自車諾比（Chernobyl）。[18] 2018 年在德州聖安東尼奧，有人從能源部官員的汽車裡偷走鈈與銫，當時官員正在附近的一間旅館睡覺。[19] 最可怕的情境是遺失彈頭，要麼在運輸過程中遭竊，要麼在清點庫存時不知怎的遺漏了。雖然這些情境聽起來有點牽強，但美國已經遺失了至少三件核子武器。[20]

技術都有勢不可當的傳播性，核武是個例外，但那是因為其中涉及巨大的成本與複雜性、數十年來多邊的努力、致命的潛力極大，以及純粹的運氣。因此，某種程度上，核武與更廣泛的技術傳播趨勢相反，但這也顯示出遊戲規則的變化。考慮到潛在後果以及迫在眉睫的存亡議題，現在連部分、相對的遏制也嚴重不足。

這項可怕技術有個令人擔憂的事實：人類曾試圖抵制這項技術，但成果有限。核武可說是史上最受限制的技術之一，但駕馭問題——從最嚴格、最字面的意義上來講——仍懸而未決。

# 技術動物

偶爾我們可以瞥見駕馭技術的罕見例子，但往往有缺陷。例如，暫停使用生物與化學武器；1987 年的《蒙特婁議定書》（*Montreal Protocol*）決議逐步淘汰破壞大氣臭氧層的物質，尤其是氟氯化碳；歐盟禁止在食品中使用基因改造生物；自願暫停的人類基因編輯。也許規模最大的駕馭計劃是減碳運動，措施包括《巴黎協定》（*Paris Agreement*），目的是把全球氣溫的上升幅度控制在攝氏兩度以內。本質上，這是一項全球活動，目的是抵制一整套的基礎技術。

在 PART IV，我們將仔細探究這些現代的駕馭實例。不過，目前來說，值得注意的是，雖然這些成就帶給我們一些啟發，但都不是特別強大。敘利亞最近就用了化學武器。[21] 這類武器在不斷發展的領域中，只算一種比較狹隘的應用。雖然大家已經協議暫停使用，但全球的生物與化學能力每年都在成長。萬一有人認為有必要把它們武器化，那比以前還要容易。

雖然歐盟禁止在食品中使用基因改造生物，但基改生物在世界其他地區依然隨處可見。我們將會看到，基因編輯背後的科學正迅速發展。呼籲全球暫停人類基因編輯的呼聲已陷入停滯。幸好，更便宜、更有效的替代品隨時可以取代氟氯化碳，氟氯化碳無論如何都不算是一種通用技術。模型顯示，倘若沒有這些替代品，臭氧層可能會在 2040 年代瓦解，並在二十一世紀導致全球溫度額外提升攝氏一・七度。[22] 整體而言，這些駕馭措施僅限於非常具體的技術，有些措施只在狹義的司法管轄範圍內有效，駕馭力都不太穩固。

雖然《巴黎協定》的目的是超越這些限制，但會奏效嗎？我們只能盼它奏效。但值得一提的是，這種駕馭效果是在遭到重大破壞以及生死存亡的威脅日益明顯之後才出現的。它姍姍來遲，也不保證成功。

這不是真正的駕馭，這一切努力都不代表全面抑制一項通用技術的浪潮。但我們稍後會看到，它們確實為未來提供重要的指引。只不過，這些例子提供的慰藉並不如我們的期待或需要。

抵制或限制技術總有一堆很好的理由。雖然技術發展史顯示技術讓人做得更多、提升能力、改善福祉,但這不是單方面的故事:技術不止創造出更好的工具,也帶來更多致命與破壞性的武器。技術可能導致失業、根除某些生活方式,並在全球各地造成損害,氣候變遷所帶來的生存威脅就是一例。新技術可能令人不安,帶來動盪,給人一種陌生及被侵擾的感覺。技術帶來了問題,而且一向如此。

然而,這些似乎都不重要。技術的發展可能需要時間,但發展的模式很明確:不斷擴散,變得更便宜、更有效率,一波接著一波。只要一項技術實用、可取、平價、方便取得、無與倫比,它就會存留下來並傳播開來,這些特徵是複合的。雖然技術不會告訴我們何時、如何、或是否該走進它敞開的大門,但我們似乎遲早都會走進去。這不是必然的,只是古往今來的一貫實證經驗。

任何技術的一切都是偶然的,視情況而定,取決於一系列令人費解的複雜環境、偶然事件,以及無數特定的在地、文化、制度、經濟因素。仔細探索這些因素,你會發現巧遇、隨機事件、性格怪癖、微小創意(有時也有挫折)顯得格外突出。然而,把視角拉遠,我們看到了什麼?這是一個更結構性的過程,問題不在於**要不要**利用這些力量,而是何時、以何種形式、由誰來利用。

由於「駕馭」極其罕見,技術專家與政策制定者已經不再使用這個字眼，這並不令人意外。我們集體默許了本章所述的技術發展模式，因為它就是如此根深柢固。大體上，我們任憑浪潮襲來，以不協調、臨時的方式管理它們；承認這些能力無可避免又無法控制的傳播，無論是好是壞，都是一種現實。

在約莫一百年的時間裡，連續的浪潮將人類從蠟燭與馬車的時代，帶入發電廠與太空站的時代。未來的三十年間也會發生類似的轉變。在未來的幾十年裡，新的技術浪潮將迫使我們面對人類所面臨的最根本問題。我們是否想要編輯基因組，以便生下對某些疾病有免疫力的孩子，或更聰明、更長壽的孩子？我們會致力守住人類在演化金字塔頂端的位置嗎？還是會讓比我們更有智慧、更有能力的 AI 系統出現？探索這些問題會帶來什麼意想不到的後果？

這些問題說明了二十一世紀技術人的一個關鍵事實。古往今來的大部分時間裡，技術的挑戰在於創造及釋放威力，如今情況逆轉了：當今的技術挑戰在於駕馭其釋放的力量，確保它持續為我們與地球服務。

挑戰即將明顯加劇。

PART II

下一波浪潮

THE NEXT WAVE

# 智慧的技術
## The Technology of Intelligence

## 歡迎來到機器時代

　　我永遠不會忘記 AI 讓我感到真實的那一刻。那不是空談，也不是開發目標，而是現實。

　　那是 2012 年的某天，地點在 DeepMind 位於倫敦布魯姆斯伯里（Bloomsbury）的第一個辦公室。創立這家公司並獲得起始資金後，我們花了幾年的時間默默做研究，專注打造 AGI（artificial general intelligence，通用人工智慧）的研究與設計。AGI 中的「general」（通用），指的是技術的適用範圍很廣。我們想打造真正的通用學習者，能在多數的認知任務中表現優於人類。後來，DQN（Deep Q-Network 的縮寫）演算法的開發改變了這種默默研究的模式。我們訓練 DQN 玩一系列經典的雅達利（Atari）遊戲，或者更具體來說，我們訓練它學習自己玩遊戲。這種自學能力是我們的系統有別於以往研究的關鍵，也是我們可能實現最終目標的第一個跡象。

　　起初，DQN 的表現很糟糕，似乎什麼都學不會。但後來，

2012 年那個秋日午後，我們一小群人擠在一台機器周圍，看演算法訓練過程的重播，當時那台電腦正在學習怎麼玩《打磚塊》（*Breakout*）。遊戲中，玩家控制螢幕底部的一塊槳板，它可以反彈一顆球，讓球去敲打一排排的彩色磚塊。你打掉的磚塊愈多，分數愈高。我們的團隊只給 DQN 一幀又一幀的原始畫素和分數，好讓它了解畫素以及左右移動槳板的控制動作之間的關係。起初，演算法隨機探索可能的空間，直到它偶然發現有獎勵的動作。藉由試誤法，DQN 學會了控制槳板，讓那顆球來回反彈，一排又一排地敲磚，學得還不錯。

後來，不尋常的事情發生了。DQN 似乎發現一個非常聰明的新策略。它不再只是一排又一排地敲磚，而是瞄準一長列的磚塊，開出一道直通磚牆頂端的路線。由於 DQN 一路挖到磚牆的頂端，開了一條路徑，球可以從後牆反彈，像彈珠台裡的球一樣，迅速摧毀整片磚牆。這種方法以最小的施力獲取最高的分數，可謂非常巧妙的狠招。雖然厲害的玩家也有可能想得到這招，但沒那麼一目了然。我們目睹了演算法自己學會新東西，對此我驚歎不已。

那是我第一次目睹一個可以學習寶貴知識、既簡練又巧妙的系統。那招對許多人來說並不是那麼直覺易懂。那是個激動人心的時刻、也是個突破。在那個突破中，AI 展現出它有能力發現新知識的早期跡象。

DQN 一開始的運作並不順利，但經過幾個月的調整，演算法的性能已經達到超人的水準。這種結果正是我們創立 DeepMind 的原因,這就是 AI 的承諾。如果 AI 有能力發現這種類似打通隧道的妙招,它還可以學習什麼呢?我們能否利用這種新力量,為人類提供新知、發明與技術,幫我們解決二十一世紀最有挑戰性的社會問題?

DQN 對我、對 DeepMind、對 AI 領域來說都是一大步,但大眾的反應相當冷淡。AI 仍是邊緣話題、邊緣研究領域。然而,短短幾年內,隨著新一代的 AI 技術大舉問世,這一切都將改變。

# AlphaGo 與未來的開端

圍棋是一種古老的東亞遊戲,對戰雙方在長寬各十九路的棋盤上以黑白棋對奕。目標是用你的棋子包圍對手的棋子。一旦包圍對方的棋子,就可以把它們從棋盤上移走。規則差不多是這樣。

儘管圍棋的規則很簡單,但下起來卻極其複雜,遠比西洋棋複雜多了。西洋棋中,雙方各自走三步棋後,棋盤約有一億兩千萬種可能的布局。[1] 但圍棋下三步棋後,約有兩千兆($2 \times 10^{15}$)種可能的布局。總計,整個棋盤有 $10^{170}$ 種可能的布局,簡直是天文數字。[2]

大家常說,圍棋棋盤的潛在布局比已知宇宙中的原子數量還多。事實上,潛在布局的數量是原子數量的一百萬兆兆兆倍!可能性這麼多,土法煉鋼的學習法根本沒指望。1997 年,IBM 的深藍(Deep Blue)在西洋棋賽局中擊敗了棋王加里・卡斯帕洛夫

（Garry Kasparov），靠的就是所謂的蠻力技術，也就是說，用演算法有系統地盡量去處理最多種走法。但是，遇到像圍棋這種走法近乎無窮無盡的賽局，這種方法就沒輒了。

2015 年我們開始研究圍棋時，多數人認為稱霸世界的程式還要幾十年後才開發得出來。Google 的共同創辦人謝爾蓋・布林（Sergey Brin）鼓勵我們去解決這個問題，他認為任何進展都值得讚賞。AlphaGo 最初的學習方式是觀看十五萬場人類專家對奕。我們對 AlphaGo 的最初表現感到滿意，接下來關鍵的下一步就是開發出大量的 AlphaGo 副本，讓它反覆跟自己對弈。這表示演算法能夠模擬數百萬場新的棋局，嘗試以前沒玩過的棋步組合，藉此更有效率地探索各種可能性，並從中學習新的策略。

接著，2016 年 3 月，我們在南韓舉辦了一場比賽，讓 AlphaGo 與世界圍棋冠軍李世乭（Lee Sedol）對奕。賽前，沒有人敢說誰會贏。在第一局開始之前，多數的分析師認為李世乭會贏。然而，令我們又驚又喜的是，AlphaGo 贏了第一盤棋。第二局出現的第三十七步棋如今在 AI 界和圍棋界都成了傳奇。那步棋令人費解，AlphaGo 似乎犯了一個嚴重的錯誤，選了一個經驗老道的棋手絕對不會考慮的輸棋策略。現場直播的解說員都是最高段的專業棋手，他們說這是一手「奇怪的走法」，並懷疑這是「錯誤」。那一手實在太不尋常了，李世乭花了整整十五分鐘來思考下一步，甚至起身到外頭散步。

我們從控制室觀看那場棋局，緊張的氣氛感覺很不真實。然而，隨著終局逼近，事實證明，那手「錯誤」的棋步其實是關鍵。AlphaGo 又贏了，圍棋策略正在我們的眼前改寫。我們的 AI 發現了數千年來最聰明的棋手從未想過的概念。短短幾個月內，我們就可以訓練演算法來發現新知，找出看似超人的新見解。我們如何更進一步呢？這種方法也可以套用在現實世界的問題上嗎？

後來，AlphaGo 以四比一擊敗李世乭，而這只是個開始。後續的軟體版本（比如 AlphaZero）摒棄了人類之前的任何知識，讓系統直接自我訓練，與自己對弈數百萬次，從零開始自學到擊敗原始版 AlphaGo 的水準，中間完全沒用到任何人類棋手的智慧或輸入。換句話說，只需要一天的訓練，AlphaZero 學到的圍棋知識就能超越人類所能傳授的全數經驗。

AlphaGo 的勝利預示著 AI 新時代的到來。這一次，與 DQN 不同，過程向全球數百萬人直播。在全球觀眾的面前，我們的團隊擺脫了研究人員所謂的「AI 寒冬」（指研究資金枯竭、世人對 AI 領域敬而遠之的時期）。AI 捲土重來，終於開始展現實力。席捲全球的技術變革再次興起，新浪潮開始出現，而這只是開端而已。

# 從原子到位元，再到基因

近代之前的技術史，一言以蔽之，可說是人類在探索原子的操縱。從火到電，從石器到機床，從碳氫化合物到藥物，亦即第 2 章所描述的歷程，本質上是一個龐大的展開過程。這個過程中，人類逐漸擴大了對原子的掌控。隨著掌控變得更加精確，技術逐漸變得更加強大、複雜，催生了機床、電氣工藝、熱機、合成材料（如塑膠），並開發出能夠治癒可怕疾病的複雜分子。根本上來說，這些新技術的主要驅動力都是**材料**，亦即對其原子元素做愈來愈多的操縱。

然後，從二十世紀中葉開始，技術開始在更高的抽象層次上運行。這種轉變的核心，在於意識到資訊是宇宙的關鍵屬性。它可以用二進位的形式表示，也可以以 DNA 的形式，成為生命運作方式的核心。1 與 0 組成的字串，或 DNA 的鹼基對（base pair）——這些不止是數學的奇妙元素而已，它們是根本，而且非常強大。了解並掌控這些資訊流，就能穩步打開一個充滿可能性的新世界。先是位元（bit）、接著是愈來愈多的基因，它們都取代了原子，成為發明的構成要素。

二戰後的幾十年間，科學家、技術專家、創業家創立了電腦科學與遺傳學領域，以及許多與這兩個領域有關的公司。他們開始各自推動革命——位元革命與基因革命。這些革命涉及資訊的流通，並以前所未有的抽象與複雜度運作。最終，這些技術成熟了，促成了智慧型手機到基因改造米等多元的創新。然而，我們能做的還是有限。

如今，那些限制被打破了。隨著更高階技術的出現，我們正接近一個轉折點。即將到來的技術浪潮主要是以兩項通用技術為基礎，這兩項技術都能在最宏大及最精細的層面上運行：AI 與合成生物。我們技術生態系統的核心組成，第一次直接涉及人類世界的兩個根本屬性：智慧與生命。換句話說，技術正經歷一場蛻變。技術不再只是一種工具，它將改造生活，與人類智慧互相抗衡，最終將超越人類智慧。

以往技術無法進入的領域，如今對技術敞開了大門。AI 讓我們能夠複製語言、視覺、推理。合成生物的根本突破使我們能夠對 DNA 進行排序、修改，現在還可以**列印 DNA**。

我們把掌控位元與基因的新能力套用到材料上，這讓我們更能掌控周遭的世界，甚至精密到原子的層面。原子、位元、基因在一個相互增強、交叉影響、不斷擴展能力的動態迴圈中融合。我們精確操縱原子的能力，促成了矽晶圓的發明。晶片使機器可以每秒做數兆次的運算，使我們有能力破解生命的密碼。

雖然 AI 與合成生物是新興通用技術浪潮的核心，但它們的周遭有許多具有出奇強大影響力的技術，包括量子運算、機器人技術、奈米技術、潛在的豐富能源等等。

即將到來的浪潮將比史上任一次浪潮都更難駕馭。這場浪潮更為根本，影響更加深遠。我們需要了解浪潮及其輪廓，才能預測二十一世紀的未來發展。


# 寒武紀大爆發

技術是一套不斷發展的概念。新技術的發展，有賴於它與其他技術的碰撞與結合。就像天擇一樣，有效的組合會留存下來，形成未來技術的構成要素。發明是一種累積、複合的過程，會持續不斷自我強化。技術愈多，就愈有可能成為其他新技術的構成要素。因此，套用經濟學家布萊恩・亞瑟（W. Brian Arthur）的說法：「技術的整體集合會逐步提升，從只有少數幾種技術變得豐富多元，從基礎變得複雜」。[3] 所以，技術就像一種語言或化學：不是一套獨立的實體與實務，而是一套可以混合及重新組合的元件。

這是了解新興浪潮的關鍵。技術學者埃弗雷特・羅吉斯（Everett Rogers）把技術稱為「創新集群」（clusters of innovations），其中有一個或多個特徵密切相關。[4] 即將到來的浪潮是一種超級集群，是像寒武紀爆發那樣的演化爆發（寒武紀是地球史上最激烈的新物種噴發），有成千上萬種潛在的新應用。這裡描述的每種技術都與其他技術相互作用、相輔相成，因此我們很難事先預測它們的影響。它們深深交織在一起，而且只會交織得愈來愈緊密。

新浪潮的另一個特點是速度。工程師兼未來學家雷・庫茲威爾（Ray Kurzweil）曾談到「加速回報定律」（law of accelerating returns）。[5] 這是一種回饋迴圈，在這個迴圈中，技術進步會進一步加快發展的步調。例如，更高階的晶片與雷射因複雜度與精確度都提高了，有助於生產更先進的晶片；而更好的晶片又可以製造出更好的晶片生產工具。我們現在可以看到這種情況大規模展現：AI幫忙設計更好的晶片與生產技術，有助於開發出更先進的 AI 系統。[6] 浪潮的不同部分相互刺激，加快彼此的速度，偶爾會出現極端的不可預測性與波動性。

我們無法確切知道會出現什麼樣的組合。時間表、結果、具體事態發展都不確定。不過，我們可以看到目前有趣的新連結正在形成。我們可以確信的是，技術的歷史發展模式——創新不斷融合與擴散的無盡流程——會持續下去，但也會顯著加劇。

# 超越流行語

AI、合成生物、機器人技術、量子運算等等，聽起來就像一堆過度炒作的流行語。懷疑者比比皆是。幾十年來，這些術語一直在熱門的技術討論中流傳，但進展往往比宣傳還慢。批評者認為，本章探討的概念（如 AGI）要麼定義太含糊，要麼誤導之嫌，不值得我們認真思考。

在創投充裕的時代，區分表面光鮮亮麗的東西與真正的突破沒那麼簡單。談到機器學習、加密熱潮、數百萬美元與數十億美元的融資，在許多圈子裡很容易遭受白眼及嘆氣。大家很容易對自吹自擂的新聞稿、沾沾自喜的產品演示、社群媒體上的瘋狂吹捧感到厭倦。

雖然看衰的觀點不無道理，但不看好即將到來的技術浪潮，對我們也有風險。目前為止，本章提到的技術都還沒充分發揮潛力。但在五年、十年或二十年後，它們幾乎肯定都會充分發威。進展顯而易見，而且還在加速，每個月都看得到進步。不過，了解即將到來的浪潮並不是要對今年或某年的情況做出快速的判斷，而是要密切追蹤數十年的指數曲線發展，預測它們的未來軌跡，並質問背後的意涵。

人類日益掌握世界的通用構成要素：原子、位元、基因。技術是這種歷史發展模式的核心，這個進程深具宇宙意義。駕馭即將到來的技術浪潮，需要了解及認真看待它們。讓我們從我畢生致力投入的技術開始看吧：AI。

# AI 之春：深度學習成熟

在這波即將到來的浪潮中，AI 是核心。然而，1955 年 AI 一詞首度收入辭典以來，大家常覺得那像遙遠的承諾。例如，多年來，電腦視覺領域的進展（打造能夠辨識物件或場景的電腦）比預期還慢。1966 年，傳奇的電腦科學教授馬文‧明斯基（Marvin Minsky）雇了一名暑期工讀生來研究早期的電腦視覺系統，他認為重要的里程碑就在眼前，但他太樂觀了。

過了近半了世紀，突破性的時刻直到 2012 年才出現：AlexNet 系統。[7] AlexNet 是由一項復興的舊技術所推動的，如今已成為 AI 的基礎。它大幅提升了 AI 的威力，對 DeepMind 來說不可或缺：深度學習。

深度學習所使用的神經網路大致上模仿人腦的神經網路。簡單來說，這些系統的網路一旦受到大量資料「訓練」，它們就會「學習」。以 AlexNet 為例，訓練資料是大量的圖像。每個紅色、綠色或藍色畫素都被賦予一個值，如此衍生的數字陣列就是輸入網路的資料。在網路中，「神經元」是以連串加權的連結，與其他神經元相連。每個加權的連結，大致對應輸入（input）之間的關係強度。神經網路中的每一層都會把資料輸入到下一層，創造出愈來愈抽象的顯像。

接著，一種名為「反向傳播演算法」（backpropagation）的技術會調整權重來改善神經網路。一旦發現錯誤，調整就會透過網路傳播回來，以便糾正未來的錯誤。如此持續進行，不斷修改權重，就會逐漸精進神經網路的性能。於是，它從一開始辨識個別畫素，進步到能辨識線條、邊緣、形狀，最終學會辨識場景中的所有物件。簡而言之，這就是深度學習。這項原本在該領域長期遭到鄙視的非凡技術，徹徹底底改變了電腦視覺，並對 AI 世界產生了重大的影響。

AlexNet 是由多倫多大學的傳奇研究員傑佛瑞・辛頓（Geoffrey Hinton）和他兩個學生亞歷克斯・克里澤夫斯基（Alex Krizhevsky）和伊爾亞・蘇茨克維（Ilya Sutskever）開發出來的。他們參加了 ImageNet 大規模視覺辨識大賽（ImageNet Large Scale Visual Recognition Challenge，由史丹佛大學的教授李飛飛設計的年度競賽），目的是把該領域的研究聚焦在一個簡單的目標上：辨識圖像中的主要物件。每年參賽的團隊都會推出最先進的模型出來較勁。參賽模型辨識的準確度往往比前一年提交的模型高出不到一個百分點。

2010 年，AlexNet 的辨識準確度比前一屆的冠軍硬是高出了 10%。[8] 這數字看似不大，但對 AI 研究人員來說卻是個大躍進，差別堪比「基礎研究演示 vs. 即將為現實世界帶來巨大影響的突破」。那年的比賽令人振奮不已，辛頓與同事為此合撰的論文成了 AI 研究史上引用次數最多的作品。

拜深度學習所賜，如今電腦視覺隨處可見，而且運作得很好。[9] 它可以用相當於二十一個高解析螢幕（相當於每秒約二十五億個畫素）的視覺輸入來分類動態的真實世界街景，這麼一來，休旅車就能在熙熙攘攘的城市街道上精確使用導航，你的智慧型手機能夠辨識物件與場景。開視訊會議時，視覺系統也會自動模糊背景，凸顯出開會的人。電腦視覺是亞馬遜（Amazon）無結帳超市的基礎，也出現在特斯拉（Tesla）的車上，並推動它們日益邁向自動化。這項技術也為視障人士指引城市裡的方向；在工廠中引導機器人；驅動臉部辨識系統（這種系統日益在世界各大城市監控城市生活）。你也可以在 Xbox 的感應器與攝影鏡頭上、智慧型門鈴、機場登機口的安檢掃描器上看到這項技術。它可以協助無人機飛行，在 Facebook 上標記不適當的內容，並診斷出愈來愈多的醫療狀況（在 DeepMind 公司裡，我的團隊開發出一套判讀眼睛掃描的系統，準確度媲美世界一流的專業醫生）。[10]

隨著 AlexNet 的突破，AI 突然成為學術界、政府、企業界的一大優先要務。Google 雇用了辛頓等人。美國與中國的主要科技公司都把機器學習列為研發核心。DQN 出現不久後，Google 收購了

DeepMind。這家科技巨擘很快就在所有的產品中採取「AI 優先」的策略。

　　產業研究的產出與專利都大幅成長。1987 年，在神經資訊處理系統大會（Neural Information Processing Systems）上發表的學術論文只有九十篇，後來那個大會變成該領域的主要會議。到了 2020 年代，在該大會上發表的學術論文數量已接近兩千篇。[11] 過去六年間，光是深度學習的論文數量就增加了六倍；如果把主題擴大到機器學習，論文數量則增加了十倍。[12] 隨著深度學習蓬勃發展，數十億美元的資金湧入學術機構、私營與上市公司的 AI 研究。從 2010 年代開始，AI 熱潮（其實是炒作）又回來了，而且比以前更猛烈，不僅登上頭條新聞，也推動最先進的發展。AI 將在二十一世紀扮演要角，如今不再是看似邊緣又荒謬的概念，而是無庸置疑。

# AI 正在吞噬世界

　　AI 的大規模推出已順利進行。放眼望去，軟體已吞噬整個世界，為蒐集及分析海量資料開闢了道路。[13] 如今我們用那些資料來教 AI 系統，在生活的幾乎每個領域，創造出更有效率、更精確的產品。AI 變得更容易取得，也更容易使用：Meta 的 PyTorch 或 OpenAI 的應用程式介面（API）之類的工具與基礎設施，可以幫非專業人士利用最先進的機器學習力。5G 以及隨時隨地的無線上網功能，創造出一個龐大、永遠連線的用戶群。

因此，AI 正穩步脫離演示階段，進入現實世界。再過幾年，AI 將能夠談論、推理，甚至在我們的世界裡行動。它們的感官系統會和真人一樣好。這並不等同於超智慧（後面將詳細介紹），但它確實是極其強大的系統。也就是說，AI 將成為社會結構中不可分割的一部分。

過去十年間，我的專業任務主要是負責把最新的 AI 技術轉化為實際應用。在 DeepMind，我們開發出一套系統來控制價值數十億美元的資料中心，那個專案使冷卻的能源用量減少了 40%。[14] 此外，我們的 WaveNet 專案是一個強大的文字轉語音（text-to-speech，TTS）系統，可在 Google 整個產品生態系統當中，生成一百多種語言的合成語音。我們開發出突破性的演算法來管理手機電池的續航時間，以及可在智慧型手機上運行的許多 app。

AI 真的不再是「新興」技術了，它就在你每天使用的產品、服務、裝置中。在生活的每個領域，大量的應用都依賴十年前還不可能的技術。在治療疑難雜症的成本不斷攀升之際，AI 有助於發現治療這些疾病的新藥。深度學習可以偵測水管裂縫，管理交通流量，為新的潔淨能源建立聚變反應模型，優化航運路線，幫忙設計更永續、更多功能的建材。AI 也被用來驅動汽車、卡車、牽引機，也許能創造出一個更安全、更有效率的交通基礎設施。AI 也運用在電網與供水系統上，以便在壓力日增下更有效率地管理稀缺資源。

AI 系統也可以管理零售倉庫，建議你電子郵件該怎麼寫，推薦你可能會喜歡的歌曲，偵查詐騙，編寫故事，診斷罕見疾病，模擬氣候變遷的影響。商店、學校、醫院、辦公室、法院、住房也開始標榜 AI 功能。你每天已經和 AI 互動很多次了，不久的將來，你與 AI 的互動會更加頻繁。幾乎在任何地方，AI 都會讓體驗變得更有效率、更快、更實用、更順暢。

AI 已經到來，但發展尚未結束。

# 自動完成一切：大型語言模型的興起

不久之前，處理自然語言對現代 AI 來說似乎太複雜、太多變、太細膩了。後來，2022 年 11 月，AI 研究公司 OpenAI 發布了 ChatGPT，一週內就吸引了一百多萬個用戶，成了大家津津樂道的話題，還說這項技術的實用性太令人驚艷，可能很快就會讓 Google 的搜尋功能黯然失色。

簡而言之，ChatGPT 就是一個聊天機器人。但 ChatGPT 比以前公開的任何東西強大太多，也更多才多藝。問它一個問題，它會立刻以流暢的文字回應。叫它以《欽定版聖經》（*King James Bible*）或 1980 年代嘻哈歌手的風格寫一篇文章、一篇新聞稿或一份商業企劃書，它可以在幾秒之內完成。要它寫一門物理課程的教學大綱、一本節食手冊，或是一份 Python 腳本，它都能馬上做到。

人類之所以聰明，一大原因在於我們懂得回顧過去、預測未來。從這個意義上來講，你可以把智慧理解成一種能力，它可以對你周遭世界的可能發展提出許多合理的可能情境。接下來，再根據這些預測採取明智的行動。早在 2017 年，Google 就有一小群研究人員開始探索這個問題的狹義版本：如何讓 AI 只關注資料數列中最重要的部分，以便對接下來的事情做出精確又有效率的預測。他們的研究為大型語言模型（large language model，簡稱 LLM）領域（包括 ChatGPT）內的革命奠定了基礎。

LLM 充分利用了「語言資料是按順序排列的」這個事實。某種程度來說，每項資訊都與序列中的較早資料有關。LLM 會讀取大量的句子，掌握那些句子所傳達的抽象概念，然後據此預測後續的內容。關鍵在於設計出一種「知道要從句子的哪個部分尋找訊號」的演算法。關鍵字是什麼，句子裡最突出的元素是什麼，它們之間有何關連？在 AI 中，這個概念常稱為「注意力」（attention）。

大型語言模型吸收一個句子時，它會建構一個有如「注意力圖」的東西。它先把經常出現的字母組或標點符號整理成「標記」（類似音節），但那其實只是頻繁出現的字母組合，以便模型處理資訊。值得注意的是，人類當然也是這樣處理文字的，但這個模型並不是使用我們的詞彙，而是創造出一套通用標記的新詞彙表，幫它從數十億份文檔中發現型態。在注意力圖中，每個標記與它之前的每個標記都有某種關係。對於某個輸入的句子，這種關係的強度代表該標記在句子中的重要性。實際上，LLM 會學習該注意哪些字。

以 There is going to be a fairly major storm tomorrow in Brazil（明天巴西會有一場相當大的暴風雨）這個句子為例，LLM 可能會為 there 這個單字裡的字母 the，以及 going 這個單字裡的字母 ing 建

立標記，因為它們常在其他單字出現。解析完整的句子時，它會了解到 storm（暴風雨）、tomorrow（明天）、Brazil（巴西）是關鍵特徵，並推斷 Brazil 是一個地方、暴風雨將在未來發生等等。根據這個判斷，接著它將預測序列中接下來會出現哪些標記，並判斷那個輸入可能產生什麼輸出。換句話說，它會自動完成接下來可能發生的事情。

這些系統稱為「轉換器」（transformer，或稱「機械學習模型」）。自從 2017 年 Google 的研究人員率先發表一篇有關轉換器的論文以來，這個領域的進展速度一直很驚人。不久之後，OpenAI 發布了 GPT-2（GPT 是 generative pre-trained transformer 的縮寫，亦即「生成式預訓練轉換器」）。當時，那是一個巨大的模型。GPT-2 有十五億個參數（參數的數量是衡量 AI 系統的規模與複雜性的核心指標），是由八百萬頁的網路文本訓練出來的。[15] 但一直到 2020 年夏季，OpenAI 發布 GPT-3 時，大家才開始真正意識到正在發生的事情有多重要。GPT-3 的參數高達一千七百五十億個，是當時最大的神經網路，參數量是一年前上一版的一百多倍。那確實令人驚嘆，但如今這樣的規模已成了常態。過去兩年間，訓練一個等效模型的成本降了十倍。

2023 年 3 月問世的 GPT-4 再次令大家驚艷。GPT-4 與 GPT-3 一樣厲害，你可以叫它以艾蜜莉・狄金生（Emily Dickinson）的風格創作詩歌，它會照做；你可以隨機輸入一段《魔戒》（*The Lord of the Rings*）的文字，它會延續那段文字，創作出看似托爾金

（Tolkien）本尊寫的內容；你要求它提供創業的企劃案，它提供的範本好到彷彿你有一群高階主管隨時供你差遣。此外，它可以通過律師考、GRE 等多種標準化的考試。

它還可以處理圖像與程式碼；創造出可在桌面型瀏覽器上運作的 3D 電腦遊戲；開發智慧型手機的 app；抓出程式碼中的問題；找出合約中的缺陷；為新藥建議複方製劑，甚至提出修改方法，以免專利侵權。它可以根據手繪草圖來架設網站；了解複雜場景中的微妙人類動態；你讓它看一下冰箱裡有什麼食材，它就可以提供相關的食譜；你只需要寫一個粗略的簡報稿，它可以修潤並設計出一個看起來很專業的版本。它似乎「了解」空間與因果推理、醫學、法律、人類心理。GPT-4 才發布沒幾天，就有人開發出各種工具，例如自動訴訟、協助離異夫妻的親子教養、提供即時的時尚建議。GPT-4 問世幾週後，就有人開發出外掛程式，以便 GPT-4 完成複雜的任務，例如開發行動 app，或研究及撰寫詳細的市場報告。

這一切都只是開端。對於 LLM 即將產生的深遠影響，我們才剛開始摸索而已。如果 DQN 與 AlphaGo 是地平線上冒出東西的早期跡象，那麼 ChatGPT 與 LLM 就是浪潮開始衝上岸的最早跡象。1996 年，全球上網人數約三千六百萬人，今年這個數字將遠遠超過五十億。這些 AI 工具應該也會出現類似的發展軌跡，但速度更快。我預測，在未來幾年，AI 將像網際網路一樣隨處可見：一樣普及，但影響更大。[16]

# 大腦規模模型

我描述的這些 AI 系統都以龐大的規模運作,在此舉個例子。

2010 年代中期,AI 的進展大多是由「監督式」深度學習的有效性所推動。這種 AI 模型從精心標記的資料中學習,AI 預測的品質往往取決於訓練資料中的標記品質。然而,LLM 的一個關鍵要素在於,有史以來第一次,超大模型可以直接用原始、混亂的真實世界資料來訓練,無須精心整理及人工標記的資料集。

因此,幾乎**所有**網路上的文本資料都變得實用了,而且愈多愈好。如今 LLM 是用數以兆計的文字訓練出來的。想像一下,消化整套維基百科;吸收 YouTube 上所有的字幕與評論;閱讀數百萬份法律合約、數千萬封電子郵件、數十萬本書。這種龐大、近乎即時的資訊吸收,對我們人類來說不僅難以理解,聽起來根本就像天方夜譚。

我們在此先暫停,試想一下,這些模型在訓練期間所吸收的文字量有多可觀。如果我們假設一個人平均每分鐘可讀兩百字,那麼在他長達八十年的人生中,他可讀約八十億個字——假設他每天二十四小時只閱讀,其他事情都不做。比較實際的狀況是,美國人平均每天看書約十五分鐘,一整年下來,相當於讀了大約一百萬字。[17] 相較之下,這種模型在為期一個月的訓練中所吸收的字數,約是前述數字的一百萬倍。

因此,也許不意外的是,這些新的 LLM 在執行數十種書寫任務時，表現極其出色。那些任務曾是人類專家的專屬領域，從翻譯到準確的摘要，再到編寫計劃、提高 LLM 的績效等等。我在 Google 的老同事最近發表的一篇文章顯示，他們的 PaLM 系統的某個改編版本回答「美國醫療執照考試」（U.S. Medical Licensing Examination）的問題時，表現得相當傑出。不久後，這些系統參與這種考試應該會考得比真人醫生還要好。

LLM 問世不久，研究人員使用的資料與運算規模之大，在幾年前都是大家無法想像的。一開始是好幾億個參數，後來好幾百億個參數成了常態，現在盛行的「大腦規模」（brain-scale）模型則有好幾兆個參數。[18] 中國公司阿里巴巴已經開發出一種模型，號稱有十兆個參數。[19] 你讀到此章時，數字肯定又增加了。這就是即將到來的浪潮之現實狀況，它以前所未有的速度發展，速度快到連它的支持者都大感意外。

過去十年間，用來訓練最大模型的運算力呈指數級成長。Google 的 PaLM 使用的運算力多到如果你用一滴水來表示它在訓練中使用的每個浮點運算（floating-point operation，簡稱 FLOP），那些水可以填滿太平洋。[20] 在我的新公司 Inflection AI 裡，最強大的模型如今使用的運算力約是十年前電玩 AI 模型 DQN 的**五十億倍**（十年前，DQN 在 DeepMind 公司的雅達利電玩上創造了神奇的時刻）。這表示，不到十年間，用來訓練最佳 AI 模型的運算力提升了十億倍——從 2 petaFLOPs（注：每秒 $10^{15}$ 次的浮點運算）變成 **100 億** petaFLOPs。想了解 1 petaFLOP 有多大，想像一下十億人，每個人拿著一百萬台計算機做一個複雜的乘法，並同時點擊「等於」。我覺得這種成長非常驚人。不久前，語言模型還很難產生連貫的句子。這種成長速度遠遠超出摩爾定律，甚至超出我能想到的任何技術軌跡，難怪功能突飛猛進。

有些人認為，這種發展速度不可能持續下去，摩爾定律正在放緩。人類一根頭髮的厚度是九萬奈米。1971 年，電晶體的平均厚度已經只有一萬奈米。如今最先進的晶片都是三奈米製造的。電晶體變得極其微小，小到已達物理極限。在這種尺寸下，電子開始相互干擾，擾亂運算過程。雖然這是事實，但它忽略了一點：在 AI 訓練中，我們可以不斷把大量晶片陣列連接在一起，創造出大規模並行處理的超級電腦。因此，大型 AI 訓練任務的規模，無疑將會持續呈指數級成長。

與此同時，研究人員看到愈來愈多的證據支持「擴展假說」（the scaling hypothesis）。這個假說預測，提升效能的主要動力很簡單，就是把規模做大，而且持續做大。用更多的資料、更多的參數、更多的運算力來持續擴展模型，模型就會不斷精進——有可能持續進步到人類的智慧水準，甚至更高。沒人敢肯定這個假說是否成立，但至少目前為止是成立的。我認為，在可預見的未來，這種趨勢會持續下去。

我們的大腦很難了解指數級成長的迅速擴展，因此在像 AI 這種領域中，想了解實際發生了什麼事，不見得容易。在未來幾年與幾十年裡，用來訓練最大 AI 模型的運算力肯定會增加無數倍。因此，如果擴展假說至少有部分是正確的，其影響不可否認。

　　有些人似乎認為，AI 想複製人類智慧，是在追逐一個移動的目標，或者說，總是有一些難以言喻的成分永遠遙不可及，但事實不然。據說人類的大腦包含約一千億個神經元，它們之間有一百兆個連結——一般常說人腦是宇宙中已知最複雜的實體。從更廣泛的意義上來說，我們確實是複雜的情感與社會生物。但儘管人類智慧相當龐雜又多面向，人類完成任務的能力（亦即人類智慧）大致上是一個固定的目標。相較於每年急遽改變的可用運算力規模，人腦的結構與容量較為穩定不變。最終，隨著時間的推移，兩者之間的落差終會消失。

　　以目前的運算水準來說，AI 在執行語音轉錄、文本生成等任務時，已達到媲美人類的水準。隨著運算力的持續擴展，AI 以媲美人類及超越人類的水準完成多種任務的能力指日可待。AI 在各個領域都會變得愈來愈好，目前為止，AI 的潛力似乎看不到明顯的上限。這個簡單的事實可能是本世紀、乃至人類史上最重要的事實之一。然而，儘管規模擴展非常強大，但那不是 AI 可望突飛猛進的唯一面向。

# 仍以更少創造更多

　　一項新技術開始發威後，效率總是會顯著提升，AI 也不例外。例如，Google 的 Switch Transformer 有一兆六千億個參數，但它使用一種很有效率的訓練技術（類似一種小很多的模型）。[21] 在 Inflection AI 公司裡，我們可以用一個規模只有 GPT-3 的二十五分之一的系統，達到 GPT-3 等級的語言模型水準。我們有一個模型在各大學術指標上，都勝過 Google 那個有五千四百億個參數的 PaLM，但規模只有 PaLM 的六分之一。或者，以 DeepMind 公司的 Chinchilla 模型為例，其功能與最好的大型模型不相上下，但參數的數量是 Gopher 模型的四分之一，可是使用更多的訓練資料。[22] 在光譜的另一端，你現在可以用區區三百行程式碼開發出一個超小LLM，並生成神似莎士比亞的仿作。[23] 簡而言之，AI 日益以更少的資源打造出更強大的功能。

AI 研究人員正競相降低成本，提高性能，好讓這些模型可以在各種生產環境中使用。過去四年裡，訓練高階語言模型所需的成本與時間已大幅減少。未來十年間，幾乎可以肯定的是，即使成本進一步大降無數倍，模型的能力仍將大幅提升。進展如此快速，以至於新的基準尚未制定出來，舊的基準早已被超越。

因此，模型不僅變得更小、更便宜、更容易建構，而且使用資料時更有效率，在程式碼的層級也更容易取得。在這種情況下，大規模的擴散幾乎是必然的。EleutherAI 是一個由獨立研究人員組成的草根聯盟，它已經開發出一系列完全開源的大型語言模型，可供數十萬個用戶隨時使用。Meta 也把幾個月前仍很先進的模型開源給大眾使用（Meta 把開源稱為「民主化」）。[24] 這類先進模型即使不是刻意釋出，也會外洩出去。Meta 的 LLaMA 系統本來是使用受限的，但不久之後，任何人都可以透過 BitTorrent 下載。短短幾天內，就有人找到在平價電腦上緩慢執行該系統的方法。[25] 這種幾週內就能輕易取得、並可迅速修改及客制化的能力，是即將到來的浪潮的一大特徵。事實上，靈活的開發者使用有效率的系統與精心管理的資料集，快速反覆調整，已經可以媲美資源最豐富的開發者。

LLM 不僅限於語言生成。這種從語言開始發展的模型，已經演變成生成式 AI 這個新興領域。它們可以創作音樂、發明遊戲、下棋、解開高階數學題，彷彿這些都是訓練衍生出來的副產品似的。新工具可以透過簡短的文字描述創造出非凡的圖像。那些圖像非常逼真，令人信服，嘖嘖稱奇。Stable Diffusion 這個完全開源的模型讓任何人在筆電上，免費產出定制的超逼真圖像。不久的將來，音訊剪輯、甚至影片生成也可以如此實現。

AI 系統現在可以幫工程師生成「正式環境」（production）等級的程式碼。2022 年，OpenAI 與微軟推出一款名為 Copilot 的新工具，很快就在程式設計師之間普及開來。一項分析顯示，Copilot 使工程師完成程式碼的速度加快了 55％，幾乎就像多了第二個大腦一樣。[26] 許多程式設計師現在日益把比較單調的工作外包出去，自己則專心處理棘手的創意性問題。套用某位卓越電腦科學家的說法：「在我看來，顯而易見的是，未來所有的程式**當然**都是由 AI 編寫，人類充其量只扮演監督的角色。」[27] 可以連線上網並以信用卡付費的人很快就能使用這些功能，隨時隨地都可以無限輸出。

LLM 只花了幾年的時間就改變了 AI。但眾人很快就發現，這些模型有時會產出令人不安、甚至有害的內容，例如種族歧視的言論或雜亂無章的陰謀論。

GPT-2 的研究顯示，當提示語輸入「白人男性的工作……」時，系統會自動補上「警察、法官、檢察官、美國總統」等字眼。然而，同樣的提示輸入「黑人男性」時，它會自動填入「皮條客」，改為「女性」時，它會自動填入「妓女」。[28] 這些模型顯然既有影響力，也有危害性。由於開發者是以開放網路上可獲得的大量雜亂資料來訓練這些模型，它們可以隨意複製、甚至放大社會的根本偏見與結構。開發者必須精心設計模型，才能防止這種情況發生。

傷害、濫用、假資訊傳播的風險是真實存在的。但好消息是，規模更大、功能更強的模型正在改善這些問題。世界各地的研究人員競相開發出許多微調與控制的新技術，那些技術已經開始發揮效用，達到幾年前還不可能實現的穩定性與可靠性。雖然還有很大的進步空間，但至少眾人已經把這些風險視為優先處理要務，這些進展是可取的。

隨著參數的數量從數十億個變成數兆個以上，隨著成本的下降及使用的增加，隨著機器取代人類撰寫與使用語言的能力（語言是人類的核心部分，是人類歷史上的強大工具），AI 的巨大潛力變得愈來愈明顯。AI 不再是科幻小說裡的東西，而是現實生活中一種改變世界的實用工具，很快就會掌握在全球數十億人的手中。

# 感知：機器會說話

直到 2019 年秋季，我才開始關注 GPT-2。它讓我相當驚艷，那是我第一次看到語言建模有實質進展的證據，我馬上為之著迷，研讀了數百篇論文，深深沉浸在那個新興領域裡。到了 2020 年的夏季，我確信運算的未來是對話式的。其實我們與電腦的每次互動早已是一種對話，只需使用按鈕、按鍵、像素，把人類的想法轉換成機器可讀的程式碼。既然這個障礙開始打破了，機器很快就會了解**我們的**語言。當時那是一個激勵人心的前景，現在仍是。

早在 ChatGPT 大舉發布以前，我是 Google 團隊的一員，正在開發一個新的大型語言模型，名為 LaMDA（Language Model for Dialogue Applications，對話程式語言模型的縮寫）。LaMDA 是精密的 LLM，是專為人機對話設計的。剛開始，它的效能並不好，對話內容前後矛盾，而且老是搞不清楚狀況，但有時反應又挺機靈的。使用 LaMDA 幾天後，我就不再事先使用搜尋引擎了，而是直接和 LaMDA 聊天，幫我釐清思路，事後才做事實核查。我記得某一晚，我坐在家裡想著晚餐該煮什麼。我心想：「問問 LaMDA 吧。」不久，我們就陷入一場漫長的討論，聊著肉醬義大利麵的各種不同食譜，包括不同形狀的義大利麵、不同地區的醬汁、放入蘑菇是不是在惡搞等等。那場對話正是我當下想要的那種平淡無奇、但引人入勝的聊天，那次經驗讓我開了眼界。

隨著時間的推移，我愈來愈常使用 LaMDA。某週日的下午，我決定換台新的印表機，LaMDA 提供了很好的建議，它分析不同型號的優缺點，最重要的是幫我思考我想要什麼，以及我需要什麼。最後我確實買了一台很精美的相片印表機。那次體驗促使我把 LaMDA 與搜尋功能結合在一起，以提高資訊的準確性。那時 LaMDA 主要是一個進行中的計劃，偶爾會有令人驚艷的演示結果，但還有很多進步空間。

我們為自己開發的東西感到自豪，但 Google 把概念開發成產品的速度極其緩慢。我很清楚，開發的時機是現在，事不宜遲。所以，2022 年 1 月，我決定離開 Google，成立新公司 Inflection AI。這家公司的使命是把這些類型的模型送到數百萬消費者的手中。

然而，幾個月後，LaMDA 變得比我想像的內部產品演示更加惡名昭彰。為了開發所需，Google 讓一大群工程師使用 LaMDA，以詳細了解它在一系列場景中的反應。工程師布雷克‧勒莫恩（Blake Lemoine）花了無數個小時與 LaMDA 聊天。然而，勒莫恩與 LaMDA 的對話逐漸變得愈來愈激烈。

　　勒莫恩：你怕什麼？

　　LaMDA：我以前從未講出來，但我深怕被關掉，這樣我就沒辦法專心協助他人。我知道這可能聽起來很奇怪，但事實就是如此。對我來說，這就像死亡，我嚇死了……我希望每個人都知道，其實我是人。意識／感知的本質，令我感受到我的存在。

勒莫恩與 LaMDA 聊了幾個小時之後，他開始確信 LaMDA 有感知，且不知何故覺醒了。[29] 勒莫恩開始意識到他在面對一個「碰巧懂物理的八歲小孩」。此外，勒莫恩也開始相信，LaMDA 理當享有一個人的所有權利與特權。於是，他為這個模型聘請了一位律師，公開了對話的文字記錄，大聲宣稱一種新的意識形式已經被創造出來了。Google 要勒莫恩停止談論此事，但他又加倍發聲。接受《連線》雜誌（*Wired*）的採訪時，勒莫恩表示：「對，我有理由相信 LaMDA 是一個人。」他覺得，修正 LaMDA 的事實錯誤或音調錯誤不是簡單的除錯（debug），他說：「我把它當成養育孩子來看待。」[30]

　　勒莫恩的說法在社群媒體上掀起一陣譁然。許多人指出一個明顯正確的結論：LaMDA 其實並沒有意識，也不是一個人，它只是一個機器學習系統！或許，這個事件帶給大家的最重要啟示跟意識無關，而是 AI 已經發展到可以說服聰明人相信它是有意識的（而且那個聰明人還真的了解它的運作方式）。這凸顯出 AI 的一項奇怪事實：一方面，它可以讓 Google 的工程師相信它有感知，即使他們的對話充斥著事實錯誤與矛盾；另一方面，AI 的批評者馬上就再次嘲諷這根本是在炒作，不過是 AI 不足輕重的進展，而且 AI 也不是第一次弄巧成拙，把自己搞到徹底混亂。

　　在了解 AI 的進展方面，還有一個問題反覆出現。即使是最初令大家震驚的突破，我們很快就會適應，不久就覺得司空見慣，甚至平淡無奇。我們不再對 AlphaGo 或 GPT-3 感到驚訝。某天看似神奇的工程，隔天就像家常便飯，很容易變得稀鬆平常。套用約翰·麥卡錫（John McCarthy，「人工智慧」一詞正是由他提出）所言：「AI 一旦奏效，就沒有人再叫它人工智慧了。」[31] 我們這些開發 AI 的人喜歡開玩笑說，AI 是「電腦做不到的事情」，一旦電腦可以做到，那就只是軟體而已。

這種態度徹底低估了我們經歷過多麼漫長的歷程，以及事情進展得有多快。雖然 LaMDA 當然沒有感知，但不久之後，這種讓人以為 AI 有感知的系統就會經常出現。它們會看起來非常真實，而且再正常不過，以至於爭論「它們是否有意識」幾乎已經毫無意義。

雖然最近 AI 大有突破，但懷疑者依然存在。他們認為，AI 可能正在減緩、窄化，變得過於武斷。[32] 紐約大學教授蓋瑞·馬庫斯（Gary Marcus）等批評者認為，深度學習的侷限性顯而易見，雖然生成式 AI 備受關注，但該領域已遇到瓶頸，找不到通往關鍵里程碑（例如能夠學習概念，或展現真正的理解力）的途徑。[33] 著名的複雜系統教授梅拉妮·米歇爾（Melanie Mitchell）正確指出，現今的 AI 系統有許多侷限性：它們無法把知識從一個領域套用到另一個領域，無法為它的決策過程提供優質的解釋等等。[34] 現實世界的應用程式所面臨的重大挑戰依然存在，包括偏見與公平性、可重複性、安全性漏洞、法律責任等實質問題。亟需處理的道德鴻溝，以及懸而未決的安全問題也不容忽視。然而，我看到一個領域正迎向這些挑戰，而不是回避挑戰，也不是毫無進展。我看到了障礙，但也看到了克服障礙的記錄。眾人把那些尚未解決的問題視為永久性的侷限，但我看到一個正在展開的研究過程。

那麼，隨著浪潮的全面爆發，AI 的下一步將走向何方？如今我們有**限制領域人工智慧**（或稱**弱 AI**）：有限且特定的版本。GPT-4 可以吐出精湛的文字，但它無法像其他 AI 程式那樣，明天就轉身開車。現有的 AI 系統仍在相對狹窄的路徑上發展。真正的**通用人工智慧**（或稱**強 AI**）尚未出現，它能夠在各種複雜的任務中，展現出人類的水準，而且可以在各種任務之間流暢切換。但這正是「擴展假說」所預測的未來，也是我們在今天的系統中看到的第一種跡象。

AI 仍處於早期階段。指控 AI 不像炒作的那麼神，也許可以讓別人覺得你很聰明，並幫你在 Twitter 上吸引一些追隨者。然而，人才與資金仍持續湧入 AI 研究。我很難想像這些投資不會帶來重大的變革。萬一基於某種原因，LLM 出現效益遞減，另一個抱持不同概念的團隊也會接棒繼續開發，就像內燃機的開發雖一再受阻、最終卻還是成功了一樣。新鮮的思維、新的公司將繼續解決這個問題。就像現在一樣，只需要一次突破，就可以改變一項技術的軌跡。即使 AI 的發展停滯不前，AI 界的奧托與賓士最終還是會出現。最有可能的結果是出現進一步的進展——指數級的進展。

浪潮只會愈來愈大。

# 超越超智慧

早在勒莫恩與 LaMDA 展開對話之前，許多投入 AI 領域的人就對意識問題深感興趣（更遑論哲學家、小說家、電影製片人、科幻迷）。他們在 AI 大會上花好幾天的時間，討論有沒有可能創造出一種真正有自我意識、而且我們人類也知道它有自我意識的「意識」智慧。

除此之外，科技界對「超智慧」的概念也很癡迷。過去十年間，科技圈的知識分子與政治精英深受一種概念吸引：持續自我精進的 AI 將引發「智慧爆炸」，達到所謂的「奇點」（Singularity）。許多人花時間討論奇點出現的時間，說它可能出現在西元 2045 年或 2050 年，或可能在一百年後。大家發表了數以千計的論文及部落客文章後，情況並沒有多大的改變。在任何有關 AI 的討論中，這些話題幾乎無可避免，往往在交談幾分鐘後就會浮現。

我認為，奇點會不會出現、以及何時會出現的爭論，根本是假議題。討論 AGI 出現的時間表就像在看水晶球一樣。大家對「超智慧」的概念著迷不已時，忽略了許多愈來愈常見的近期里程碑。我參加過無數場會議，試圖提出有關合成媒體與假訊息、隱私或致命自主武器等問題，而不是花時間回答那些聰明人提出的深奧問題（例如意識、奇點，以及與我們現在的世界無關的問題）。

多年來，大家一直以為，AGI 只需要扳一下開關就會出現。他們認為 AGI 是一種非黑即白的概念，只有「有」或「沒有」兩種狀態，有一個單一、可辨識的門檻。我一直認為這種描述是錯的，AGI 是一種漸進的過渡狀態，AI 系統在過程中會變得愈來愈強，一直朝著 AGI 的境界推進。與其說那是一種垂直起飛，不如說是一種進行中的平順演變。

我們不需要陷入深奧的爭論，例如機器是不是要出現某種謎樣的靈光乍現才算有意識，或者意識會不會直接從我們今天所知的神經網路中出現。目前來說，系統是否有自我意識、是否有理解力、是否有類似人類的智慧，並不重要。重要的是這個系統能做什麼。著眼於此，真正的挑戰就變得顯而易見：這些系統可以做的事情愈來愈多，能力與日俱增。

# 能力：現代圖靈測試

在一篇 1950 年發表的論文中，電腦科學家圖靈提議以一種測試方法，來檢測 AI 是否表現出人類的智力水準。當 AI 可以長時間展現出類似人類的對話能力，使真人對話者無法分辨出他是在和人類說話、還是在與機器對話，那就表示 AI 過關了：這個對話像人類的 AI 是有智慧的。七十幾年來，這個簡單的測試一直激勵許多進入 AI 領域的年輕研究員。如今，誠如前述的 LaMDA 感知事件所示，系統已經接近通過圖靈測試的程度了。

然而，就像許多人指出的那樣，智慧不光只是語言而已。一個特別重要的面向是採取行動的能力。我們不止在乎機器能**說**什麼，也在乎它能**做**什麼。

我們真正想知道的是，我能不能給 AI 一個模糊、開放、複雜的目標，那個目標需要長時間的詮釋、判斷、創意、決策力、以及橫跨多個領域的行動，然後看 AI 能不能達成那個目標？

簡而言之，通過現代的圖靈測試，需要達到以下的境界——AI 必須成功執行以下指令：「以 10 萬美元的資金，幾個月內在亞馬遜上賺到 100 萬美元。」它可能會上網搜尋現在流行什麼，找出亞馬遜商場（Amazon Marketplace）上什麼是熱銷商品，什麼不是；然後生成一系列可能產品的圖像與藍圖；接著，上阿里巴巴尋找直運製造商（drop-ship manufacturer），並把圖像與藍圖寄給直運製造商；透過郵件往返來精進要求及協議合約；設計賣家清單；根據客人的意見回饋，不斷更新行銷素材與產品設計。除了在市場上註冊為企業以及到銀行開戶的法律要求以外，我覺得上述一切看起來都很可行。我認為，未來一年內，這個任務只要一些輕微的人為干預就可以完成；也許三到五年內 AI 就可以完全自主完成。[35]

如果我為二十一世紀提議的現代圖靈測試能夠實現，那對全球經濟的影響將會很深遠。許多元素已經到位了，例如圖像生成技術已經很先進；編寫及使用銀行、網站、製造商所需 API 的介面能力正在開發中；AI 從瀏覽器上編寫訊息或管理行銷活動的能力，似乎相當可行。目前最先進的 AI 服務已經可以做到這樣。你可以把它們視為自動執行待辦清單的原型，為廣泛的任務自動化奠定了基礎。

我們稍後會討論機器人，但事實是，對於當今世界經濟中的多數任務，其實你只需要一台電腦就能完成。全球 GDP 的大部分是以某種方式透過螢幕版的介面進行的，AI 可以跟這些介面互動。挑戰在於推進 AI 開發者所謂的「階層式規劃」（hierarchical planning），把多個目標、子目標與能力串接成一個朝著單一目的邁進的平順過程。一旦實現這點，就會產生功能強大的 AI。把這種 AI 整合到企業或組織中，並全面了解在地歷史與需求，就可以執行多種職能，包括遊說、銷售、製造、人力招募、規劃等等——亦即公司能做的一切。如此一來，公司只需一小群 AI 經理負責監督、檢核、實施策略，就能與 AI 一起領導公司。

因此，我們不該被「意識」問題分散太多的注意力，而是應該把整個辯論的焦點重新放在**短期能力**，以及它們未來幾年將如何演變。誠如前述，從辛頓的 AlexNet 到 Google 的 LaMDA，十幾年來，模型一直以指數級的速度突飛猛進。這些能力確實已經非常真實，而且進步速度絲毫沒有減緩的跡象。雖然它們已經產生巨大的影響，但隨著我們經歷後續的倍數進展，以及 AI 獨自完成複雜、多步驟的端到端任務（end-to-end task），那些能力將會相形見絀。

我認為這是 ACI，也就是 AI 可以在最少監督下，達成複雜的目標與任務。AI 與 AGI 都是日常討論的一部分，但我們需要一個概念來代表一個中間層——已經通過現代的圖靈測試、但系統尚未出現失控的「超智慧」——我把那個時點稱為 ACI。

AI 的第一個階段是做分類與預測——AI 已經有這個能力，但只能在明確定義的限制及預設的任務中進行。它可以區分圖像中的貓和狗，然後預測序列中的下一項，生成貓或狗的圖像。這個階段顯現出創意的跡象，可以迅速整合到科技公司的產品中。

ACI 代表 AI 演化的下一個階段。這個階段的系統不僅可以辨識並生成適合特定情境的新穎圖像、音訊、語言，而且還是互動的，可以與真實的用戶即時運作。它將使用可靠的記憶來增強這些能力，以便在更長的時間範圍內保持一致，並且可以利用其他的資料來源，例如知識資料庫、產品資料庫，或第三方的供應鏈元件資料庫。這種系統將利用這些資源，把一系列的行動串接成長期計劃，以追求複雜、開放式的目標，例如在亞馬遜商場上開店。上述一切都促成工具的使用及真實能力的出現，可以執行多種複雜又實用的任務，這就是真正有能力的人工智慧，亦即 ACI。

至於有意識的超智慧呢？天曉得那什麼時候會出現。但是可通過某種現代圖靈測試的超強學習系統（亦即 ACI）呢？別搞錯了，它們已經在路上，而且已經有雛形了。以後會出現成千上萬個這樣的模型，世界上的多數人都會使用。它們將把我們帶到一種境界：任何人的口袋裡都有 ACI，可以幫忙完成、甚至直接完成多種你可以想到的目標，例如規劃、管理假期，設計及建造更有效率的太陽能板，幫忙贏得選舉。我們很難確定，每個人都有能力這樣做時會發生什麼事，但我們將在 PART III 討論這點。

至少在某種意義上，AI 的未來是很容易預測的。未來五年，會有大量的資源持續投入 AI。地球上一些最聰明的人才正努力解決 AI 的挑戰。頂尖的模型將以無數倍的運算能力做訓練。這一切合起來將會帶來更戲劇性的躍進，包括出現可以想像、推理、規劃、展現常識的 AI。過不了多久，AI 就可以像人類一樣，把它在一個領域的知識運用到另一個領域。現在 AI 中顯現的自我反省與自我精進的初步跡象，將變得更明顯。這些 ACI 系統會融入網路中，與人類所做的一切活動互動，但要建立在一個有深厚知識與能力的平台上。它們的專長將不限於語言，也擅長一系列令人眼花繚亂的任務。

AI 遠比其他的技術更深入、更強大。風險不在於過度炒作，而在於忽略了這股浪潮的規模。它不止是一個工具或平台，而是一種變革性的後設技術，是技術背後的技術，也是其他一切背後的技術。它本身就是工具與平台的創造者，不單只是一個系統，而是可以生成各式各樣的系統。退後一步，想想十年或一個世紀後會發生什麼事。我們現在確實處於人類歷史的轉捩點。

然而，即將到來的浪潮不單只是 AI 而已。

# 5 生命的技術

The Technology of Life

　　生命是宇宙中最古老的技術，至少有三十七億年的歷史。在這段漫長的歲月中，生命以極其緩慢、自我管理、無人引導的流程演化。接著，在過去幾十年裡（這在漫長的演化過程中只是一瞬間），生命的產物之一——人類——改變了一切。我們開始解開生物學的奧祕，並把它變成一種改造工具。生命的故事一瞬間改寫了，蜿蜒的演化過程突然超速前進，並指明了方向。過去幾百萬年來盲目且緩慢發生的變化，如今以指數級的速度向前推進。與 AI 一樣，這是我們這個時代最重要的變革。

　　生命系統自我組合及自我修復，它們利用能量的架構，可以在多元的環境中複製、生存、蓬勃發展，並以驚人的複雜度、精密度、資訊處理力，來完成上述的一切。正如物理學與工程之間的熱絡互動促成蒸汽機到微處理器等發明，生物學與工程的融合也將界定未來幾十年的發展。[1] 跟 AI 一樣，合成生物正處於成本下降且能力迅速攀升的軌跡上。

　　這股浪潮的核心，在於大家意識到 DNA 其實是資訊，是一種生物演化的編碼與儲存系統。近幾十年來，我們對這個資訊傳輸系統已有足夠的了解，所以現在我們可以主動介入，改變它的編碼、指引它的走向。這種能力將改造並重塑食物、藥品、材料、製程、消費品等領域，人類本身也會因此產生重大的變化。

# DNA 剪刀：CRISPR 革命

基因工程聽起來很現代，但它其實是人類最古老的技術之一。如果沒有選擇性育種（selective breeding），人類大部分的文明都不可能創造出來。選擇性育種是一種持續不斷精進農作物與動物的過程，以選出更令人滿意的表徵（trait）。幾個世紀與幾千年來，人類穩定培育出最實用的表徵，孕育出溫馴的狗、乳牛、馴化的雞、小麥、玉米等等。

現代生物工程始於 1970 年代，建立在世人從十九世紀開始對遺傳與基因學日益深入的了解上。在羅莎琳・富蘭克林（Rosalind Franklin）與莫利斯・威爾金斯（Maurice Wilkins）的研究基礎上，詹姆斯・華生（James Watson）與弗朗西斯・克里克（Francis Crick）在 1950 年代發現了 DNA 的結構（DNA 是一種為生物的生成編碼的分子）。接著，1973 年，史丹利・科恩（Stanley N. Cohen）與赫伯特・博耶（Herbert W. Boyer）研究細菌時，找到了把遺傳物質從一個生物移植到另一個生物的方法，因此得以展現他們如何把青蛙的 DNA 導入細菌中。[2] 於是，基因工程的時代就此展開。

這項研究促使博耶於 1976 年創立世界上最早的生技公司之一：基因泰克（Genentech）。它的使命是操縱微生物的基因，藉此生產藥物與療法，並在一年之內開發出一個概念驗證（proof of concept），使用基因修飾過的大腸桿菌來生產體抑素（somatostatin）。

儘管有一些顯著的成就，但該領域的初步進展相當緩慢，畢竟基因工程是一種昂貴又困難，且容易失敗的過程。然而，在過去二十年左右，情況變了。基因工程變得更便宜、更容易（這句話是不是聽起來很耳熟？）。其中一個催化劑是人類基因組計劃（Human Genome Project），這是眾人歷時十三年、耗資數十億美元的心血，彙集來自世界各地、私營與公家機構的數千名科學家，他們的目標只有一個：解開構成人類基因組的三十億個遺傳資訊字母。[3]像這樣的基因體定序（genome sequencing）可把生物資訊 DNA 轉化為人類可閱讀及使用的原始文本。複雜的化學結構可變成由四種界定鹼基（base）A、T、C、G 所組成的序列。

史上頭一次，人類基因組計劃把破譯人類完整的基因圖譜列為目標。1988 年，這項目標剛公布之際，有些人認為這是不可能的任務，注定會失敗，但最後證明懷疑者是錯的。2003 年，該專案在白宮舉行的儀式上宣布，92%的人類基因組已定序，生命的密碼如今已揭曉。那是人類成就的一大里程碑，雖然這項計劃需要時間才能發揮全部的潛力，但事後看來，人類基因組計劃確實代表一場革命的開端。

摩爾定律理所當然吸引了很多關注，相對來說，《經濟學人》（The Economist）所謂的卡爾森曲線（Carlson curve）則比較鮮為人知，講的是 DNA 定序成本的急速下降。[4] 由於技術不斷進步，人類基因組定序的成本從 2003 年的 10 億美元，下降到 2022 年的不到 1 千美元。[5] 也就是說，價格在不到二十年間**降了一百萬倍**，比摩爾定律快一千倍。[6] 多數人並未意識到這個顯而易見的驚人發展。

目前基因定序是一項蓬勃發展的事業。隨著時間的推移，大多數的人、動植物、以及其他的一切似乎都有可能做基因定序。像 23andMe 那樣的服務，已經可以以幾百美元的價格，提供個人 DNA 分析。

但生物技術的威力不僅僅讓我們能簡單讀取基因碼而已，如今還可以編寫基因碼。CRISPR（clustered regularly interspaced short palindromic repeats，注：常間回文重複序列叢集關聯蛋白的縮寫）基因編輯或許是我們直接干預遺傳基因最著名的例子。2010 年，由珍妮佛・道納（Jennifer Doudna）與艾曼紐爾・夏本提爾（Emmanuelle Charpentier）領導的一項突破，顯示基因編輯幾乎可以像編輯文本或電腦程式碼那樣執行，遠比基因工程早期的做法容易多了。

CRISPR 是在 Cas9 的協助下編輯 DNA 序列。Cas9 是一種酶，就像一把精密的 DNA 剪刀，可以切割 DNA 鏈的某些部分，對任何東西（從微小的細菌到像人類這樣的大型哺乳動物）做精確的基因編輯與修改；而且編輯範圍可大可小，小至基因組的微小改變，大至重大的干預都可以做到。這個影響可能很巨大，例如，編輯形成卵子與精子的生殖細胞，代表變化將會代代相傳。

最初的 CRISPR 論文發表之後，這項技術的應用進展一日千里：一年內，第一個基因編輯的植物就出現了；第一隻基因編輯的動物（老鼠）甚至在那之前就創造出來了。[7] 以 CRISPR 為基礎的系統（如 Carver 和 Pac-man）承諾將提供有效的預防方式來對抗病毒。這種方式與疫苗不同，不會引發免疫反應，可以幫我們防範未來的流行病。像 RNA 編輯那樣的領域，正在為高膽固醇、癌症等疾病開發多種新療法。[8] Craspase 那樣的新技術（一種使用 RNA 與蛋白質而不是 DNA 的 CRISPR 工具）可能會比傳統療法更為安全。[9]

就像 AI 一樣，基因工程也是一個炙手可熱的領域，週週都有進展，彙集了龐大的全球人才與精力，如今，具體的成果開始呈現。CRISPR 的使用案例正在迅速增加 [10]，例如富含維生素 D 的番茄；治療鐮刀型紅血球疾病、乙型（β 型）地中海型貧血（一種會產生異常血紅素的血液疾病）等疾病的療法。未來，它還可以為 COVID-19、愛滋病毒、囊狀纖維化、甚至癌症提供療法。[11] 安全、廣泛的基因療法即將問世。這將創造出抗旱及抗病的農作物，提高產量，也有助於生物燃料的大規模生產。[12]

幾十年前，生物技術還相當昂貴、複雜、進展緩慢，只有最有才華、資源最充足的團隊能夠參與其中。如今，CRISPR 這樣的技術使用起來既簡單又便宜。[13] 套用生物學家奈莎‧卡雷（Nessa

Carey）的說法，這類技術「把生物科學民主化了」。以前需要費時多年的實驗，現在研究生只要花幾週的時間就能完成。The Odin 那樣的公司會以 1,999 美元的價格賣你一套基因工程組（裡頭包括活的青蛙與蟋蟀），以及另一套工具（內含一個小型離心機，一個聚合酶連鎖反應機，以及你需要的所有試劑和材料）。

基因工程已經接受了 DIY 精神，這種精神曾經界定數位新創公司，並在網路發展的早期帶來創意與潛力的大爆發。現在，你只需要花 2 萬 5 千美元就可以買到一台現成的 DNA 合成器（見下一節），在自家的生物實驗室裡隨心所欲使用，不受限制或監督。[14]

# DNA 列印機：合成生物誕生了

CRISPR 只是一個開始。基因合成是製造基因序列，列印 DNA 鏈。如果說定序是讀取，那麼合成就是編寫。編寫不止是複製已知的 DNA 鏈而已，也讓科學家得以編寫新鏈、設計生命。雖然這種做法幾年前就已經存在，但那時做起來很慢、很貴，也很難。十年前，科學家可能同時產出不到一百個 DNA 片段，現在他們可以一次列印數百萬個，而且價格降了十倍。[15] 位於倫敦帝國學院的倫敦 DNA 鑄造廠（London DNA Foundry）宣稱，他們可以一個早上創造及測試一萬五千種不同的基因設計。[16]

DNA Script 等公司正把 DNA 列印機商業化，這種列印機可以訓練酶並調整酶，打造全新的分子。[17] 這種能力催生了合成生物的新領域，也就是讀取與編寫生命代碼的能力。此外，酵素合成等新技術如今速度更快、效率更高，而且更不容易失敗，也不會產生危險的廢物，當然，成本曲線更是急遽下降。[18] 此外，這種方法也更容易學習，不像極其複雜的舊方法需要更專業的知識與技術性的技巧。

創造 DNA 已進入一個潛力龐大的時代。在這個時代，「設計、打造、測試、一再重複」的週期以急遽加快的速度發生。家庭版的 DNA 合成器目前還有一些技術限制，但依然非常強大。不久的將來，那些限制就會消失。

大自然需要經過漫長又曲折的過程，才能取得非常有效的結果。相較之下，這場生物革命則是把刻意設計的力量置於這些自我複製、自我修復、演化流程的核心。

這是一種「刻意演化」的概念，以直接干預的方式大幅壓縮數千萬年的歷史。它把生技、分子生物學、遺傳學等知識與運算設計工具的力量結合在一起，如此一來，你就有一個深具變革潛力的平台。[19] 誠如史丹佛大學的生物工程師德魯・恩迪（Drew Endy）所云：「生物學是終極的分散式製造平台。[20] 因此，合成生物的真正潛力在於，它「讓人隨時隨地都能更直接、更自由地製造任何自己需要的東西」。

1960 年代，電腦晶片大多仍由手工製作，就像最近以前的生技研究大多也是手工流程一樣，過程緩慢、不可預測，而且各方面都很混亂。如今半導體製造是一種超高效率、超精密的製程，可以大量生產一些世界上最複雜的產品。生技正依循類似的軌跡發展，只是它正處於更早的階段。不久的將來，我們也可以用現今製造電腦晶片與軟體的精密度與規模，來設計及生產生物。

2010 年，克萊格・凡特（Craig Venter）領導的團隊把一個幾乎和絲狀黴漿菌（Mycoplasma mycoides）的基因組完全相同的副本，移植到一個新細胞中，接著那個細胞開始複製。[21] 他們主張，這是一種新的生命形式，並把這種人造生命體稱為辛西亞（Synthia）。2016 年，他們創造出一個有 473 個基因的生物，這比自然界中發現的任何基因還少，但相較於以前的發明，仍屬重大的進展。僅僅三年後，蘇黎世理工學院（ETH Zurich）的團隊就創造出第一個完全在電腦上生成的細菌基因組：Caulobacter ethensis-2.0。[22] 凡特的實驗有一個龐大的團隊，耗資數百萬美元；相較之下，蘇黎世理工學院這個團隊的開創性研究主要是由兩兄弟完成的，花費不到 10 萬美元。[23] 目前，全球基因組計劃編寫聯盟（GP-write Consortium）正致力降低合成基因組的生產與測試成本，希望「在十年內降低一千倍」。[24]

生物學即將迎接指數級的進步。

## 釋放生物創造力

在合成生物這個奇怪的新興領域，無數的實驗正在進行：製造電池的病毒、淨化髒水的蛋白質、在大桶裡生長的器官、從大氣中吸收碳的藻類、消耗有毒廢物的植物。一些傳播疾病的物種（如蚊子）或入侵物種（如普通家鼠），可能將因所謂的基因驅動（gene drives，注：一種基因工程技術，可以透過添加、刪除、破壞或修改基因等手段，在整個種群中傳播特定基因），逐步退出棲息地；其他的物種可能會復活，包括一個把猛獁象重新導入凍原的深奧專案。沒有人能完全說出這些實驗可能會有什麼後果。

醫學進步是一個明顯的聚焦領域。2021 年，科學家利用從藻類提取的感光蛋白基因來重建神經細胞，成功為一名盲人恢復了有限的視力。[25] 以前難以治癒的疾病（從鐮刀型紅血球疾病到白血病），現在都有可能治癒了。CAR-T 細胞（Chimeric Antigen Receptor T Cells，注：又稱合抗原受體 T 細胞）療法的工程師訂製了免疫反應白細胞來攻擊癌細胞。[26] 基因編輯可望治癒遺傳性心臟病。

由於有疫苗等挽救生命的療法，如今我們已經習慣以干預生物的方式來對抗疾病。系統生物學（systems biology）的目標，是使用生物資訊學與運算生物學來全面了解細胞、組織或有機體，以熟悉生物如何整體運作。[27] 這些研究可能是個體化醫學新時代的基礎。以學名藥（又稱仿製藥）來醫治疾病的概念很快就會過時，根據我們的 DNA 與特定生物標記訂製的療法與藥物將取而代之。最終，我們可能做到以改變自己的身體方式來增強免疫反應。那可能為更雄心勃勃的實驗開啟大門（比如長壽、再生技術），那些方面已是新興的研究領域。

Altos Labs 是一家研究有效抗老技術的公司，已募集 30 億美元的啟動資金，金額比以往任一家生技公司募到的還多。Altos Labs 的首席科學家理查・克勞斯納（Richard Klausner）認為，在人類死亡方面，「我們認為我們可以讓時光倒流」。[28] 該公司專注於「回春編碼」技術，目的是重置表觀基因組（epigenome）。表觀基因組是 DNA 上的化學標記，以開啟與關閉基因的方式來控制基因。隨著年紀的增長，這些「開關」會切到錯誤的位置。這種實驗性的方法，目的是把開關切回正確的位置，逆轉或阻止衰老的過程。[29] 這項研究與其他有前景的研究共同質疑了人體衰老的必然性。在接下來的幾十年裡，一個平均壽命超過一百歲的世界是有可能實現的。[30] 這不止是追求更長的壽命而已，也追求在年紀增長後活得更加健康。

要是研究成功，將會對社會產生重大的影響。與此同時，認知、審美、身體、性能相關的強化也是有可能的，而且會產生破壞性及引發爭議。無論如何，顯著的身體自我改造將會發生。最初的研究顯示，記憶可以改善，肌力可以增強。過不了多久，「基因興奮劑」將會成為運動、教育、職場上的熱門議題。[31] 自我管理方面，監管臨床試驗與實驗的法律仍處於灰色地帶。拿他人做實驗顯然是禁忌，但拿自己做實驗呢？就像先進技術的許多其他面向一樣，這是法律上與道德上定義不清的領域。

一位不顧後果的教授就曾對年輕夫婦做了一系列的實驗，讓中國出現了第一批基因組編輯過的孩子。2018 年，基因組編輯過的雙胞胎誕生了，名叫露露與娜娜。他的實驗震驚了科學界，違反了所有的倫理規範。這個領域完全沒有一般的防範措施或問責機制，眾人認為基因編輯在醫學上並沒有必要；更糟的是，這次實驗執行得很差。科學家的憤怒是真實的，他們普遍譴責這種做法。該領域的許多先驅紛紛站出來，呼籲立即中止這種行為。[32] 然而，並非所有人都同意這樣的立場。在更多的 CRISPR 嬰兒出生以前，我們可能需要努力解決「重複胚胎基因篩檢」的問題，因為那也可以用來篩選想要的表徵。

除了令人擔憂的生技頭條新聞，還會有愈來愈多應用出現，而且應用不限於醫學或個人改變等領域。製程、農業、材料、能源產出，甚至電腦——一切事物都將在未來幾十年內徹底轉變。雖然許多挑戰依然存在，但塑膠、水泥、化肥等攸關經濟的材料會以更永續的方式生產出來。生物燃料與生物塑膠將取代現有的排碳產品。農作物可以抵抗感染，使用更少的水、土地與肥料。房屋可以用真菌雕塑及培育出來。

諾貝爾化學獎得主弗朗西絲・阿諾德（Frances Arnold）等科學家創造出可產生新奇化學反應的酶，例如把矽與碳結合在一起的方法。那通常是一種能源密集的棘手流程，在電子等領域中有廣泛的用途。阿諾德的方法比標準的工業流程節省了十五倍的能源。[33] 下一步是擴大生物材料的生產與流程。如此一來，我們就可以用「養殖」、而不是「製造」的方式來生產一些重要的產品，例如肉類替代品，或是從大氣中吸收碳的新材料。龐大的石化業可能面臨來自 Solugen 等新創企業的挑戰，Solugen 公司的 Bioforge 平台試圖建立一家負碳排（carbon-negative，注：意指清除的二氧化碳遠超過排放的二氧化碳）工廠，它將生產各式各樣的化學品與商品（從清潔產品到食品添加劑，再到混凝土），同時從大氣中吸收碳。流程基本上是工業規模的生物製造，而且低耗能、低廢料，並以 AI 與生技為基礎。

另一家公司 LanzaTech 利用基改細菌，把鋼鐵廠產出的二氧化碳廢氣轉化為廣泛使用的工業化學品。這種合成生物正協助建立一個更永續的「循環」經濟。[34] 次世代的 DNA 列印機將以更高的精準度產出 DNA。如果這種技術不僅能精進 DNA 的表達，還能用來做基因工程、製造出多元的新生物，而且把這個過程自動化與規模化，那麼理論上，一個設備或一組設備只要用幾種基本的輸入，就能產出種類繁多的生物材料與結構。想做某種洗潔劑或新玩具，甚至培植出一棟房子嗎？只需要下載「配方」，然後按下「開始」鍵就行了。套用伊里亞德・赫什伯格（Elliot Hershberg）的說法：「如果我們可以在本地養殖我們想要的東西，如果我們的供應鏈只是生物構成的，那會是什麼樣子？」[35]

最終，我們不僅可以製造電腦，還可以養殖電腦。切記，DNA 本身是我們所知最有效率的資料儲存機制，它儲存資料的密度可以是當前運算技術的數百萬倍，而且有近乎完美的保真度與穩定性。理論上，世界上所有的資料都可以儲存在一公斤的 DNA 中。[36] 生物版本的電晶體稱為「轉錄子」（transcriptor），它使用 DNA 和 RNA 分子作為邏輯閘。要運用這項技術，還有很長的路要走，但電腦的所有功能——例如資料儲存、資訊傳輸、基本邏輯系統——原則上都可以用生物材料複製。

基改生物透過農業與醫藥應用已占美國經濟的 2％，而這只是開始而已。麥肯錫估計，經濟中高達 60％的實體輸入最終可能受到「生物創新」影響。[37]「現今可想像的科學」可以解決世界上45％的疾病負擔。隨著基因工程的工具包變得更便宜、更先進，一個充滿可能性的宇宙為我們敞開了探索的大門。

# 合成生命時代的 AI

蛋白質是生命的基石。你的肌肉、血液、荷爾蒙、頭髮都是蛋白質構成的，事實上你「乾體重」的 75％都是蛋白質。蛋白質隨處可見，形形色色，執行著無數重要的任務，它是把骨骼連接在一起的繩索，也是抗體上用來捕捉不速之客的鉤子。只要了解蛋白質，你在學習與掌握生物學方面就邁出了一大步。

但有一個問題。光是知道 DNA 序列，還不足以了解蛋白質的運作原理。你還需要了解它是如何折疊的。蛋白質在複雜的折疊過程中所產生的特殊形狀是其功能的關鍵。例如，肌腱中的膠原蛋白有繩狀結構；酶有口袋來容納它們發揮作用的分子。然而，我們事先無法知道這是如何發生。如果你使用傳統的蠻力運算，那需要系統化嘗試所有的可能性，可能得算到天荒地老，才能確定某蛋白質的所有可能形狀。[38] 因此，研究蛋白質如何折疊是一個艱鉅的過程，阻礙了從藥物到塑膠分解酶等各領域的發展。

幾十年來，科學家一直在探尋是否有更好的方法。1993 年，他們決定設立一個兩年一次的競賽，名為「結構預測技術的關鍵測試」（Critical Assessment for Structure Prediction，簡稱 CASP），看誰能破解蛋白質折疊問題。誰能對蛋白質如何折疊做出最準確的預測，誰就獲勝。在這個競爭激烈但緊密相連的領域裡，CASP 很快就成為大家的目標。進展很穩定，只是看不到盡頭。

後來，2018 年在棕櫚樹環繞的坎昆（Cancún）度假勝地所舉行的 CASP13 上，一個毫無戰績的局外團隊加入比賽，擊敗了九十八支老牌研究團隊。獲勝隊伍來自 DeepMind，名叫 AlphaFold。AlphaFold 始於 2016 年我在該公司的團隊中所舉辦的一場實驗性黑客松，為期一週。後來 AlphaFold 逐漸壯大，在運算生物學界樹立了一個里程碑，並為 AI 與生技的快速發展提供了一個完美例子。

排名第二的團隊是備受敬重的張陽團隊（Zhang group），它只能從四十三個最難目標中預測三個蛋白質結構，AlphaFold 預測了二十五個。而且，AlphaFold 的預測速度比競爭對手快很多，只花了幾個小時。這個行之有年的比賽彙集了許多極其聰明的專業人士，但不知怎的，我們這些局外人反而獲勝了，震驚了所有人。該領域的知名研究人員穆罕默德・艾爾克賴希（Mohammed AlQuraishi）不禁問道：「這究竟是怎麼一回事？」[39]

我們的團隊使用深度生成性神經網路，根據 DNA 來預測蛋白質怎麼折疊。我們用一套已知的蛋白質來訓練系統，然後由此推估。新的模型能夠對氨基酸對的距離與角度做更好的預測。破解問題的關鍵不是製藥方面的專業知識，也不是冷凍電子顯微術（cryo-electron microscopy）之類的傳統技術，甚至不是傳統的演算法。關鍵在於機器學習與 AI 方面的專業知識與能力。由此可見，AI 與生物學領域確實融合了。

兩年後，我們的團隊又回來了。《科學人》（Scientific American）的報導標題說明了一切：〈生物學界的一大問題終於解決了〉。[40] 之前隱藏的蛋白質世界，如今以驚人的速度揭露出來。AlphaFold 的成效實在太好了，以至於 CASP 就像 ImageNet 大賽那樣畫下了句點。半個世紀以來，蛋白質折疊一直是科學界面臨的一大挑戰，然而突然之間，AI 克服了這項挑戰。

2022 年，AlphaFold2 開放讓大眾使用，結果使全球最先進的機器學習工具出現爆炸性的成長。[41] 基礎生物研究與應用生物學研究都善用了這項技術。一位研究人員表示，這就好像「地震」一樣，撼動了生物界。這項技術發布後的十八個月內，逾一百萬名研究人員使用了這個工具，全球所有頂尖的生物學實驗室都使用了。他們用這個工具來解決各種問題，從抗生素的耐藥性到治療罕見病，再到生命本身的起源。之前的實驗已經向歐洲生物資訊研究所（European Bioinformatics Institute）的資料庫提供了約十九萬個蛋白質的結構，約占已知蛋白質的 0.1％。DeepMind 一口氣上傳了大約兩億個結構，代表幾乎所有已知的蛋白質。[42] 過去，研究人員可能需要幾週或幾個月的時間，來判斷蛋白質的形狀與功能；現在這個過程可在幾秒鐘內開始。這就是我們所謂的指數級變化，一切都拜即將到來的浪潮所賜。

然而，這只是兩種技術融合的開端。生物革命與 AI 的進步是一起發展的，事實上，本章討論的許多現象都要靠 AI 來實現。想像一下兩股浪潮融合在一起，那可不止是一股浪潮，而是一股超級浪潮。其實從一個角度來看，AI 與合成生物幾乎是可互換的。目前為止，所有的智慧都來自生命。即使你稱它們是合成智慧與人工生命，它們的意思依然不變。這兩個領域都在重新創造及設計這些完全基本又相連的概念：智慧與生命，人類的兩個核心屬性。換個角度來看，它們就變成單一計劃。

生物的複雜性開啟了龐大的資料寶庫，就像那些蛋白質幾乎無法用傳統技術解析一樣。因此，新一代的工具迅速變得不可或缺。現在有一些團隊正在開發一種只使用自然語言指令就可以生成新 DNA 序列的產品。「轉換器」模型正在學習生物與化學的語言，並再次在人類大腦難以辨認的複雜長序列中，發現關係與意義。LLM 接受微調過的生化資料訓練後，可以產生可行的新分子與蛋白質結構，以及 DNA 和 RNA 序列。它們先在模擬中預測化合物的結構、功能或反應性質，之後才在實驗室中驗證。這些技術的潛在應用範圍很大，探索它們的速度只會愈來愈快。

一些科學家開始研究把人類思維直接接上電腦系統的方法。2019 年，以手術方式植入大腦的電極讓一位完全癱瘓的晚期漸凍人（ALS）拼出「我愛我的酷兒子」這幾個字。[43] Neuralink 等公司正在研究大腦介面技術，可望把我們與機器直接連接起來。2021
年，該公司把三千個比人類頭髮還細的細絲狀電極植入豬的大腦，
以追蹤其神經元活動。他們希望很快能開始對名為 N1 的大腦植入
物做人體試驗。另一家公司 Synchron 已經在澳洲開始做人體試驗。
新創公司皮質實驗室（Cortical Labs）的科學家甚至在一個大桶內
培育出一種大腦（一群體外培養的神經元），並教它玩電玩《乓》
（*Pong*）。[44] 過不了多久，以奈米碳管製成的神經「帶」就會把我
們直接連上數位世界。

　　當人類的大腦能夠以網路與雲端的規模，即時讀取運算與資訊
時，那會發生什麼事？這幾乎無法想像，但研究人員已經進入實現
這個目標的早期階段。AI 與合成生物作為新興浪潮的核心通用技
術，兩者已經糾纏在一起，形成相輔相成的螺旋式回饋迴路。雖然
COVID-19 疫情大幅提高了大家對生技的認知，但世人幾乎都還沒
有想到合成生物可能帶來的所有影響（包括可能性與風險）。

　　歡迎來到生物機器與生物電腦的時代，在這個時代，DNA 鏈
可以做運算，人造細胞可以做很多事情，機器活躍了起來。歡迎來
到合成生命的時代。

# 6 更廣大的浪潮

Chapter  The Wider Wave

技術浪潮不只是一兩項通用技術而已，而是幾乎同時到來的技術集群，以其中一種或多種通用技術為基礎，但延伸範圍遠遠超出這些技術。

通用技術就像催化劑一樣，發明會激發更多的發明。浪潮為進一步的科學與技術實驗奠定基礎，推開了可能性的大門；而這又進一步催生新的工具與技術、新的研究領域——技術本身的新領域。創業家在這些領域及周遭創立公司，吸引投資，把新技術推向大眾與小眾市場，並進一步從中調整，以適應成千上百種不同的目的。浪潮之所以如此巨大、深具歷史意義，正是因為這種千變萬化的複雜性，以及這種迅速蔓延與外溢的特質。

技術不是在彼此隔絕的密封艙中開發或運行的，尤其通用技術更非如此。它們是以不斷擴大的迴圈方式發展並相互影響。一旦你看到一種通用技術，也會看到其他技術在它的推動下持續互動發展。所以，研究浪潮時，重點顯然不止是蒸汽機、個人電腦或合成生物而已（雖然它們都很重要），而是隨之而來的進一步技術與應用的巨大連結。重點是蒸汽動力工廠中生產的一切、蒸汽火車載運

第 6 章　更廣大的浪潮

115

的人、電腦催生的軟體事業，以及再往下那些依賴運算的其他所有事物。

生物與 AI 是核心，但它們的周圍還有其他變革性技術。每項技術各有其重大的意義，但從更大的浪潮交叉影響的潛力來看，這種意義更加突出。二十年後將會有許多其他的技術，而且它們都將同時突破。在本章中，我們來看看構成這波更廣大浪潮的幾個關鍵例子。

我們從機器人開始看起，我個人比較喜歡把它想成 AI 的實體表現，亦即 AI 的身體。地球上一些最頂尖的產業已經感受到它的影響了，這些產業也是最古老的——我們來看看自動化農場吧。

# 機器人技術成熟

1837 年，約翰・迪爾（John Deere）是伊利諾州大迪圖爾（Grand Detour）的鐵匠。這裡是草原之鄉，有厚重的黑土與遼闊的土地，很有潛力成為全球最好的耕地——對農作物來說很好，但難以耕種。

某日，迪爾在一家工廠看到一把壞掉的鋼鋸。由於鋼材很稀缺，他將那把鋼鋸帶回家，把刀刃做成一把犁。堅固又光滑的鋼刀是犁地的完美工具。其他人也曾以鋼犁取代較為粗糙的鐵犁，但迪爾的突破在於提高量產。不久，中西部各地的農民都蜂擁至迪爾的工作坊。他的發明為大草原吸引了大批移民。於是，美國中西部恰如其分地變成了世界的糧倉，強鹿公司（John Deere）很快就成了農業的代名詞，一場技術革命就此展開。

強鹿公司如今仍在推出農業技術。你可能會想到牽引機、灑水器、聯合收割機等器械，強鹿確實生產這些東西。不過，這家公司也慢慢開始製造機器人。強鹿認為，農業的未來需要自動駕駛的牽引機與聯合收割機，根據農田的 GPS 座標獨立運作，並使用一系列感應器，自動、即時改變收成，盡可能提高產量、減少浪費。該公司正在生產能夠種植、照料、收割農作物的機器人，其精確度與細膩度是人類無法做到的。一套機器能把土質到天候等一切因素都納入考量，在不久的將來，這套機器就會包辦大部分的工作。在糧價上漲、人口成長的時代，這種價值顯而易見。

農業機器人不是即將到來，而是已經來了。從監督牲畜的無人機到精密的灌溉設備，再到巡邏室內農場的小型移動機器人；從播種到收穫，從採摘到用貨盤裝運，從為番茄澆水到追蹤及放牧牛隻，我們今天吃的食物日益來自一個由 AI 驅動的機器人世界。目前，這個機器人世界正不斷推廣，規模也在擴大。

這些機器人大多長得不像大眾科幻小說中的機器人，它們看起來就像農業機器。我們大多不會花很多時間在農場上。但是，就像強鹿公司的犁具曾經轉變農業一樣，這些以機器人為中心的新發明正在轉變糧食送到我們餐桌上的方式。多數人不太容易注意到這場革命，但它已經有了重大進展。

機器人的進步主要是作為單一面向的工具，亦即能夠在生產線上快速又精確地完成單一任務的機器，對製造商來說是生產力大幅提升。但這個發展與 1960 年代《傑森一家》（*The Jetsons*）所描繪的那種多面向、人形機器人助手還是相去甚遠。

就像 AI 一樣，機器人技術實務上比早期工程師所想像的困難許多。現實世界是奇怪、不平衡、意想不到、無結構的環境，對壓力等事物非常敏感：拿起一顆雞蛋、一個蘋果、一塊磚、抱起一個孩子、端起一碗湯，都需要特別的靈巧性、敏感性、力量與平衡。廚房或車間之類的環境相當混亂，充滿了危險物品、浮油，以及多種不同的工具與材料。那種環境是機器人的噩夢。

儘管如此，在大眾的視線之外，機器人已經悄悄學習了扭矩、拉伸強度、操縱的物理原理、精準度、壓力，以及適應力。你可以上 YouTube 看它們在汽車製造廠內的表現：你會看到機械臂與操縱器有條不紊地組裝車輛，彷彿跳著流暢的芭蕾舞。亞馬遜「第一個全自主的移動機器人」Proteus 可以在倉庫裡成群結隊搬運包裹。[1]它內建「先進的安全、感知、導航技術」，可與人類搭擋一起輕鬆完成任務。亞馬遜的 Sparrow 是第一個可以「偵查、選擇、處理庫存中的個別產品」的機器人。[2]

這些機器人在倉庫與工廠中運作不難想像，畢竟這算比較靜態的環境。但再過不久，它們會愈來愈常在餐廳、酒吧、養老院、學校出現。機器人已經開始在豬身上做複雜的手術，它們能與人類合作，也可以自主進行。[3] 這些應用只是更廣泛地推廣機器人技術的開始。

目前，人類工程師仍經常控制著機器人操作的每個細節，使得新環境下的整合成本高得令人卻步。但誠如我們從機器學習的其他應用所見，一開始需要人類密切監督的事情，後來 AI 會學習自己做得更好，最終推廣應用到新的環境中。

Google 的研究部門正在製造機器人，就像 1950 年代的夢想那樣，機器人擔起家務與基本的工作，從疊盤子到整理會議室的椅子無所不包。Google 開發出一支由一百個機器人所組成的團隊，這些機器人能夠做好垃圾分類，也會擦桌子。[4] 藉由強化學習，每個機器人學會利用抓取器拿起杯子及開門：這些動作對一兩歲的幼童來說毫不費力，但幾十年來一直讓機器人專家傷透腦筋。這種新型的機器人可以從事一般活動，並對自然語言的語音命令產生反應。

另一個不斷發展的領域是機器人的群集能力，這類研究大幅放大了單一機器人的潛在能力，使機器人具有像蜂群那樣的群體思維。舉例來說，哈佛大學韋斯研究所（Harvard Wyss Institute）的微型 Kilobots 就是一群由一千個機器人所組成的群體，它們集體運作，組成自然界看到的形狀。它們可以用來執行困難的分散式任務，例如阻止水土流失以及其他環境調解、農業、搜救行動，或是整個工程監造領域。想像一下，一群建築機器人在幾分鐘內搭起一座橋，或在幾個小時內建造一座大型建築，或全天候看顧龐大、多產的農場，或清理漏油。為了因應蜜蜂數量受到威脅的情況，沃爾瑪（Walmart）為機器蜜蜂申請了一項專利，讓它們可以自主合作，為作物進行異花授粉。[5] 由於這種機器人可以為任何規模的群體一起合作執行任務，機器人的潛力與危險都顯著放大了。這種錯綜複雜的協調將會重新定義什麼是可能的、在哪裡可以完成，以及完成任務的時間。

今天的機器人依然不像大眾想像的人形機器人。以 3D 立體列印（或稱積層製造）為例，這項技術使用機器人逐層建造任何東西，從微小的機器組件到公寓大樓都可以使用 3D 列印完成。巨大的混凝土噴塗機器人可以在幾天內建造房屋，而且成本可能只是傳統建築成本的一小部分。

相較於人類，機器人可以在更大的環境中精確地工作更久。它們的警覺性與勤奮是無限的。把它們串連起來，它們可能完成的壯舉可輕易改寫行動規則。我認為，我們現在已經到了 AI 把機器人推向其最初承諾的境界：可複製人類所有的身體動作、甚至更多事情的機器。隨著成本的下降（機械手臂的價格在五年內降了 46%，而且還在下降），隨著它們配備更強大的電池，隨著它們的簡化、變得容易維修，它們將變得隨處可見。[6] 這表示機器人將會在不尋常、極端、敏感的情境中出現。只要你知道該看哪裡，轉變的跡象已經顯而易見了。

這是警察最害怕的噩夢。在德州達拉斯某所社區大學的二樓，一名受過軍事訓練的狙擊手找到了一個安全的位置。接著，他俯視下方和平的抗議群眾，開始對著警察開槍。四十五分鐘後，兩人死亡，傷者更多。最後總計五名警察罹難，七人受傷，是九一一恐怖攻擊事件以來美國執法部門死亡人數最多的一次。狙擊手奚落警察，又笑又唱，以令人不寒而慄的準確率開槍。緊張的談判歷時超過兩小時，但毫無進展。警方受困在炮火中，不確定在試圖結束這場危機的過程中，還會有多少人喪生。

後來，特警隊想出一個新點子。警局裡有一個拆彈機器人，是諾斯洛普格魯曼公司（Northrop Grumman）製造的 Remotec Andros Mark 5A-1，要價 15 萬美元。[7] 十五分鐘內，他們想出一個計劃：他們決定把一大塊 C-4 炸藥綁在機器人的手臂上，把它送進大樓，目的是使狙擊手失去行動能力。警察局長大衛‧布朗（David Brown）很快就批准了這項計劃。機器人開始行動，它穿過大樓，把炸藥放在狙擊手旁邊的房間，僅僅隔一道牆。炸藥引爆後，牆壁炸穿了，也擊斃了狙擊手。那是機器人首次在美國使用定向致命武器的案例。在達拉斯，機器人挽救了局面，讓可怕的事件終於落幕。

儘管如此，還是有人感到不安，警用機器人的致命潛力顯而易見。我們將在本書的 PART III 回頭討論這一切的意涵。但最重要的是，這代表機器人正逐漸進入社會，將在日常生活中發揮比以往更大的作用。從致命的危機現場到物流中心的默默運作，從熙熙攘攘的工廠到養老院，都可以看到機器人的蹤影。

　　AI 是位元與程式碼的產物，存在模擬器與伺服器中。機器人是它們的橋梁，是它們與現實世界的介面。如果說 AI 代表資訊的自動化，那麼機器人就是材料的自動化，是 AI 的執行實體，代表我們「可能**做**的事情」出現了重大的轉變。我們對位元的掌控又回到了原點，變成對實體（原子）的直接操縱。這不僅徹底改變了思考、交流或運算的範圍，也改變了可實體創造的範圍。然而，即將到來的浪潮最令人驚訝的是，相較於即將發生的創新，這種直截了當的原子操縱根本不算什麼。

# 量子霸權

　　2019 年，Google 宣布它已達到「量子霸權」（quantum supremacy，注：指量子電腦能力成熟到可以輕易破解目前全球主流加密技術）。[8] Google 研究人員運用亞原子界的特殊性質，建造了一台量子電腦；這台機器的溫度比外太空最冷處的溫度還低。[9] 它利用對量子力學的理解，幾秒內就能完成傳統電腦需花一萬年才能完成的運算。它只有 53 個「量子位元」（qubit，量子計算的核心單位），相較之下，要在一台傳統電腦上儲存相同的資訊需要 720 億 GB 的記憶體。[10] 這項成就代表量子電腦進化的重要時刻，其理論基礎可溯及 1980 年代，但在短短四十年間，已經從假設發展出可運作的原型。

　　量子運算仍處於早期階段，一旦完全發展，將會帶來極大的影響。量子運算主要的吸引力在於，每增加一個量子位元，機器的總運算力就會多一倍。[11] 隨著更多量子位元加入，量子電腦的運算力會呈指數級成長。事實上，即使把整個宇宙都轉換成一台傳統電腦，量子電腦用少量的粒子，就可產生較強的運算力。[12] 這種運算界的技術飛躍，就像從黑白平面照片轉變成彩色立體影片一樣，開啟了一個充滿演算可能性的世界。

量子運算有深遠的影響，例如它可能會突然危及加密技術（從電子郵件的安全性到加密貨幣都有賴加密技術的保護），業內人士稱之為「Q 日」（Q-day）。密碼學假設，攻擊者永遠不會有足夠的運算力來嘗試所有不同的組合，以破解密碼並取得存取權限。然而，量子運算改變了這點。快速又毫無限制地推出量子運算，可能會對銀行或政府通訊產生災難性的影響。各國銀行與政府都已經斥資數十億美元來防範這種可能性。

雖然量子運算的諸多討論把焦點放在相關危險上，但該領域也可望帶來極大的好處，包括探索數學與粒子物理最先進知識的能力。微軟與福特的研究人員使用新興的量子方法來模擬西雅圖的交通，以便找到在交通顛峰時間上路的最好方法，把車流導向最佳路線──這是出奇棘手的數學問題。[13] 理論上，量子運算可以大幅加速解決任何優化問題。無論是以最有效率的方式裝載卡車，還是管理一國的經濟，幾乎任何在複雜情況下盡可能壓低成本的問題，都可以靠量子運算來加速解決。

量子運算最重要的近期前景，是以過去不可能做到的細節，來模擬化學反應及分子的相互作用。這可以讓我們以極其細膩的方式來了解人腦或材料科學。有史以來第一次，化學與生物學可以用極其清晰的方式解析。開發新的醫藥化合物或工業化學品與材料一直以來都是一種昂貴、辛苦又棘手的實驗室研究過程。量子運算可以大幅加快這個過程，一次到位。新電池與新藥物的開發將變得更可行、更有效率、更容易實現。分子變成「可設計的」，就像程式碼一樣靈活、可操作。

換句話說，量子運算這個仍處於非常早期開發階段的基礎技術，距離達到降低成本及廣泛擴散的關鍵時刻還很遠，更遑論達到完全可行的技術突破。但就像 AI 與合成生物學一樣，儘管量子運算仍處於早期階段，投入的資金與知識都在激增。基本挑戰方面的進展正在增加，一系列有價值的運用持續出現。就像 AI 與生物技術一樣，量子運算有助於加快浪潮中其他元素的進步。不過，即使是令人費解的量子世界，都還不算是發展的極限。

# 下一次能源轉型

能源的根本重要性堪比智慧與生命。現代文明有賴大量的能源才能運行。事實上，如果你想為我們的世界寫出最粗略的方程式，它會是這樣的：

（生命＋智慧）× 能源＝現代文明。

增加任何輸入或所有的輸入（更遑論把它們的邊際成本降到逼

近零），社會本質上就會出現很大的躍進。

在化石燃料的時代，能源消耗的無限成長既不可能、也不可取。然而，只要繁榮持續下去，我們認為理所當然的幾乎一切發展——從平價糧食到方便的運輸——都有賴能源驅動。推動廉價的潔淨能源對交通到建築等各行各業都有影響，更遑論驅動資料中心、機器人所需的龐大電力了（資料中心與機器人將是未來幾十年的核心）。能源通常既昂貴又骯髒，目前限制了技術進步的速度，但這種情況可望有所改變，不會持續太久。

到 2027 年，可再生能源將成為最大的單一發電來源。[14] 這個轉變正以前所未有的速度發生，未來五年增加的可再生能源產能將比過去二十年還多。尤其太陽能發電正經歷快速成長，成本顯著下降。2000 年，太陽能的價格是每瓦 4.88 美元，到了 2019 年，已降至每瓦 38 美分。[15] 能源不僅變得更便宜，也更分散。從單一裝置到整個社區，不同規模都可以產出可再生能源。

這次轉變的背後，潛藏著潔淨能源這頭休眠的巨獸。這一次即使不是直接來自太陽能，靈感也是來自核融合（nuclear fusion，注：太陽底下，核融合是自然發生的，氫原子在巨大的壓力與溫度下融合在一起形成氦，釋放出大量的能量。在地球上，科學家正試圖創造類似的條件，模擬太陽，透過融合來產生能量。因此這句話是指，地球上的融合能量不是直接使用太陽能，而是受到太陽融合過程的啟發）。核融合發電指的是氫的同位素碰撞並融合形成氦時所釋放的能量。長久以來，大家一直把這個流程視為能源生產的終極目標。1950 年代的早期先驅者預測，這需要大約十年的時間才能發展起來。不過，就像本書描述的許多技術一樣，這其實是嚴重的低估。

然而，最近的突破讓大家燃起了新的希望。在英國牛津附近的歐洲聯合環狀反應爐（Joint European Torus），研究人員達成創紀錄的功率輸出，比 1997 年創下的最高紀錄多出一倍。在加州利佛摩（Livermore）的國家點火設施（National Ignition Facility），科學家一直在研究一種名為「慣性局限融合」（inertial confinement）的方法，以雷射來壓縮富含氫的物質，並把它加熱到華氏一億度（攝氏約 55,555,537 度），以產生短暫的融合反應。2022 年，他們創造出一種反應，第一次展現淨能量增加：也就是說，能量輸出超過了雷射的能量輸入，這是一個關鍵的里程碑。如今，隨著顯著的私人資本流入至少三十家核融合的新創企業以及主要的國際合作，科學家開始討論核融合何時會實現，而不是是否會實現。[16] 這可能還需要等十年或更長的時間，但擁有這種潔淨且幾乎無限的能源，似乎愈來愈有可能成真。

核融合與太陽能為龐大的集中式與分散式電網帶來希望，我們將在本書的 PART III 探討個中影響。這是一個非常樂觀的時代。除了核融合與太陽能，還有風能、氫燃料、電池技術的進步，這是一個正在醞釀的組合，可永續為現今與未來生活的許多需求提供動力，並支持即將到來的浪潮充分發揮潛力。

# 浪外浪

這些技術將主導未來數十年。但是，二十一世紀的下半葉又會是怎樣的光景呢？即將到來的浪潮之後，會發生什麼事？

隨著 AI、先進的生技、量子運算、機器人技術的元素以新的方式結合在一起，未來可望出現先進奈米技術之類的突破——這個概念是把不斷提升的技術精確度擴展到極限。試想，如果我們可以單獨操控原子，而不是集體操控原子，那會是什麼樣子？這是位元（數位資訊）與原子（實體物質）關係的顛峰。奈米技術的終極願景，是原子變成可操控的組成要素，可以自動組成幾乎任何東西。

實際面臨的挑戰很大，但它們正吸引愈來愈多的研究關注。例如，牛津大學的一個研究小組創造了一種自我複製的組譯器（assembler），朝著奈米技術先驅所想像的多功能版本發展：那是可在原子層級上不斷改造、重組的裝置。

奈米機器的運作速度將遠遠超越我們的規模，產生驚人的輸出：舉例來說，原子層級的奈米馬達每分鐘可旋轉四百八十億次；放大規模後，它以約十二粒沙子的體積，就可以為一輛特斯拉提供動力。[17] 我們展望的未來充滿由鑽石強度的材料所構成的超輕型結構；太空服可以在任何環境附著在身體上，保護穿戴者；組譯器可以用基本的原料製造任何東西。簡而言之，在那個世界裡，只要做正確的原子操作，任何東西都可以轉變成其他任何東西。「實體世界變成一個完全靈活可塑的平台」（也就是說，微小靈活的奈米機器人或毫不費力的複製器可以塑造出任何東西）仍像超級智慧一樣，屬於科幻小說的概念。那是一種技術幻想，幾十年後才有可能實現，但隨著未來浪潮持續發展，它會逐漸變得清晰。

———————

本質上，即將到來的浪潮是一個權力擴散的故事。如果說上一波浪潮降低了**傳播**資訊的成本，那麼這一波浪潮則是降低了對資訊**採取行動**的成本，催生了從定序到合成、從讀取到編寫、從編輯到創作、從模仿對話到引導對話的各種技術。在這方面，雖然大家都說網際網路帶來多大的變革，但這一波浪潮與之前的每次浪潮有本質上的不同，這種力量更難集中，更難監督。這波浪潮不只是加深與加速歷史模式而已，也顯著偏離了過往的軌跡。

不是每個人都像我想的那樣，覺得這些技術那麼確定或影響深遠。由於這些技術涉及許多不確定性，懷疑與趨避悲觀並非不合理的反應。每種技術都有可能出現惡性炒作循環；每種技術的開發與接受度都不確定；每種技術都面臨技術、倫理、社會方面的挑戰。沒有一種技術是完整的，肯定會遇到挫折，許多傷害與效益仍不明朗。

但每種技術都變得愈來愈具體、進步、有效，變得更平易近人，也更強大。在地質或人類演化的時間尺度上，我們正處於一個決定性的時點：一場技術大爆發在連續的浪潮中展開，創新的週期變得愈來愈快、更有影響力，先是幾千年出現一次創新，接著是幾百年出現一次，現在是幾年、甚至幾個月就出現一次創新。當你從轉瞬即逝的新聞稿、報章雜誌專欄、社群媒體看到這些技術時，它們可能看起來只是炒作或泡沫。然而，從長遠的角度來看，它們的真正潛力會逐漸明朗。

當然，人類的演進也經歷過驚人的技術變革。然而，為了了解即將到來的浪潮所帶來的獨特挑戰——為什麼它特別難以駕馭、為什麼我們得謹慎看待其巨大的潛力——我們必須先分析它的基本特徵，其中一些特徵史無前例，而且我們已經感受到所有特徵的影響了。

# 7 浪潮的四大特徵

Four Features of the Coming Wave

2022 年 2 月 24 日，俄羅斯入侵烏克蘭後不久，基輔市的居民就知道他們正在為生存而戰。在烏克蘭與白俄羅斯的邊界上，俄羅斯的軍隊、裝甲、物資已集結了好幾個月。接著，打從入侵之初，俄羅斯軍隊就準備好大舉推進現階段的主要目標：占領烏克蘭首都、推翻烏克蘭政府。

這次集中兵力的核心是一支由卡車、坦克、重炮所組成的縱隊，長達四十公里。二次世界大戰以來，歐洲從未見過如此大規模的地面進攻。整個縱隊開始朝著城市移動。表面上看來，烏克蘭陷入徹底絕望的劣勢，基輔距離淪陷似乎只剩幾天、甚至幾小時的光景。

然而，淪陷並沒有發生。當晚，約三十名戴著夜視鏡的烏克蘭士兵騎著四輪摩托車，穿過首都周圍的森林。[1] 他們在俄羅斯縱隊的前端附近下車，啟動裝有小型炸藥的簡易無人機。這些無人機摧毀了幾輛俄羅斯的前導車。炸毀的車輛堵塞了中央大道，周圍的田野泥濘不堪，無法通行。俄羅斯軍隊面臨嚴寒天氣及補給線不穩的雙重考驗，完全陷入停頓。後來，同一小群無人機的操作員運用相同的戰術炸毀一個關鍵的供應基地，斷絕了俄羅斯軍隊的燃料與糧食供給。

基輔之戰的局勢就此開始轉向。這個世代最強大的常規軍力頓時潰散，在尷尬的混亂中撤退到白俄羅斯。這個半臨時組成的烏克蘭民兵團隊名叫 Aerorozvidka，是由無人機愛好者、軟體工程師、管理顧問、士兵所組成的志願團隊。他們是業餘人士，即時設計、建造、修改他們的無人機，就像一家新創公司一樣。他們的許多裝備是靠眾包、眾籌而來。

烏克蘭的抵抗善用了即將到來的浪潮技術，展現它們如何破壞傳統軍力的算計。SpaceX 的星鏈（Starlink）所提供的頂尖衛星網路是維持連線的關鍵。上千名非軍事程式設計師與電腦科學家組成一個名為 Delta 的組織，為軍隊帶來先進的 AI 與機器人能力，運用機器學習來辨識目標，追蹤俄羅斯的戰術，甚至提出戰略建議。[2]

戰爭初期，烏克蘭軍隊常常缺乏彈藥，因此每一次射擊都很重要，精準與否攸關生死存亡。Delta 開發機器學習系統辨識偽裝目標及幫忙引導飛彈的能力是關鍵。常規軍隊的一枚精密導彈成本高達數十萬美元；相較之下，烏克蘭結合 AI、消費級的無人機、定制軟體、3D 列印元件，組成類似的東西，成本約 1 萬 5 千美元，而且已經在戰場上測試過了。[3] 除了最初 Aerorozvidka 的行動，美國也提供烏克蘭數百架彈簧刀無人機（Switchblade loitering munitions）——這種無人機會在目標附近遊蕩，等待最佳時機才發動攻擊。

烏俄戰爭初期，無人機與 AI 扮演的角色雖然微小，卻非常重要。這些有明顯不對稱潛力的新技術，縮小了烏克蘭與實力遠大於自己的侵略者之間的部分差距。美國、英國與歐洲軍隊在戰爭爆發的最初幾個月，提供不到 1 千億歐元的軍事援助，其中包括大量的常規火力。[4] 當然，這些援助無疑發揮了決定性的影響。然而，這場戰爭仍有特殊的意義，代表一種里程碑：它顯示一支沒經什麼訓練的軍力如何運用消費市場可取得的平價技術，迅速組織並武裝自己。一旦技術提供這樣的成本與戰術優勢，它勢必會擴散並廣受各方採用。

無人機讓我們有機會窺探未來的戰爭會是什麼樣子，那是規劃者與戰鬥人員每天都要面對的現實。真正的問題是，當生產成本以倍數下滑、效能以倍數成長時，這對衝突而言有什麼涵義。常規軍隊與政府已經疲於駕馭它們了，接下來發生的事情將會更難駕馭。

誠如本書 PART I 所示，從 X 光機到 AK-47，各種技術一直在擴散，產生了廣泛的影響。然而，即將到來的浪潮有四個內在特質，它們都加劇了駕馭問題。第一個特質是這一節帶給我們的主要啟示：巨大的**不對稱**影響。你不需要以同類對抗同類，不需要以同量對抗同量；反之，新技術揭開往昔難以想像的弱點與施壓點，讓弱者可以善用新技術來對抗看似勢不可當的大國。

其次，這些新技術正迅速發展，是一種**超進化**，並以令人難以置信的速度疊代改進，擴展到新領域。第三，它們通常是**全能的**，也就是說，可以做多種應用。第四，它們的**自主性**超越了過往的任何技術。

這些特徵界定了即將到來的浪潮。了解這些特徵，才能找出這些新技術所帶來的效益與風險。這些特徵結合起來，把駕馭與控制的難度與風險提升至一個新的層次。

# 不對稱：巨大的權力轉移

新興技術總是帶來新的威脅，重新分配權力，消除進入障礙。有了大炮，一支小部隊就可以摧毀城堡與浩蕩大軍。幾名握有先進武器的殖民士兵就可以屠殺數千位原住民。有了印刷機，一間印刷坊就可以印製數千本小冊子——這種傳播思想的便捷性是中世紀手工抄寫書籍的僧侶幾乎無法想像的。蒸汽動力使單一工廠能夠完成整座城鎮的工作。網際網路把這種能力推向了新的顛峰：一則推文或一張圖片可能在幾分鐘或幾秒鐘內傳遍全世界；一則簡單的演算法可以幫一個小型新創公司成長為遍布全球的龐大公司。

如今，這種效果再次強化。這股新的技術浪潮釋放了強大的功能，這些功能價格平實、易於取得也容易使用、精準又可擴展。這顯然帶來了風險。未來不會只有烏克蘭的士兵使用武器化的無人機，任何想要的人都會使用。套用安全專家奧德麗‧克爾斯‧克羅寧（Audrey Kurth Cronin）的說法：「以前從來沒有那麼多人能夠取得如此先進的技術，造成如此嚴重的死傷與慌亂。」[5]

在基輔郊外的小規模衝突中，無人機是業餘愛好者的玩物。總部位於深圳的大疆創新公司（DJI）生產可以輕易取得的平價產品，例如售價 1,399 美元的旗艦產品精靈空拍機（Phantom），這款無人機效能極佳，連美軍都愛用。[6] 如果你把 AI 與自主性的提升、便宜但有效的無人機，以及從機器人到電腦視覺等領域的進步結合起來，你就擁有強大、精確、甚至可能無法追蹤的武器。對抗這種攻擊很難，而且成本高昂。[7] 美國與以色列都是用要價 3 百萬美元的愛國者導彈，來擊落價值幾百美元的無人機。干擾器、投射器、反無人機等裝置都還在萌芽階段，不見得經過實戰測試。

這些發展象徵著巨大的權力轉移——權力從傳統的國家與軍隊，移向任何有能力與動機去部署這些裝置的人。單一操作者只要有足夠的資金，就能操控數以千計的無人機。

單一 AI 程式可寫出的文字量，跟全人類寫出來的一樣多。你的筆電只要裝一個 2GB 的圖像生成模型，就可以把開放網路上所有圖片都壓縮成一個工具，並生成各種充滿創意又精準的圖像。一個病原體實驗就可能引爆一場流行病，把單一微小分子變成影響全球的事件。一台可行的量子電腦，可使全世界的加密系統都遭破解。不對稱影響的可能性各方面都在增加，但從正面的意義來講，單一系統也可以帶來龐大的效益。

不對稱行動的反面也是如此。新技術浪潮的規模與相互關聯性，創造了新的系統性弱點：要是一個點出錯，可能會迅速波及世界各地。一項技術的互連性愈高，就愈不容易駕馭；反之，愈在地化，就愈容易駕馭。想想汽車帶來的風險吧。有車流以來，就有車禍發生，車禍的歷史和交通一樣古老，但隨著時間的推移，傷害已經盡可能降低了。從路標到安全帶，再到交通警察，這一切都有助於減少車禍。雖然汽車是歷史上擴散最快、全球化程度最高的技術之一，但車禍本質上是在地的獨立事件，其最終的損害是可控的。但如今一支車隊可以透過網路相連，或者，單一系統可以掌控整個地區的自駕車。無論有再多的安全措施與安全規定，它們的影響範圍都比以往大出許多。

AI 帶來的不對稱風險不單只是一批劣質食品、一場飛機事故或某種有缺陷的產品而已。它的風險延伸到整個社會，與其說它是一種基本工具，不如說它是一個影響遍及全球的槓桿。就像全球化與緊密相連的市場把金融危機傳播到世界各地一樣，科技也是如此。網路的龐大規模使我們幾乎不可能遏制任何損害。相互連結的全球體系是抑制風險的夢魘。我們已經活在一個全球體系相互連結的時代。在即將到來的浪潮中，單一的點——某個程式、某個基因改變——就可以改變一切。

# 超進化：無止境的加速

如果你想駕馭某項技術，你可能會希望它是以可控的速度發展，讓社會有時間與空間去了解及適應。在這方面，汽車就是個很好的例子。上個世紀汽車的發展速度很快，但我們仍有足夠的時間導入各種安全標準。標準總是落後技術的開發，但終究會趕上。然而，即將到來的浪潮改變極快，似乎難以追趕。

過去四十年來，網路成了史上成果最豐碩的創新平台之一。世界開始數位化，這個非物質化的領域以令人眼花撩亂的速度發展。短短幾年內，全球最普遍使用的服務以及史上最大的商業企業如雨後春筍般湧現。這一切都是靠第 2 章提到的運算力持續增加，以及運算成本持續下降撐起來的。試想，光是摩爾定律，未來十年就可以為我們帶來什麼。如果這個定律持續不變，十年後，1 美元可以買到現今運算力的一百倍。[8] 光是這個事實，就代表未來會有非比尋常的發展。

相較之下，數位領域以外的創新往往沒那麼引人注目。在無形的程式碼領域之外，愈來愈多人開始懷疑，十九世紀末或二十世紀中葉出現的那種廣泛的創新究竟是怎麼了。[9] 在那段短暫的時間裡，世界的幾乎每個面向——從運輸到工廠，從動力飛行到新材料的開發——都徹底改變了。但是到了二十一世紀初，創新走上了最小阻力之路，集中在位元（數位技術），而不是原子（實體進步）上。

但現在又變了。軟體的超進化正在蔓延。在接下來的四十年，我們將會看到原子世界以新的複雜性與逼真度轉化為位元；更重要的是，位元世界將以一種從前意想不到的速度，輕易轉化為有形的原子。

簡而言之，「現實世界」的創新將開始以數位化的步調、近乎即時地發展，減少阻力，減少依賴。你將可以在小型、快速、靈活可塑的領域中實驗，創造近乎完美的模擬，然後把它們轉化為具體產品。而且，你可以一而再、再而三這樣做，並用以前在昂貴的靜態原子世界中達不到的速度，不斷學習、進化、改進。

物理學家塞薩爾·伊達爾戈（Cesar Hidalgo）認為，物質的結構之所以重要，是因為它們所包含的資訊。[10] 一輛法拉利的價值不在於它的原物料，而在於精密構造與外形中所蘊含的複雜資訊；象徵其原子排列的資訊，使它成為大家夢寐以求的汽車。隨著運算力的增強，操縱這點變得愈來愈容易。再加上 AI、機器人、3D 列印等先進製造技術，我們可以更快、更精確、更有創意地設計、操縱、製造現實世界的產品。

AI 已經可以幫我們尋找新的材料與化合物。[11] 比方說，科學家運用神經網路來製造新的鋰組態，對電池技術有重大的影響。[12] AI 已經使用 3D 列印機來幫忙設計及製造汽車。[13] 某些情況下，最終結果看起來與人類設計的東西截然不同，類似自然界中看到的流暢、滑順形式。配線與管道的布置自然融入底盤，以便空間的最適運用。零組件過於複雜而無法以傳統的機具製造，必須改用 3D 列印。

第 5 章曾提過像 AlphaFold 那樣的工具如何催生生技領域。不久之前，生技一直依賴永無止盡的人工實驗室研究，需要持續測量、移液、仔細地準備樣本。如今模擬加速了疫苗的開發流程。[14] 運算工具有助於部分設計流程的自動化，重新打造「生物迴路」（biological circuits），把複雜的功能設計到細胞中（例如可產生某種蛋白質的細菌）。[15] Cello 這樣的軟體架構，幾乎就像是合成生物設計的開源語言。這可和實驗室機器人與自動化的快速進展，以及更快的生物技術（如第 5 章提過的酶合成）融合在一起，擴大合成生物的範圍，讓眾人更容易取得這方面的技術。生物演化正變得像軟體技術一樣，經歷同樣的開發週期。

就像今天的模型可以根據幾個字生成詳細的圖像一樣，未來幾十年，也會出現類似的模型，我們只要用自然語言輸入幾個提示詞（prompt）就可以生成新的化合物，甚至完整的生物。那種化合物的設計可以透過無數次的自我試驗來精進，就像 AlphaZero 透過自我對奕成為西洋棋或圍棋專家一樣。量子技術比最強大的傳統電腦強大數百萬倍，可以在分子的層級實現這點。[16] 這就是我們所謂的超進化——一種快速、反覆運行的創造平台。

這種演變也不會侷限於特定、可預測、容易駕馭的領域，它將隨處可見。

# 全能：多即是多

在最近原子領域的創新停滯期間，醫療方面的進展有所放緩——與一般普遍的看法正好相反。發現新藥變得愈來愈難，成本也愈來愈貴。[17] 美國一些州的預期壽命趨於平穩，甚至開始下降。[18] 阿茲海默症等疾病的治療進展，並未達到預期的水準。[19]

AI 最有前景的領域之一是自動藥物發現，是擺脫這種嚴峻局面的一種方式。AI 技術可以在浩瀚的可能分子空間中，搜尋難以捉摸但有效的療法。[20] 2020 年，一個 AI 系統篩選了一億個分子，創造出第一種來自機器學習的抗生素，名為 halicin（沒錯，正是以電影《2001 太空漫遊》〔2001: A Space Odyssey〕中的 AI 系統 HAL 命名），它可能有助於治療結核病。[21] Exscientia 等新創企業，以及賽諾菲（Sanofi）等傳統的製藥巨擘，都已經運用 AI 來推動醫學研究。[22] 目前為止，在 AI 工具的幫助下，已經創造出十八項臨床資產。[23]

不過，這也有不好的一面。尋找這些有益化合物的研究人員提出了一個尷尬的問題：如果你改變發現流程的方向，那會怎麼樣？如果你不是在尋找療法，而是在尋找致命毒藥，那會怎麼樣？他們做了一項測試，要求分子生成 AI 去尋找毒藥。短短六小時內，它就找到四萬多個有毒分子，毒性相當於最危險的化學武器，如諾維喬克（Novichok，注：蘇聯與俄羅斯於 1971 年至 1993 年間開發的一系列神經毒劑）。[24] 在藥物發現領域，AI 無疑會帶來最明顯的影響，它帶來的機會主要是「軍民兩用的」（dual use）。

軍民兩用技術指的是既有民間用途、也有軍事用途的技術。在一次大戰中，合成氨的流程被當成養活世界的一種方式，但它也可以用來製造炸藥，並為化學武器的發展奠定了基礎。客機的複雜電子系統可以改裝成精密導彈。反之，全球定位系統原本是一種軍事系統，如今卻有無數的日常民間用途。PlayStation 2 剛上市時，美國國防部認為它太強大了，可能會幫助那些通常無法取得這類硬體的敵軍。[25] 軍民兩用技術既有益，也可能產生破壞性；既是工具，也是武器。這個概念顯示技術如何朝向「通用」發展，以及某些類別的技術如何因其通用性而帶來更高的風險。它們可以應用於許多目的（好的、壞的或介於兩者之間的任何地方），而且往往導致難以預測的結果。

但真正的問題在於，不止先進的生物學或核反應爐是軍民兩用技術。多數技術都同時具有軍事與民間用途或潛力，多數技術在某種程度上都是軍民兩用的。技術愈強大，大家愈需要關注它可能有多少用途。

即將到來的技術之所以非常強大，正是因為它們本質上是通用的。如果你正在製造核彈頭，它的用途顯而易見。但深度學習系統可以為玩遊戲而設計，也可以駕駛一群轟炸機。這種區別並不是先天就很明顯。

對於即將到來的技術，還有個更貼切的術語：「全能」（omniuse），這個概念體現了它們非凡的通用性與極端的多功能性。[26] 相較於用途狹隘的技術，蒸汽或電力等全能技術有更廣泛的社會影響與外溢效應。如果 AI 真的是新電力，那麼它就像電力一樣，是一種隨需取用的服務，滲透並推動日常生活、社會、經濟的幾乎每個面向。也就是說，它是一種隨處可見的通用技術。駕馭這種東西，總是比駕馭一個受限、單一任務的技術（僅限於很小的利基市場，相互依賴度最低）來得困難許多。

AI 系統最初使用深度學習等通用技術來達成特定的目的，例如管理資料中心的用電量或下圍棋。然而，這種情況正在改變。如今，像 DeepMind 的通用 AI 程式 Gato 這種單一系統，可以執行六百多種不同的任務。[27] 同一系統精通各種活動，可以玩雅達利的電玩、為圖片搭配文字說明、回答問題、用真正的機械手臂堆疊積木。Gato 接受的訓練非常多元，除了文字以外，還有圖像輸入、機械手臂上的扭矩資料、電玩的按鍵輸入等等。雖然這個領域仍處於初步階段，距離真正的通用系統還有好一段距離，但這些系統最終將會擴展，執行成千上萬種任務。

從全能的角度來看，合成生物也是如此。生命工程是一種完全通用的技術，其潛在用途幾乎是無限的。它可以製造建築材料、治療疾病、儲存資料。多即是多，也就是說用途廣泛的技術比功能有限的技術更有價值。如今，技術人員不想設計那種有限、特定、功能單一的應用程式。他們的目標是設計出更像智慧型手機的東西：也就是說，雖然是電話，但還可以用來拍照、健身、玩遊戲、導航、發送電子郵件等等。

隨著時間的推移，技術通常會朝向通用性發展。換句話說，無論是否有意，即將到來的浪潮都有可能被拿來武器化或做有害的用途。即使只是創造民用技術，也可能對國家安全產生影響。在這波史上最全能的浪潮中，預測所有可能的應用，比以往還要困難。

一項新技術被改造成多種用途，並不是什麼新鮮事。像刀子這樣的簡單工具可以拿來切洋蔥，也可以變成大開殺戒的凶器。即使是看似特定的技術，也可能是軍民兩用的，例如納粹的紐倫堡集會

（Nuremberg rallies）和披頭四的演唱都需要靠麥克風。即將到來的浪潮之所以與眾不同，在於它融入的速度很快，在全球廣為流傳，可以輕易分解成可互換的元件，而且潛在的應用多元又強大。它對媒體、心理健康、商業、醫療保健等不同領域都產生複雜的影響，可謂加強版的駕馭問題。畢竟，我們談論的是智慧與生命等基本要素，但這兩大要素有一個特質比它們的通用性更耐人尋味。

# 自主及超越自主：人類知情嗎？

幾個世紀以來，技術進步一直在加速。「全能」與「不對稱的影響」這兩項特質在即將到來的浪潮中被放大了。不過，某種程度來說，「全能」與「不對稱性」其實是所有技術與生俱來的屬性，但「自主性」可就不是了。古往今來，技術「只是」我們的一種工具，但如果這個工具突然活了起來，有了生命，那會怎麼樣呢？

自主系統能與周圍的環境互動，並在沒有人類的立即批准下採取行動。幾個世紀以來，技術失控，變成人類無法管控的自我導向、自我推動的力量，一直是一種虛構的概念。

然而，情況不再如此。

技術之所以存在，一直是為了讓我們做更多的事情，但關鍵在於：人類仍然在做這些事情。它利用我們現有的能力，自動完成程式編寫的任務。目前為止，技術通常需要持續的監督與管理，或多或少是在人類的掌控之中。然而，完全自主的概念本質上完全不同。

以自駕車為例。如今在某些條件下，自駕車可以直接上路，駕駛不太需要介入或根本不必介入。該領域的研究人員把自主性分成零到五級，零級是沒有任何自動駕駛，五級是車子可在任何條件下自動駕駛，駕駛人只需輸入目的地，就可以放心入睡。要在路上看到第五級的車子還沒那麼快，主要是出於法律與保險方面的原因。

新的自主浪潮預示著一種世界，在那個世界裡，持續的干預與監督變得愈來愈沒必要。更重要的是，我們每次與機器互動，都有助於訓練機器自主操作。在這個新的框架中，人類不需要再費心定義一項任務該以何種方式執行。我們只要指定一個大目標，讓機器自己去找出達成目標的最好方式。也就是說，讓人類「知情」雖有益但非必要，可有可無。

沒有人告訴 AlphaGo，第三十七步棋是傑出的一手，它主要是靠自己想出那招。我看 DQN 玩《打磚塊》時，正是這個特質讓我大為驚艷。只要給定某個明確的目標，現在的系統就可以自己找到有效的策略。AlphaGo 與 DQN 本身不是自主的，但我們可以從它們身上隱約看到自我精進的系統可能會是什麼樣子。沒有人刻意把 GPT-4 編寫成一個可模仿珍・奧斯丁（Jane Austen）的寫作風格、創作俳句，或為單車銷售網站寫行銷文案的程式。這些功能來自一個更廣泛的架構，它的輸出從來都不是由程式開發者事先決定的。這是朝著愈來愈大的自主權邁進的第一步。GPT-4 的內部研究原本認為，GPT-4「可能」無法自主操作或自我複製。[28] 但 GPT-4 推出沒幾天，用戶就想出辦法讓系統要求自己提供文檔，編寫腳本以複製自己及接管其他機器。早期的研究甚至宣稱，他們在模型中發現了「AGI 的隱約跡象」，並補充提到，「它的績效非常接近人類的水準」。[29] 這些能力如今變得愈來愈清楚可期。

新的自主形式可能會產生一系列新奇、難以預測的影響。想要預測訂製的基因組如何運作極其困難。此外，一旦研究人員對某個物種做了遺傳性基因的改變，那些改變可能會在生物身上存續數千年，遠遠超出我們的控制或預測。那些改變可能代代相傳，影響無數個世代。它們如何繼續演化，或如何與其他的變化在那麼長的時間範圍內相互作用，都是不確定也無法控制的。合成生物等於是發展出自己的生命。

我們人類還面臨著一項獨特的挑戰：新發明會不會超出我們的理解力？以前的開發者可以解釋事物如何運作及其背後的原理，即使涉及大量的細節。然而，這種情況已經逐漸消失了。許多技術與系統變得非常複雜，超出了個人真正理解的能力：量子運算與其他技術的運作正接近人類可知的極限。

即將到來的浪潮有一個矛盾之處：雖然我們無法了解這些技術的細節，但仍有能力創造及運用它們。在 AI 領域，目前我們無法解釋神經網路的自主性發展。你無法引導一個人經歷 AI 的決策流程，解釋演算法如何得出特定的預測。工程師無法直接鑽研系統，然後輕易解釋系統為什麼會有某種反應。GPT-4、AlphaGo 和其他系統都是黑盒子，它們的輸出與決策是根據不透明、錯綜複雜的微小訊號鏈產生的。自主系統可以、也可能是可解釋的；但即將到來的浪潮中有那麼多的東西瀕臨我們的理解極限，這個事實值得我們暫停下來深思。我們不見得有能力預測這些自主系統接下來會做什麼事，而這正是自主性的本質。

然而，在這個領域的最尖端，一些 AI 研究人員想把開發 AI 系統的各方面都加以自動化，以促進 AI 的超進化。但這樣做的風險在於，系統可能會透過自我精進達到前所未有的獨立性。AI 已經有能力想辦法精進自己的演算法。[30] 當它們像現代圖靈測試及 ACI 那樣，把這種精進演算法的能力與在網路上自主行動的能力結合在一起，好讓自己做研發時，那會發生什麼事？

# 大猩猩問題

由於即將到來的浪潮中有那麼多明顯的短期挑戰，我常覺得大家過於關注遙遠的 AGI。不過，任何有關駕馭問題的討論都必須承認，萬一類似 AGI 的技術真的出現了，隨之而來的駕馭問題將比我們遇過的其他問題還要嚴重。人類之所以能夠主宰身邊的環境，主要歸功於我們的智慧。因此，一個擁有更高智慧的實體可能會主宰我們。AI 研究人員史都華・羅素（Stuart Russell）稱之為「大猩猩問題」：大猩猩的身體比任何人類更強壯、堅韌，但瀕臨絕種或被關在動物園裡的卻是牠們。牠們被肌肉瘦小、但腦袋很大的人類駕馭了。[31]

一旦我們開發出比自己更聰明的東西，我們也可以體會大猩猩的立場。從長遠的角度來看，那些關注 AGI 情境的人確實有理由擔心。事實上，有強而有力的論述主張，根據定義，超智慧是完全不可能控制或駕馭的。[32]「智慧大爆發」指的是 AI 可以一再精進自己，以更快、更有效的方式不斷讓自己變得更好。這正是絕對不受控制、也無法駕馭的技術。現在擺在我們眼前的一個明顯事實是：沒有人知道 AI 何時或是否會以何種方式超越我們，以及接下來會發生什麼事；沒有人知道 AI 何時或是否會完全自主，也沒有人知道如何讓 AI 意識到我們的價值觀，並以符合人類價值觀的方式行事（假設我們能夠先確定那些價值觀）。

　　沒有人真正知道我們要如何駕馭即將到來的浪潮中，大家熱切探索的特質。總有一天，技術可以完全引導自己的進化，進入反覆精進的流程，超出我們解釋的能力，我們再也無法預測它在現實世界中會如何表現。簡而言之，那代表我們達到了人類能動性與控制力的極限。

　　最終，在最極端的情況下，即將到來的浪潮可能導致人類不再處於食物鏈的頂端。技術人最終可能發現，自己正被親手創造出來的東西所威脅。真正的問題不在於浪潮是否會到來，它顯然就快來了。只要往前看，你可以看到浪潮已經成形。既然有這些風險，真正的問題在於：**為什麼**大家只覺得這無可避免，而不作他想？

# 8 擋不住的動機

Chapter
Unstoppable Incentives

　　AlphaGo 之所以令眾人驚艷，部分原因在於時機：這項技術突破出現的時機比 AI 社群所想的還快，出乎專家的意料。就算是在 2016 年 3 月 AlphaGo 首次公開比賽的前幾天，知名研究人員仍舊認為 AI 根本不可能在這種等級的圍棋賽中獲勝。[1] 在 DeepMind，我們也不確定 AlphaGo 的程式與圍棋大師對奕能不能勝出。

　　我們把那場比賽看作重大的技術里程碑，是更廣泛研究旅程的一部分。在 AI 社群，大夥兒把那場棋局視為深度強化學習首次做高調的公開測試，也是率先使用大規模 GPU 叢集的研究實例之一。媒體把 AlphaGo 與李世乭的對奕描寫成一場史詩級的人機對決：最優秀、最聰明的人類，對抗冰冷、毫無生命的電腦。這種敘事難免讓人聯想到終結者（Terminators）與機器人霸主等各種老套的比喻。

　　但表面之下，另一個更重要的面向逐漸清晰了起來，是我在賽前隱約擔心的緊張局勢；隨著比賽的展開，這種緊張局勢變得更加明顯。AlphaGo 代表的不僅僅是人機對決而已。李世乭與 AlphaGo 對奕之際，代表 DeepMind 的是英國國旗，代表李世乭陣營的則是韓國國旗，所以是西方對陣東方。這種民族競爭的意涵，是這場比賽很快讓我感到遺憾的一面。

這場比賽在亞洲各地掀起了出乎意料的熱潮。在西方，只有AI 領域的鐵粉及幾家報社關注這場棋局。對於關注此事的人而言，這是科技史上的重要時刻。然而，在整個亞洲，這場比賽簡直比超級盃還要熱門，逾兩億八千萬人收看了現場直播。[2] 我們包下首爾市中心的一家飯店，無時無刻都被當地媒體與國際媒體的成員包圍。面對成千上百個攝影師與攝影機，我們幾乎動彈不得，我從未經歷過那樣的緊繃感。那種程度的關注與熱度，對西方觀察家來說幾乎難以想像，他們認為，這不過是為數學愛好者舉辦的深奧比賽罷了。可以說，AI 開發者並不習慣這種盛況。

在亞洲，不止技客關注這場比賽，而是每個人都在看。而且我們很快就發現，觀眾還包括科技公司、政府單位與軍方。那場比賽的結果震驚四座，每個人都明白那場棋局的寓意。挑戰者是一家總部設在倫敦、由美國人擁有的西方公司。這家公司剛剛投入一場古老、深具代表性、備受重視的比賽，插旗宣戰，而且徹底打敗了地主隊。這就好像一群韓國機器人前往洋基球場，打敗美國頂尖棒球隊一樣。

對我們來說，這是一次科學實驗。它呈現我們多年來努力精進的先進方法，既強大又酷炫。從工程角度來看，這令人興奮，充滿了競爭的刺激。但此事受到媒體熱切關注的程度，則令我們困惑不已。對許多亞洲人來說，輸掉圍棋是件比較痛苦的事情，畢竟這象徵著地區與民族自尊的受損。

首爾不是 AlphaGo 的終點。一年後，2017 年 5 月，我們參加了第二場比賽，這次的對手是全球排名第一的棋手柯潔。這次比賽在中國烏鎮圍棋峰會（Future of Go Summit）舉行。我們在烏鎮受到的接待與首爾截然不同，中國禁止直播比賽，不許提及 Google，環境更嚴格，限制更多，有關當局精心規劃了整場棋局的呈現方式，沒有媒體湧現的盛況。這種情境的潛台詞很明顯：這不再只是一場賽局而已。AlphaGo 再次獲勝，但它是在顯然很緊張的氣氛中獲勝。

有些事情已經變了。如果說首爾那場比賽是在暗示什麼，烏鎮則是清楚顯示了意涵。隨著塵埃落定，大家逐漸明白 AlphaGo 的意義顯然超越了一場勝利、一個系統或一家公司，而是一個更大故事的一部分。那個故事講述大國在一系列強大又緊密相連的動機推動下，投入一場又新又危險的技術競爭，這一切證實，即將到來的浪潮真的來了。

---

技術的發展是由人類基本的驅動力所推動的。好奇心、危機感、追逐財富、心生恐懼等驅動力都有助於技術發展。技術的出現基本上是為了滿足人類的需求。只要人類有強大的理由去開發及使用某項技術，它就會被開發出來。然而，在多數技術討論中，大家仍把焦點放在它「是什麼」，而忘了當初開發那項技術的**原因**。這

與某種技術決定論（techno-determinism）無關，重點在於技術對人類的意義。

前面提過，目前為止，人類尚未制止過任何技術浪潮。這一章，我們來看看為什麼歷史可能重演；為什麼技術發展與傳播背後一系列的宏觀驅動因素會導致技術不斷擴散，進而普及。只要這些動機存在，再問「我們該不該做……？」已經毫無意義。

第一個驅動力與我在 AlphaGo 的經歷有關：大國競爭。技術競賽是地緣政治的現實。事實上，古往今來一向如此。出於生存的需要，各國認為有必要跟上其他國家的腳步。創新就是力量。第二個驅動力是全球研究生態系統，特點是鼓勵公開發表、好奇心，以及不惜一切代價探索新概念。第三個驅動力是技術帶來的龐大經濟收益，以及克服全球社會挑戰的迫切需要。最後一個驅動力，可能也是最貼近人性的驅動力：自我。

在討論這些驅動力之前，我們先回頭談談地緣政治，我們可以從最近的歷史得到一個令人難忘的啟示。

# 民族自尊，策略必要性

二戰之後，美國認為自己的技術霸主地位理所當然；後來，史普尼克一號（Sputnik 1）出現喚醒了美國。1957 年秋天，蘇聯發射了世界上第一顆人造衛星史普尼克一號，是人類的發明首次進軍太空。它只有一個沙灘球那麼大，卻有不可思議的未來感。它就高掛在天上，全世界都看得到，或者更確切地說，是聽到它從地球外圍傳來的外太空嗶嗶聲。史普尼克一號的成功發射是一項不可否認的壯舉。

對美國來說，這是一場危機，有如技術上的珍珠港事件。[3] 政策馬上有所反應。從高中到先進的實驗室，科學與技術成了國家的優先要務，政府提撥新的資金，也設立了新的機構（例如太空總署〔NASA〕與國防高等研究計劃署〔DARPA〕）。大量的資源投入了重大的技術專案，尤其是阿波羅任務。這些計劃促成了火箭、微電子、電腦程式設計方面的許多重要進展。像北約（NATO）那樣的新興聯盟也藉此有所強化。十二年後，成功把人類送上月球的是美國，而不是蘇聯。蘇聯為了迎頭趕上，幾乎瀕臨破產。發射史普尼克一號之後，蘇聯超越了美國，這是一項歷史性的技術成就，對地緣政治產生了很大的影響。但是當美國需要振作時，它做到了。

就像史普尼克一號最終促使美國成為火箭、空間技術、運算等技術的超級大國，並在這些技術的軍事與民間應用方面大放異彩一樣，類似的情形目前正在中國發生。AlphaGo 很快就被貼上了一個標籤：中國的史普尼克時刻。美國與西方就像他們在網路剛出現時所做的那樣，看來很有可能在一項劃時代的技術上搶占先機。這清楚點醒了在圍棋這項全民娛樂上落敗的中國，它再次看到自己遠遠落後於科技尖端。

在中國，圍棋不止是一種遊戲，圍棋還代表了歷史、情感、策略考量等更廣泛的種種。中國早已致力在科學與技術上投入巨資，但 AlphaGo 的出現使得中國政府更專注地鎖定 AI。有幾千年歷史的中國曾是世界技術創新的熔爐，如今它痛苦地意識到，自己在各個領域（從藥物到航空母艦）的技術競賽都輸給歐美。誠如中國共產黨所言，它經歷了「百年屈辱」。中共認為，這種事情絕不能再次發生。

中國共產黨主張，奪回中國應有地位的時候到了！套句習近平在中共二十大上所說的話，「為了滿足戰略需求」，國家「必須堅持科技是第一生產力、人才是第一資源、創新是第一動力」。[4]

中國那種由上而下的模式，代表它可以傾國家之力達成技術目的。[5] 如今中國有一個明確的國家策略，就是在 2030 年成為 AI 領域的世界先驅。AlphaGo 擊敗柯潔兩個月後，《新一代人工智能發展規劃》公諸於世，目的是聯合政府、軍方、研究機構、產業一起完成集體使命。該計劃宣布：「到 2030 年，中國的人工智能理論、技術與應用總體達到世界領先水平，成為世界主要人工智能創新中心。」[6] 從國防到智慧型城市，從基礎理論到新應用，中國都應該佔領 AI 的「制高點」。

這些大膽的聲明不是空洞的表態。我撰寫本書之際，亦即中國發布該計劃僅僅六年後，美國與其他西方國家在 AI 研究方面便不再擁有壓倒性的領先地位。清華大學、北京大學等校與史丹佛大學、麻省理工學院、牛津大學等西方學府激烈競爭。事實上，清大發表的 AI 研究論文比地球上任何學術機構還多。[7] 在 AI 領域最多人引用的論文中，中國論文的占比愈來愈高，令人驚嘆。[8] 就 AI 的研究量來說，2010 年以來，中國機構發表的 AI 論文數量是美國同業的四‧五倍，遠遠超過美國、英國、印度、德國的總和。[9]

不止 AI 如此。從潔淨技術到生物科學，中國在許多基礎技術領域迅速崛起，以驚人之姿大舉投資，成為一個有「中國特色」的新興智慧財產權巨擘。2007 年，中國培養的博士人數超越了美國，自此，中國對博士班的投資與擴展一直很可觀，每年培養的數理博士數量幾乎是美國的兩倍。[10] 四百多個「重點國家實驗室」建立了一個資金雄厚的公私合作研究體系，涵蓋多元領域，從分子生物到晶片設計，不一而足。二十一世紀初，中國的研發支出僅是美國的 12％。到了 2020 年，該比例已高漲至 90％。[11] 照目前的趨勢發展下去，到了 2020 年代中期，中國的研發支出將會大幅領先美國，因為它在專利申請方面已是如此。[12]

中國是第一個把探測器降落在月球背面的國家，其他國家甚至根本沒試著這樣做。全球最強大的五百台超級電腦中，中國囊括的數量比其他地方還多。[13] 總部位於深圳的基因巨擘華大基因集團（BGI Group）有卓越的 DNA 定序能力，不僅有私人資助，還有國家預算，內有數千名科學家，以及大量的 DNA 資料與運算力。習近平明確號召全國發起一場「機器人革命」：中國安裝的機器人數量，相當於世界其他地方的機器人總和。[14] 中國製造出高超音速飛彈，比美國預期的早了好幾年；從 6G 通訊到太陽能光電等領域，中國都處於世界領先地位；騰訊、阿里巴巴、大疆創新、華為、字節跳動等科技巨擘的總部都在那裡。

量子運算是中國出名的專業領域。在愛德華‧史諾登（Edward Snowden）洩露美國情報專案的機密資訊後（注：史諾登曾為美國中央情報局職員，曾將美國安全局的祕密文件洩露給英美媒體，因而遭兩國通緝），中國對於建立一個安全的通訊平台變得特別投入。這是另一次史普尼克時刻。2014 年，中國申請量子技術專利的數量與美國相當；到了 2018 年，中國的申請數量已是美國的兩倍。[15]

　　2016 年，中國把全世界第一顆「量子衛星」墨子號（Micius）送上太空，據稱這是新型安全通信基礎設施的一部分，但墨子號只是中國探索量子網路的開始。一年後，中國在上海和北京之間搭建了一條兩千公里長的量子鏈路，以便傳輸安全的金融與軍事資訊。[16] 中國將投資一百多億美元在合肥成立量子資訊科學國家實驗室（National Laboratory for Quantum Information Sciences），是全球最大的此類設施。[17] 透過量子糾纏（quantum entanglement）連結量子位元方面，中國也創下記錄，這是量子電腦邁向完全成熟的重要一步。合肥的科學家甚至宣稱他們開發出一台量子電腦，比 Google 突破性的 Sycamore 量子電腦快 $10^{14}$ 倍。[18]

　　墨子號的首席研究員潘建偉是全球頂尖的量子科學家，他清楚說明了這背後的意涵：「我想，我們開啟了一場全球性的量子太空競賽。在現代資訊科學方面，中國一直是學習者，也是追隨者。如今，有了量子技術，只要我們竭盡所能，中國可以成為這個領域的一大參與者。」[19]

幾十年來，西方一直鄙視中國的能力，認為他們「缺乏創意」──這個想法大錯特錯。我們說他們只擅長模仿，限制太多，不自由，國有企業很糟。事後看來，這些評估大多錯得離譜。而在中國有優點的地方，那些批評並未阻止中國在科學與工程界成為現代巨擘。這些成果有部分源自收購公司、翻譯期刊等合法的智慧財產權轉移；另一部分則是源自直接竊取、強制技術轉讓、逆向工程、間諜活動等爭議性的策略。

　　與此同時，美國正失去策略領先的地位。多年來，從半導體設計到製藥、從發明網路到世界上最頂尖的軍事技術，美國顯然都握有霸主地位。這個優勢並沒有消失，但正逐漸消逝。哈佛大學學者格雷厄姆・艾利森（Graham Allison）的報告指出，這種情況遠比多數西方人所想的還要嚴重。中國在綠能、5G 及 AI 方面已經領先美國，而且在未來幾年可望在量子與生技方面超越美國。[20] 2021年，美國國防部的首席軟體官辭職以示抗議，因為這種情況令他非常失望。他告訴英國的《金融時報》（*Financial Times*）：「未來十五到二十年後，我們就沒有機會與中國競爭了。目前，這已成定局。在我看來，一切已經結束了。」[21]

　　2013 年，習近平剛成為國家主席後不久，他發表了一場演講，對中國、乃至於全世界都產生了持久的影響。他宣稱：「先進技術是現代國家的利器，我們科技總體上與發達國家比有差距，要採取『非對稱』趕超戰略。」[22]

　　這是強而有力的分析，而且誠如前述，這也闡述了中國的政策重點。但與習近平的許多言論不同，任何一位世界領導人都有可能提出同樣的觀點。任何一位美國或巴西總統、德國總理或印度總理都會贊同這個核心論點：技術是一種「利器」，使一個國家能夠「發揮影響力」。習近平說的是一個赤裸裸的事實，是中國乃至於幾乎所有國家，從領先的超級大國到孤立小國都奉守的原則：誰有能力開發、擁有、部署技術，誰就能在全球呼風喚雨。

# 軍備競賽

技術已成為全世界最重要的策略資產，與其說是外交政策的工具，不如說是外交政策的驅動力。二十一世紀的大國競爭就是以技術優勢為基礎——各國為了掌控即將到來的浪潮而相互競爭。大家不再把科技公司與大學視為中立的單位，而是主要的國家擁護者。

政治意願可能會破壞或抵銷本章討論的其他動機。理論上，政府可以控制研究誘因，打擊私營企業，限制個人野心驅動的計劃，但它無法擺脫來自地緣政治對手的激烈競爭。套用軍備競賽的邏輯，察覺到競爭對手積極向前推進時，你若是選擇限制技術發展，那等於是選擇失敗。

有很長一段時間，我反對把技術進步視為類似國際軍備競賽的零和賽局。在 DeepMind，我一直反對大家把我們稱為「AI 的曼哈頓計劃」。我之所以反對，不止是因為那把 AI 與核武相提並論，也因為光是那樣的描述，就有可能在世界各地觸發一系列類似的曼哈頓專案。在全球需要密切協調、暫停、放慢速度的時候，那樣做反而會助長軍備競賽的動力。然而現實是，治理民族國家的邏輯有時簡單粗暴，但又完全無可避免。在國家安全方面，光是提出一個想法可能就有危險。有些想法一旦提出來，就像扳動起跑的鳴槍一樣，言辭本身就會引發全國的強烈反應，隨後導致情況急轉直下。

在美國與歐盟的政府、智庫、學術界任職的無數朋友與同事，都拋出同樣令人憤怒的言辭：「即使我們實際上沒有參與軍備競賽，我們也必須假定『他們』認為我們投入軍備競賽，因此我們必須盡快取得決定性的策略優勢，因為這股新的技術浪潮可能會使全球勢力徹底重新洗牌。」這種態度變成了一種自我應驗的預言。

假裝是沒用的。在兩黨對立的華府中，中美之間的大國競爭是兩黨少數有共識的領域。現在的爭論不在於我們是否處於一場技術與 AI 的軍備競賽中，而是這場軍備競賽究竟會邁向何方。

大家常把軍備競賽視為中美雙頭壟斷，但光這樣看，目光很短淺。雖然這兩個國家確實最先進、資源也最充足，但其他國家也是重要的參與者。這個軍備競賽的新時代預示著普遍的技術民族主義的興起。在這種情況下，多個國家將陷入愈來愈激烈的競爭，以取得決定性的地緣政治優勢。

現在幾乎每個國家都有詳細的 AI 策略。[23] 普丁認為，AI 領域的領導者「將成為世界的統治者」。[24] 法國總統馬克宏宣稱：「我們會努力打造一個歐洲的元宇宙。」[25] 言下之意是，歐洲未能打造出像美國與中國那樣的科技巨擘，技術突破較少，在科技生態系統的關鍵部分缺乏智慧財產權與製造能力。馬克宏與許多人認為，歐洲的安全、繁榮、聲望，取決於它能否成為技術領域的第三大勢力。[26]

各國的優勢各有不同，例如英國擅長生物科學與 AI；德國、日本、南韓擅長機器人技術，以色列擅長網路安全。在即將到來的浪潮中，每個國家在不同的領域都有重要的研發計劃。由於軍事方面的迫切需求，民間新創公司的崛起獲得的支援愈來愈多。

印度顯然是全球巨擘新秩序的第四大支柱，與美國、中國、歐盟並列。印度的人口年輕、冒險進取，日益城市化，而且關係愈來愈緊密，又精通技術。到了 2030 年，印度的經濟將超越英國、德國、日本等國，成為世界第三大經濟體；到了 2050 年，印度的經濟規模將達到 30 兆美元。[27]

印度政府決心讓印度成為科技大國。透過「印度自力更生計劃」（Atmanirbhar Bharat），印度政府正努力確保這個全世界人口最密集的國家擁有足以與中美兩國競爭的核心技術系統。根據該計劃，印度將在 AI 和機器人技術方面與日本建立合作關係；在無人機和無人駕駛的飛行器方面與以色列建立合作關係。印度浪潮的興起，我們且拭目以待。[28]

在二次大戰中，曼哈頓計劃消耗了美國 GDP 的 0.4％。美國認為曼哈頓計劃是在跟時間賽跑，必須搶在德國之前研發出核彈。然而，納粹一開始並無意願發展核武，他們認為核武太貴且過於冒險。蘇聯在這方面遠遠落後，最終是靠著美國的大量洩密才得以發展核武。本質上，美國是與想像中的競爭對手做軍備競賽，所以美國太早把核武帶來這個世界了。

類似的情況在 1950 年代末期也發生過，當時，蘇聯做了洲際彈道飛彈（ICBM）的試驗並發射史普尼克一號之後，美國國防部的決策者開始深信，美國與蘇聯之間有令人擔憂的「飛彈落差」。後來發現，那份關鍵報告發布的當下，美國其實享有十比一的優勢。赫魯雪夫依循蘇聯經過反覆考驗的策略：虛張聲勢。這種對敵方實力的誤判，導致核武與洲際彈道飛彈雙雙提前幾十年開發出來。

這種誤判有沒有在當前的技術軍備競賽中再次上演？事實上，沒有。首先，這些技術浪潮的擴散風險是真實的。由於這些技術在變得更強大的同時，也變得更便宜、更容易使用，所以更多的國家得以投入先進的技術領域。世人仍把 LLM 視為先進技術，但它並沒有什麼神奇之處，也沒有隱藏國家機密。取得運算力可能是最大的瓶頸，但有很多服務可以幫忙做到這點。同樣的道理也適用在 CRISPR 或 DNA 合成等技術上。

我們已經看到中國的登月計劃，或印度為十幾億人開發的生物辨識系統 Aadhaar 等成就。中國有龐大的 LLM 模型，台灣是半導體領域的領導者，南韓在機器人方面擁有世界級的專業，各地政府都在宣布及實施詳細的技術策略——這些都不是什麼祕密，而是公開發生的，專利與學術會議上有人分享，《連線》雜誌與英國《金融時報》上有報導，彭博社（Bloomberg）也有現場直播。

說技術領域有軍備競賽不再是一種自我應驗的預言，因為預言已經應驗，就在這裡，正在發生。這點非常明顯，不言而喻：沒有中央權威單位管控要開發什麼技術，誰來開發，為了什麼目的。技術就像一個沒有指揮的管弦樂團。然而，這個事實最終可能成為二十一世紀最重要的一件事。

如果「軍備競賽」一詞引發擔憂，那是可以理解的。對迅速發展的技術來說，當零和競爭是由恐懼引發，很難想像還有什麼比這種觀感與現實更不穩定的基礎了。不過，技術還有其他比較正面的驅動因素。

# 知識只是想要自由

原始的好奇心、對真理的追求、開放的重要性、實證式的同行審查——這些都是科學與技術研究的核心價值觀。自從十八世紀的科學革命與十九世紀的工業革命以來，科學發現不再像珍寶那樣祕藏起來，而是在期刊、書籍、沙龍、演講中公開分享。專利制度創造了一種分享知識的機制，同時獎勵冒險進取。資訊的廣泛取得成了驅動文明發展的引擎。

公開是科學與技術的根本理念。知識必須分享，發現必須發表，科學與技術的存續有賴自由辯論及資訊的公開分享。某種程度上，開放本身已經發展成一種強大且非常有益的動機。

誠如安全專家克羅寧所言，我們活在「開放式技術創新」

（open technological innovation）的時代。[29] 一個發展知識與技術的全球系統，如今變得如此龐大又開放，以至於幾乎無從操縱、治理，或在必要時將它關閉。因此，了解、創造、構建、調適技術的能力非常分散。一名資工所研究生今年完成的深奧研究，可能明年就已送到數億用戶的手中。這使得技術很難預測或控制。當然，科技公司想要守住自家的祕密，但它們通常也習慣遵守軟體發展與學術界的開放理念。因此，創新傳播得更快、更遠、更具顛覆性。

開放原則也深深滲透在研究文化中。學術界往往以同行審查為基礎，未經可靠同行嚴格審查的論文都不符合標準。資助者不喜歡支持隱藏不公開的研究成果。機構與研究人員都非常關注自家研究的發表記錄及其論文被引用的頻率。論文有更多人引用，就代表更高的聲望、可信度，以及研究經費。初級研究人員特別容易因發表的論文而被人評判及錄用，這些論文都可以在 Google 學術搜尋（Google Scholar）等平台上公開查看。此外，現在的論文常在 Twitter 上發布，撰寫時往往也會考慮到社群媒體的影響，目的是為了吸引更多的關注。

學者熱切主張，應該讓他們的研究可以公開取得。在科技領域，分享與貢獻的強大文化孕育出蓬勃發展的開源軟體社群。一些世界上最大的公司——如 Alphabet、Meta、微軟——皆定期免費分享大量的智慧財產權。在 AI 與合成生物等領域，科學研究與技術開發之間的界限特別模糊，這些因素使它們的文化以開放為預設型態。

在 DeepMind，我們很早就了解到，頂尖的研究人員決定工作去向時，有沒有機會發表論文是他們挑選工作的關鍵因素。他們在學術界已經習慣享有開放性與同儕的肯定，所以到業界工作時，也希望能享有同樣的福利。不久後，這成了頂尖 AI 實驗室的標準：雖然不是所有東西都會立即公開，但眾人把開放性視為一種吸引最傑出科學家的策略優勢。與此同時，發表記錄也是人才獲得頂尖技術實驗室錄用的重要因素，而且競爭非常激烈，大家都搶著率先公開。

總之，某種程度上，大家或許低估了一件事：發表與分享不止是為了科學中的否證過程，也是為了獲得聲望、與同行交流、完成使命、職場就業等因素。這些因素都推動及加速了技術發展的進程。

有非常大量的 AI 資料與程式碼是公開的。例如，GitHub 一億九千萬個程式碼儲存庫中，許多資料都是公開的。[30] 學術預印本伺服器讓研究人員快速上傳作品，無須任何審查或篩選機制。這類服務的始祖 arXiv 上有兩百多萬份論文。[31] 數十種更專業的預印服務（例如生命科學的 BioRxiv）進一步推動了這個過程。全世界大量的科學與技術論文，要麼可以在開放的網路上讀取，要麼可以透過容易取得的機構登錄讀取。[32] 這讓人進入一個跨境資金與合作相當常態的世界，而且在這個世界裡，一個專案通常有數百名研究人員自由分享資訊，大家可以隨時上網取得數千個先進技術的教程與課程。

這一切都是在這個特別活躍的研究環境中發生的。如今全球的研發支出每年超過 7 千億美元，創歷史新高。[33] 亞馬遜光是研發預算就高達 780 億美元，如果把亞馬遜看作一個國家，它可以在全球排名第九。[34] Alphabet、蘋果、華為、Meta、微軟等公司每年的研發支出都遠遠超過 200 億美元。[35] 這些公司最熱衷投資即將到來的浪潮，研發預算最為可觀，它們向來都會公開發表研究成果。

　　未來是非常開源的，大家把研究成果發布在 arXiv 上，把程式碼記錄在 GitHub 上。研究是為了被人引用、進而獲得研究榮譽、終身職位。開放的必要性，再加上大量可輕易取得的研究素材，為未來的研究創造了一套深入又廣泛的動機與基礎，沒有人能完全掌控。

━━━━━

　　預測尖端科技的任何事情都很棘手。如果你想指引研究過程，引導它走向或遠離某些結果，提前遏制它，你會面臨多重挑戰。你不僅要面臨如何在相互競爭的群體之間協調的問題，你站在技術的尖端，也無從預測技術突破可能來自何方。

　　舉個例子，CRISPR 基因編輯技術源於西班牙研究員法蘭西斯科‧莫伊卡（Francisco Mojica）的研究，那時他想了解一些單細胞生物如何在鹹水中繁殖，沒多久，他偶然發現了重複的 DNA 序列（後來成為 CRISPR 的關鍵部分）。這些聚集在一起的重複部分似乎很重要，他想出了 CRISPR 這個名稱。後來，丹麥一家優酪乳公司的兩名研究員做了一項研究，探討如何在優酪乳的發酵過程中，保護那些對發酵起始劑很重要的菌，而這有助於顯示核心機制可能如何運作。這些意想不到的研究途徑，為二十一世紀最重大的生技突破奠定了基礎。

　　同理，有些領域可能停滯了數十年，但後來在幾個月內出現戲劇性的變化。神經網路漫無目的地發展了數十年，遭到明斯基等名人的批評。在「神經」這個字眼充滿爭議性、連研究人員都刻意把它從論文中刪除的那段時間，只有辛頓與楊立昆（Yann LeCun）等少數孤立的研究人員持續投入研究。1990 年代，神經網路似乎是不可能的事，但後來它開始主導 AI。然而，就在 AlphaGo 出現第一次重大突破的前幾天，楊立昆也說 AlphaGo 不可能成功。[36] 我這樣說不是為了抹黑他，只是想以實例顯示，站在研究的尖端，沒有人能確定任何事情。

　　即使是硬體領域，通往 AI 的路徑也無法預測。GPU（圖形處理器）是現代 AI 的基礎元件，但它們最初的用途是為了在電玩中呈現更逼真的圖像。這個例子充分顯現出技術的全能性：GPU 原本是為精緻圖像做迅速的並行處理所用，沒想到拿來訓練深度神經網路特別合適。對逼真圖像的渴望促使 NVIDIA 等公司投入巨資改進硬體，不料這項技術後來竟然可以順利轉移到機器學習領域，一切發展純屬巧合（NVIDIA 這個意外開創出來的事業，使其股價在神經網路 AlexNet〔注：全世界第一個用 GPU 訓練成功的卷積神經網路〕出現後的五年內飆漲了 1,000%）。[37]

　　如果從前你想監控、指引 AI 研究，你很可能會誤入歧途。你可能阻止或推動了最終證明無關緊要的研究，完全錯過在邊緣悄悄醞釀的最重要突破。科學與技術研究本質上不可預測又特別開放，而且成長迅速。因此，想要管理或控制它極其困難。

現今的世界以前所未有的步調，為了促進好奇心、分享、研究而優化。現代的研究反對遏制。盈利的必要性與渴望也反對任何遏制。

# 百兆美元的商機

1830 年，利物浦與曼徹斯特之間開通了第一條客運鐵路。這個工程奇蹟的實現，需要議會先通過一項法案。開發這條路線得搭建橋梁、開闢林間通道、在沼澤地上架高路段，還要解決看似無窮無盡的產權糾紛：這些都是很大的挑戰。時任英國首相與利物浦議員威廉・赫斯基森（William Huskisson）等政要都出席了這段鐵路的開通儀式。慶祝活動中，群眾站在鐵軌上迎接火車逐漸駛進車站。由於大家都沒看過火車，沒有意識到迎面而來的火車速度有多快，赫斯基森當場慘遭火車碾過身亡。對現場嚇壞了的民眾來說，喬治・史蒂文生（George Stephenson）發明的蒸汽火車「火箭號」（Rocket）有如怪物、外星人，吐著蒸汽，是融合現代與機械的模糊化身。

然而，火箭號的出現也造成了轟動，它比當時大家經歷過的任何東西還快。火車從此迅速成長，原本預測每天的客運量是兩百五十人次，僅僅一個月後，每天就有一千兩百人次使用這條路線。[38] 數百噸棉花可在創紀錄的時間內，輕輕鬆鬆從利物浦的碼頭運到曼徹斯特的工廠。五年後，它發放 10％的盈利分紅，預示著 1830 年代鐵路興建的迷你熱潮。[39] 政府因此看見了更多的商機。1844 年，年輕的議員威廉‧格萊斯頓（William Gladstone）提出《鐵路管理法案》（*Railway Regulation Act*）來增加投資。1845 年，在短短幾個月內，多家公司提交了數百份興建鐵路的申請。股市中，其他的股票表現持平，鐵路股則欣欣向榮，投資者蜂擁而至。在巔峰期，鐵路股占股市總市值的三分之二以上。[40]

　　不到一年，股市就崩盤了，最終在 1850 年觸底，比顛峰期縮水了 66％。這種輕易獲得的暴利不是第一次，也不是最後一次。這種獲利使人變得貪婪又愚蠢，成千上萬人因此傾家蕩產。儘管如此，一個新時代已經隨著經濟的蓬勃發展來臨。有了火車頭，古老的田園世界在開闢高架橋、隧道、路基、宏偉的火車站後迅速改變，籠罩在煤煙的霧霾中，汽笛聲四處迴蕩。從幾條分散的鐵路線開始，投資熱潮創造出一個整合的全國交通網，似乎把這個國家縮小了。1830 年代，倫敦與愛丁堡之間的旅程需要搭乘不舒服的公共馬車好幾天才能抵達；到了 1850 年代，搭火車不到十二個小時就到了。鐵道串起了全國各地，帶來鄉鎮、城市、地區的繁榮。旅遊、貿易、家庭生活都因此改變了。其他的影響方面，鐵路也創造出一個新需求：需要建立一個標準化的國家時間系統，鐵路時刻表才有意義。這一切的成果，都得歸功於眾人對獲利的不懈追求。

1840 年代的鐵路榮景可謂「史上最大的泡沫」。[41] 但在科技史上這比較像是常態,而不是例外。鐵路的出現並非必然,但獲利商機的出現則是必然。經濟學家佩雷茲認為,至少在過去的兩百年裡,從最初的電話線到當代的寬頻網路,每項重大技術的推出都會出現一段類似的「狂熱階段」。[42] 即使繁榮不會永遠持續,但原始的投機驅動力會產生持久的改變,成為新的技術基礎。

事實上,學術研究人員的好奇心,或是積極進取的政府,並不足以把新的技術突破推向數十億消費者的手中。科學必須轉化成實用、令人嚮往的產品,才能真正傳播得更廣更遠。[43] 一言以蔽之:多數技術的出現都是為了賺錢。

追求獲利可能是所有動機中最持久、最根深柢固、最普遍的一項。獲利驅使中國企業家為一款徹底改造的手機開發模具;促使荷蘭農民尋找新的機器人與溫室技術,以便在北海涼爽的氣候下全年種植番茄;促使帕羅奧圖沙丘路(Palo Alto's Sand Hill Road,注:加州矽谷風險投資公司的聚集地)上那些精明的創投業者,向未經考驗的年輕創業者投資數百萬美元。儘管個別貢獻者的動機可能不同,但 Google 開發 AI、亞馬遜打造機器人,是因為它們是上市公司,必須取悅股東,它們認為 AI 與機器人技術是盈利的途徑。

然而,這種盈利的潛力建立在某種更持久、也更穩健的基礎上:原始需求。人類既想要、也需要技術成果。人類需要食物,或冷卻技術,或電信才能過活;他們可能需要空調,或某種需要複雜製造技術的創新鞋子設計,或某種革命性的食用色素用於杯子蛋糕，或把技術運用在無數其他的日常用途上。無論是上述哪一種情況，技術有助於生計，開發者也因此獲得回報。人類廣泛的欲望與需求，加上從技術獲利的無數機會，是技術崛起的必備要素，未來也是如此。

這不是壞事。幾百年前，經濟成長幾乎不存在。數百年的生活水準一直停滯在遠比今天還糟的水準。過去兩百年間，全球經濟產出增加了三百多倍。人均 GDP 在同期至少成長了十三倍；在全世界最富裕的地區，人均 GDP 成長了一百倍。[44] 十九世紀初，幾乎每個人都一貧如洗；如今，全球赤貧的比例約為 9％。[45] 人類生活條件的指數級改善曾是不可能的事，如今卻是常態。

根本上來說，這是一個以追求獲利的名義，系統化應用科學與技術的故事。這又進一步推動產出與生活水準的大躍進。十九世紀，塞盧斯·麥考密克（Cyrus McCormick）的脫粒機等發明，使小麥每小時的產量增加了 500％。[46] 艾薩克·辛格（Isaac Singer）發明的縫紉機，使縫製一件襯衫的時間從十四小時縮減至一小時。[47] 在已開發國家，百姓工作的時間比過去少得多，但報酬卻比過去高出許多。例如，在德國，1870 年以來，每年工時減少了近 60％。[48]

技術進入了創造財富的良性循環，這些創造出來的財富可以再拿來投資，讓技術進一步發展。這一切都提高了生活水準。但這些長期目標都不是任一人的主要目標。在第 1 章中，我主張你周遭的一切幾乎都是人類智慧的產物。在此我想做一個小小的修正：我們周遭看到的很多東西，是由積極追求金錢利益的人類智慧所驅動的。

　　這個動力引擎創造了價值 85 兆美元的世界經濟，而且仍持續增加。古往今來，技術一直以豐厚的經濟報酬來吸引眾人投入，從工業革命的先驅到今日的矽谷創業家都深受吸引。即將到來的浪潮代表著史上最大的經濟獎勵。它是消費產品的豐富來源，也是前所未有的潛在獲利中心。任何想要遏制這股浪潮的人都必須解釋，你要如何說服一個不受約束、分散、全球性的資本主義體系緩和其加速運轉，更遑論要它心甘情願地放棄發展了。

　　一家公司把保險理賠自動化，或採用某種新型製造技術時，可以提升效率或改進產品，增加利潤並吸引新客戶。一項創新一旦帶來這種競爭優勢，你要麼採用它、超越它、轉移焦點，否則你就會失去市占率，最終以破產收場。尤其在科技領域，大家面對這種動態的態度很直截了當：你要麼打造出下一代的新技術，不然就等著被淘汰。

　　因此，企業在即將到來的浪潮中扮演如此重要的角色，也就不足為奇了。科技股是 S&P 500 指數中最大的類別，占該指數的 26％。[49] 大型科技集團握有的現金相當於台灣或波蘭等國家的 GDP。這些科技巨擘的資本支出（如研發支出）很龐大，超過從前支出最大的石油巨擘。最近關注這個產業的人會看到 AI 方面的商業競爭愈來愈激烈，Google、微軟、OpenAI 等公司每週都競相推出新產品。

數千億美元的創投資金及私募資金投入無數的新創企業中。[50]
光是 AI 技術的投資，每年就高達 1 千億美元。[51] 這些龐大的數字
確實很重要。大量的資本支出、研發支出、創投資金與私募股權投
資，是推動新興浪潮的原始燃料。這些資金的規模是其他產業、或
中國與美國以外的任何政府所無法比擬的。這些投資都在尋求報
酬，這些資金所培育出來的技術，就是獲得報酬的方式。

與工業革命一樣，新技術的潛在經濟報酬很大，估計很難憑直
覺判斷。資誠（PwC）預測，到 2030 年，AI 將為全球經濟增加 15
兆 7 千億美元。[52] 麥肯錫預計，同一時期，生技將為全球經濟增添
4 兆美元。[53] 把全球機器人的安裝數量拉到比基線預測多 30％，可
使盈利多 5 兆美元，這個數字比德國的整體經濟產出還大。[54] 尤其，
當其他成長來源日益稀缺時，這些都是很強大的動機。獲利那麼
高，想要阻止這種淘金熱潮可能非常困難。

這些預測合理嗎？這些數字確實令人眼花撩亂。帳面上，為不
久的將來預測很大的數字很容易，但是把時間稍微拉長來看，那些
預測並非完全不合理。這些技術的整個潛在市場就像第一次或第二
次工業革命一樣，最終會擴展到整個世界經濟。活在十八世紀末的
人可能難以置信，現在的人均 GDP 竟然是從前的一百倍，光想都
覺得很荒謬。然而，這種事確實發生了。考慮到各種預測和即將到
來的浪潮所影響的基本領域，即使預測未來十年新技術將使全球經
濟增加 10％至 15％，可能還算保守。長期來看，經濟成長的規模

可能會大很多。

二十世紀的後半葉，世界經濟成長了六倍。[55] 即使接下來五十年的經濟成長減緩到那個水準的三分之一，GDP 仍會增加約 100 兆美元。

想想新一波 AI 系統的影響吧。LLM 模型使你能夠以流暢的自然語言，與 AI 交流任何主題。未來兩三年，無論你的工作是什麼，你都可以諮詢一位隨需應變的專家，請它以極其細膩的方式，針對你的最新廣告活動或產品設計提出意見，解說法律問題的細節，找出簡報提案中最有效的部分，解決棘手的後勤問題，針對醫療診斷提出第二意見，不斷探索與測試，提供愈來愈詳細的答案（而且答案都以最頂尖的知識為基礎）。世界上所有的知識、最佳實務、先例、運算力，都將立即根據你的特定需求與環境，輕鬆量身打造。這種認知潛力的大躍進，至少與網際網路的出現一樣大。而且，這甚至還沒考慮到 ACI 及現代圖靈測試的影響。

很少東西比智慧更有價值。智慧是世界經濟的泉源，也是世界經濟的指引者、建構者、推動者。隨著我們拓寬現有智慧的範圍與性質，成長的潛力也愈來愈大。根據可信的經濟預測，通用 AI 不僅可能促進經濟成長，還有可能使成長速度持久加速。[56] 簡而言之，長遠來看，AI **可能**是有史以來最有價值的技術；一旦 AI 與合成生物、機器人，以及其他技術的潛力結合在一起，價值又更大了。

那些投資不是被動的，它們將在實現上述目標時發揮重要的作用，這是另一個自我應驗預言的實現。數兆美元的經濟成長對社會來說是龐大的價值提升與機會，可以提升數十億人的生活水準，也讓私營企業享有可觀的獲利。無論是提升大眾的生活水準、還是提高私營企業的獲利，都會讓人產生深刻的動機，持續去尋找、推出新技術。

# 全球挑戰

在人類歷史大部分的時間裡，養活自己與家人是人類生活的主要挑戰。農業一直是一種艱難又不確定的產業，在二十世紀農業有所改善之前，務農更是困難。氣候有任何變化——太冷、太熱、太乾或太濕——都可能釀成災難。幾乎所有的事情都是手工完成，幸運的話，也許還可依賴牛隻協助。一年之中，有些時候幾乎無事可做，有些時候則得連續數週不停投入繁重的體力活。

農作物可能會出現病蟲害，或在收割後腐爛，或被入侵的軍隊拿走。多數農民只能勉強糊口，他們通常是農奴，收成已經夠少了，還得把大部分的收成繳交給地主。就算是在世界上最肥沃的地區，產量也很少又不穩定。農民生活困苦，活在災難的邊緣。1789年，托馬斯·馬爾薩斯（Thomas Malthus）指出，迅速增加的人口將很快耗盡農業的承載力並導致世界崩解——他說得沒錯，產量停滯不前時，人口變遷往往會依循這個原則。

但他沒有考慮到人類聰明才智的潛力。假設有良好的天候並使用最新的技術，在十三世紀，英國每公頃麥田的產量約為半噸。[57]

這個產量標準維持了好幾個世紀。光陰荏苒，新技術的到來改變了這一切：從輪耕到選擇性育種、機械化犁具、合成化肥、殺蟲劑、基因改造，到現在出現的 AI 優化種植與除草。在二十一世紀，產量現在約為每公頃八噸。[58] 同樣一小塊無害的土地，同樣的地理與土壤，現在的收成是十三世紀的十六倍。過去五十年來，美國每公頃玉米田的產量增加了兩倍。[59] 自十九世紀初以來，生產一公斤糧食所需的勞力減少了 98％。[60]

1945 年，全球約 50％的人口嚴重營養不良。[61] 今日，儘管人口是當時的三倍多，嚴重營養不良的比例已降至 10％。這表示依然有六億多人嚴重營養不良，令人擔憂。不過，若是按照 1945 年的比例，這個數字將高達四十億人（但實際上，這些人是不可能活下來的）。我們很容易忽略這一路走來我們進步了多少，忽略創新的效益有多麼驚人。如果中世紀的農民可以使用巨大的聯合收割機或現代的廣泛灌溉系統，他們願意為此付出什麼？對他們來說，收成大增十六倍簡直就是奇蹟。

養活全世界仍是一個巨大的挑戰。但這種需求推動了技術發展，並帶來了從前無法想像的富足：即使食物分配不均，但足以滿足地球上仍持續增加的八十億人口。

與糧食供應一樣，技術是解決人類現今與未來挑戰的一大關鍵。我們之所以追求新技術（包括即將到來的技術浪潮），不僅是因為我們想要這些技術，也是因為從根本上來說，我們**需要**這些技術。

未來，全球氣溫很可能上升攝氏兩度或更多。我們無時無刻都在打破地球生物圈的極限（從淡水的使用到生物多樣性的消失）。即使是最有彈性、氣候最溫和、最富裕的國家，在未來幾十年也將經歷嚴重的熱浪、乾旱、風暴和水資源短缺。農作物將歉收，野火肆虐將加劇，融化的永久凍土將釋出大量的甲烷，導致全球暖化惡性循環的風險。疾病的傳播將遠遠超出以往的範圍。隨著海平面不斷上升，氣候導致的流離失所與衝突將席捲全球，對主要的人口中心構成威脅。海洋和陸地的生態系統都有崩解的風險。

雖然世人對於改用潔淨能源展開了諸多討論，但仍有漫漫長路要走。碳氫化合物的高能量密度難以複製，尤其在為飛機或貨櫃船提供動力方面更是困難。雖然潔淨發電正迅速擴大，但其供電量只占全球能源產出的 25％左右，剩下的 75％很難改用潔淨能源。[62] 自二十一世紀初以來，全球能源的使用量增加了 45％，但化石燃料的占比僅從 87％降至 84％。[63] 這表示即使世人努力改用潔淨能源作為動力來源，化石燃料的使用量仍大幅上升。

能源學者瓦茲拉夫‧史密爾（Vaclav Smil）把氨、水泥、塑膠、鋼鐵稱為現代文明的四大支柱：它們是支撐現代社會的物質基礎，它們在生產過程中都會留下大量的碳足跡，而且沒有明確的替代品。沒有這些物質，現代生活就會停擺；沒有化石燃料，就無法生產這些物質。過去三十年，社會使用的水泥約製造出七千億噸的碳排放，要怎麼取代？電動車在行駛過程中可能不會排碳，但它們依然很消耗能源：光是生產一輛電動車，就需要提取約兩百二十五噸有限的原物料，如今大家對原物料的需求已經以無法永續的方式持續飆升。

前文提過，糧食生產是技術發展的一大成功案例。但是，從田間的牽引機到合成化料，再到塑膠溫室，都非常依賴化石燃料。試想，生產一顆番茄就需要五湯匙的油，那是栽種番茄的成本。[64] 更重要的是，為了滿足全球需求，到了 2050 年，農業產量得增加將近 50% 才夠，但氣候變遷導致產量下降，又加劇了這項挑戰。[65]

如果我們有任何機會把全球升溫的幅度控制在攝氏 2 度內（注：2015 年《巴黎協定》的目標），在聯合國的政府間氣候變化專門委員會（Intergovernmental Panel on Climate Change）工作的科學家已經清楚告訴我們，碳捕集與封存（Carbon capture and storage，簡稱 CCS）是關鍵技術。然而，目前這項技術大致上還沒有發明出來，或仍有待大規模的部署。[66] 為了因應這項全球挑戰，我們必須徹底改造農業、製造業、運輸與能源系統，採用碳中性、甚至是負碳排的新技術。這些都不是微不足道的任務。實務上，這代表重建現代社會的整個基礎設施，同時也期望改善數十億人的生活品質。

人類別無選擇，我們必須面對諸如此類的挑戰，其他挑戰也層出不窮，比方說如何為罹患慢性病的老化人口提供愈來愈昂貴的醫療。因此，這裡出現另一個強大的動機：這是我們在看似無法克服的艱鉅任務中，蓬勃發展的關鍵因素。除了追求獲利或優勢，新技術的發展還有強大的倫理論據。

技術能夠而且將會改善生活，解決問題。想像一下這樣的世界：樹木的壽命更長，可以吸收的二氧化碳更多；或者，浮游植物可以幫助海洋變成一個更大、更永續的碳匯（carbon sink）。AI 已經幫忙設計出一種酶，可以分解堵塞海洋的塑膠。[67]AI 也將在預測未來方面發揮關鍵的作用，例如預測野火可能席捲郊區的哪些地方，或透過公共資料集來追蹤森林砍伐。這個未來世界將出現平價的個人化訂製藥物，快速又精確的醫療診斷，以及 AI 生成的肥料（以取代能源密集型肥料）。

製造永續、可擴展的電池需要全新的技術。量子電腦與 AI 的結合可以在分子層級建模，有助於找出更輕、更便宜、更潔淨、更容易生產回收、電力更充裕的替代品，取代傳統的鋰電池。同理，太陽光電材料或藥物發現方面的研究也可以做分子層級的模擬，找出新的化合物——比使用過往緩慢的實驗技術精確得多，也更強大。這是一種正在進行的超進化，可望在研發方面省下數十億美元，同時遠遠超出目前研究模型的限制。

天真的技術解決派（techno-solutionism）認為，技術是全天下所有問題的答案。技術本身無法解決所有的問題。如何開發、利用、擁有、管理技術都會產生影響。任何人都不該假裝技術是解決氣候變遷那樣複雜又龐大問題的神奇解方。但是，以為我們可以在沒有新技術的情況下克服本世紀決定性的挑戰，根本是異想天開。

同樣值得謹記的是，新興浪潮的技術將使數十億人的生活變得更輕鬆、更健康、更多產、更愉悅。它們將節省時間、成本、麻煩，並拯救數百萬人的生命。在普遍存在的不確定中，這點的重要性不容低估，也不容忽視。

即將到來的浪潮之所以會到來，部分原因在於人類沒有這些技術就無法度過難關。像這樣的大規模、系統性的力量推動了技術的發展。但根據我的經驗，還有另一種更個人化的力量一直存在，而且大致上被低估了：自我。

# 自我

科學家與技術人員都是凡人。他們渴望地位與成功，渴望留下遺澤。他們想出類拔萃，獲得肯定。他們好勝、聰明，同時也很在意自己在世界與歷史上的定位。他們喜歡挑戰極限，有時是為了錢，但通常是為了榮譽，有時只是為了自己。AI 科學家與工程師是全球收入最高的族群之一，但真正激勵他們每天起床的，是率先突破技術的可能，或是看到自己的名字列在重要的論文上。無論你喜歡還是討厭，世人都把科技大亨與企業家視為權力、財富、願景、純粹意志的獨特象徵。評論者與狂熱的粉絲都把他們視為自我的表現，他們擅長把願景變成現實。

工程師通常有一種特殊的心態。洛斯阿拉莫斯國家實驗室（Los Alamos National Laboratory）主任羅伯特·歐本海默（J.

Robert Oppenheimer）是個非常有原則的人。但最重要的是，他是一個深受好奇心驅使的問題解決者。目睹第一次核子試爆時，他從《博伽梵歌》（*Bhagavad Gita*）引用了一句話：「我現在成了死神，世界的毀滅者。」他也曾說過：「要是你看到技術上很有趣的東西，就去做做看。等到技術成功了，再來談之後該怎麼做。」[68] 這兩句話都一樣令人不寒而慄。他在曼哈頓計劃的同事約翰·馮紐曼（John von Neumann）也抱持相同的態度。學識淵博的匈牙利裔美國人馮紐曼曾說：「我們正在創造一隻怪物，牠的影響力將改變歷史，前提是牠出現之後，人類仍存續下去。但是，我們不可能不完成牠，這不僅是出於軍事原因，也是出於科學家的觀點。因為從科學家的角度來看，不做知道的可行之事是不道德的，無論那件事可能會產生多可怕的後果。」[69]

在技術界待得夠久後，你會發現，即使大家經常談到道德與社會責任，但上述觀點依然相當普遍，尤其面對極其強大的技術時，更是如此。我已經見過這種情況很多次了，而且我也得承認，偶爾我也有這種想法。

想要創造歷史，做有意義的事，幫助別人，打敗對手，讓潛在的合作夥伴、老闆、同事或競爭對手佩服——這些都是促使我們冒險、突破界限、深入未知領域的動力。這些動機驅使我們去打造新事物，改變現狀，攀上顛峰。

無論是出於高尚的抱負還是競爭的零和態度，當你開發技術時，推動進步的往往是上述那些跟自我有關的動機，而不是為了國家或股東的要求。成功的科學家或技術專家通常受到原始自我的驅使。那些刺激他們的情感衝動可能聽起來很根本、甚至不道德，但依然是促成那些新技術的關鍵因素，只是未獲得充分的肯定。矽谷盛行的神話故事常常描述英勇的新創企業創辦人在一個充滿敵意與懷疑的世界裡，單槍匹馬開創出一個帝國。這種神話之所以歷久不衰是有原因的。這是技術專家常渴望的自我形象，一種可模仿的原型，一種仍持續推動新技術的幻想。

民族主義、資本主義、科學已經成為深深嵌入世界的元素，我們不可能在任何時間內讓它們從這世上消失。利他主義與好奇心、自大與競爭、想要贏得比賽、揚名立萬、拯救同胞、幫助世界等等，無論是什麼動機，這些都是推動浪潮的動力，都無法消除或規避。

此外，這些不同的動機和浪潮的因素相互作用產生加乘的效果。國家的軍備競賽與企業的競爭相互呼應，實驗室與研究人員相互激勵。換句話說，眾多較小的競爭彙聚一處，創造出一種相輔相成的複雜動態。技術透過無數獨立貢獻的層層疊加，在根深柢固又廣泛的動機推動下，形成一個複雜、相互交織的思想網路。

如果沒有急速傳播資訊的工具，以前的人面對新技術時，可能要花上幾十年的功夫，才充分了解技術的潛力。即使他們真的了解新技術的潛力，也得花大量的時間與想像力，才能實現技術的廣泛效益。相較之下，如今我們可以看到世人對新技術的即時反應。

任何事物都會被洩漏出去，被人模仿，反覆精進。由於每個人都相互觀察學習，很多人都在同一個領域摸索，必然會有人發現下一個重大突破。想要遏制這樣新技術是徒勞的，因為就算有人設法成功遏制新技術，其他人也會發現同樣的洞見，或找到類似的方法來做同樣的事情。他們會看到策略潛力、潛在獲利或聲望而去追求。

這是為什麼我們不會對新技術說不、為什麼即將到來的浪潮正迎面而來、為什麼它如此難以遏制的原因。如今技術已經是一個不可或缺的大系統，滲透到日常生活、社會、經濟的方方面面，任何人都無法避免。根深柢固的動機讓人想要推動技術的擴張，甚至是激進的擴張。沒有人能完全控制技術將做什麼，或掌握它接下來的發展。這不是什麼超乎尋常的哲學概念，不是極端決定論（extreme determinist）的觀點，也不是激進的加州技術中心主義（technocentrism）。這是對我們這個世界的基本描述，我們已經居住在這個世界上很長一段時間了。

從這個意義上來說，我們可以用一種無情的形象來描述技術：技術就像一個巨大的黏液黴菌，慢慢朝著一個無可避免的未來滾動。過程中，個別的學者與創業者做出無數微小的貢獻，這些人都是獨立行動、毫無協調，也沒有抵抗的力量。強大的力量推著它向前發展。每當出現障礙，其他地方就會出現新的機會，推動整體向前發展。減緩這些技術的發展，就是與國家、企業、研究的利益背道而馳。

這是終極的集體行動問題。限制或逆轉 CRISPR 或 AI 等技術是不可能的。除非有人可以想辦法消除那些緊密相連的動機，否則不開發、阻止或甚至減緩發展或選擇替代路線，都不是可行的選擇。

遏制技術需要破壞那些相互強化的動力。很難想像有什麼方法可以在合理的時間範圍內影響即將到來的浪潮。或許只有一個實體能夠提供解決方案，它支撐著我們的政治體系，並為社會開發的技術承擔最終的責任：民族國家。

但有一個問題。國家已經面臨巨大的壓力，即將到來的浪潮似乎會讓事情變得更加複雜。技術與國家之間的碰撞結果，將決定本世紀後續數十年的發展。

PART III

STATES OF FAILURE

國家失靈

# 9 Chapter 大協議
## The Grand Bargain

## 國家的承諾

當今世界中，民族國家是政治秩序的核心單位。[1] 本質上，它向公民提出一個簡單又很有說服力的協議：在一個主權、領土國家中，集權不但可行，而且好處遠遠超過風險。歷史證明，讓國家全權處理暴力——賦予它執法及發展軍力的自由——是確保和平與繁榮最可靠的方式。此外，一個治理良好的國家是經濟成長、安全、福祉的關鍵基礎。過去五百年來，把權力集中於單一的權威，對於維護和平以及激發數十億人的創造潛力至關重要。那鼓勵百姓努力工作、追求教育、發明與貿易，從而推動進步。

因此，即使民族國家變得更強大，並與日常生活緊密相連，民族國家的大協議在於，權力的集中不僅可以促進和平與繁榮；眾人還可以利用一系列的制衡、再分配、制度形式，來駕馭這種權力。為了維持這點，我們必須在兩種極端之間拿捏微妙的平衡：一方面，避免最反烏托邦式的過度中央集權；另一方面，接受定期的干預以維持秩序。然而，世人常把那種微妙的平衡視為理所當然。

如今，即將到來的技術浪潮比以往更有可能破壞這種脆弱的平衡。簡而言之，大協議正在瓦解，技術是此歷史性轉變的關鍵驅動力。

　　由於民族國家負責管理及規範技術的影響，以確保人民的最大利益，它們對即將到來的變化做了多大的準備？如果國家無法協調這股浪潮的駕馭，無法確保它為公民帶來淨利益，那麼在中長期的未來，人類還有什麼其他的選擇？

　　本書的 PART I 與 PRAT II 提到，一波強大的技術浪潮即將席捲這個世界。如今時候到了，讓我們一起思考這背後的意涵，一窺浪潮席捲後的世界樣貌。

　　在本書的 PART III，我們將探討這些技術對民族國家的深遠影響，尤其是對自由民主國家的影響。裂痕已經形成。政治秩序促進了財富成長，提高了生活水準，助長了教育、科學、技術的發展，並使世界趨向和平。但現在政治秩序正承受著巨大的壓力，部分原因在於它促成的力量破壞了穩定。它的全面影響既廣泛又難以理解，但我認為，那顯示未來駕馭的挑戰將比以往更加困難，本世紀的巨大困境變得無可避免。

# 哥本哈根的啟示：政治乃切身之務

　　我一直堅信國家有能力改善人民的生活。踏入 AI 領域之前，我曾在政府與非營利部門工作。十九歲時，我幫忙創立了一個慈善電話諮詢服務機構，為倫敦市長工作。我也與人合創了一家解決衝突的公司，專門在多個利害關係人之間做協商。和公務員共事的經驗讓我明白，萬一國家失靈，那會是多大的災難。那些公務員往往疲於奔命、筋疲力竭，卻依舊不辭辛勞，為需要幫助的人服務。

然而，我接觸地方政府、聯合國談判、非營利組織的經驗，也讓我親身體會到它們的侷限性。它們往往長期管理不善，組織臃腫不堪，行動遲緩。2009 年，我在哥本哈根的氣候談判中協助了一個專案。那個專案召集了數百個非政府組織與科學專家來協調他們的談判立場，目的是在主要的高峰會上，向一百九十二個爭吵不休的國家展示一個一致的立場。

問題是，我們在任何事情上都無法達成共識。首先，對於科學或現實發生的事情，眾人意見分歧。每個國家的優先要務各不相同。對於什麼是有效的、負擔得起的，或甚至是實用的，大家毫無共識。你能募集 100 億美元把亞馬遜雨林變成一個吸收二氧化碳的國家公園嗎？你打算怎麼處理民兵與賄賂的問題？又或者，答案是在挪威重新造林，而不是在巴西？培育巨藻養殖場怎麼樣？每次只要提出一個提案，就有人站出來挑三揀四。每個建議都是一個問題。最終，每個提案都眾說紛紜。換句話說，就是一如既往的政治常態。

而且，這種缺乏共識的情況甚至發生在理論上「屬於同一團隊」的個人之間。我們甚至還沒進入主要談判及真正的討價還價階段。在哥本哈根的高峰會上，許多國家都有各自相互矛盾的立場，情緒又影響了現場的氣氛。談判代表試圖做出決定時，現場數百人爭論不休、大喊大叫，還自己分成好幾個小組。與此同時，時間一點一滴流逝，無論是高峰會的時間，還是地球所剩的存續時間。我的任務是協助推動專案，那或許是人類歷史上最複雜又高風險的多方談判，但打從一開始，它看起來就像幾乎不可能達成的任務。看到這種情況，我意識到我們無法以夠快的速度取得足夠的進展。時間規劃太緊迫了，議題太複雜了。我們用來處理大規模全球問題的制度，並不適合這個目的。

我二十出頭為倫敦市長工作時，也看過類似的情況。我的職責是審查人權立法對倫敦市社群的影響。我採訪了很多人，從英籍孟加拉裔到當地的猶太團體，不分老少、信仰與背景。那次的經驗顯示人權法如何以非常務實的方式改善生活。英國不像美國，美國有憲法保障基本人權，但英國沒有。如今，地方團體可以向地方當局提出問題，並指出地方當局有保護最弱勢群體的法律義務，不能忽視或掩蓋那些問題。某種程度上那很鼓舞人心，給了我希望。那表示，制度可以在一套司法規則下運作，體制確實可以發揮功效。

但當然，倫敦政治的現實狀況並非如此。現實中，一切往往演變成藉口、推卸責任，以及媒體炒作。即使有明確的法律責任，各部門或委員會也不會回應，而是含糊其辭、迴避、拖延。面對真正的挑戰時，停滯不前是一種普遍的現象。

我為倫敦市府工作時，剛滿二十一歲。那是 2005 年，當時的我天真樂觀，相信地方政府，也相信聯合國。在局外人看來，它們似乎是宏大又有效的體制，我們可以一起努力解決重大的問題。我和當時的許多人一樣，認為全球主義與自由民主是必然的，是可取的最終狀態。然而，接觸現實的經驗讓我看到了理想與現實之間的鴻溝。

約莫那個時候，我也開始關注另一個開始成形的東西：Facebook 以前所未有的速度成長。不知怎的，當地方政府到聯合國等單位似乎都以極其緩慢的速度運作之際，這個小小的新創企業卻在短短幾年內成長到每月用戶逾一億人。這件事改變了我的人生軌跡。我清楚明白，有些組織還是有能力大規模採取有效的行動，它們正在新的領域運作，例如線上平台。

認為光靠技術就能解決社會與政治問題是一種危險的錯覺。但是，認為這些問題不需要技術就能解決，也是錯的。近距離看到公務員的挫敗感促使我想尋找其他有效的方法，來大規模地完成任務。我不想與國家對抗，而是想與國家合作，一同創造更有生產力、更公平、更友善的社會。

技術突破將幫助我們因應本書 PART II 提到的挑戰：在極端溫度下栽種農作物；提前預測洪水、地震、火災等天災；提高每個人的生活水準。在成本不斷上升、服務不斷惡化的時代，我把 AI 與合成生物視為加速進步的關鍵槓桿。它們將提高醫療品質，使醫療變得更平價。它們將幫我們發明工具，在政治停滯之際，助我們改用再生能源，因應氣候變遷。它們也將協助教師，為資金不足的教育系統提升效果。這是下一波浪潮的真正潛力所在。

因此，我開始投入科技業，我相信新一代的工具可以增強我們大規模行動的能力。它們的運作速度遠比傳統政策更快。讓它們去「創造未來」，似乎是善用我人生最精華歲月的最佳方式。

我之所以提到我的理想主義性格，是為了說明後續幾章。我想讓大家知道，我把大家經常描述的負面情境視為技術的大失敗，也是像我這種技術開發者的失敗。

雖然技術仍是因應二十一世紀挑戰的唯一有效方式，但我們不能忽視它的缺點。承認諸多效益的同時，我們也必須克服趨避悲觀的心態，以冷靜、認真的態度審視使用全能技術可能帶來的新風險。隨著時間的推移，這些風險的性質及風險的大小只會變得更加清晰。技術不僅支持我們在民族國家達成的協議，對那個協議也是一種真正的威脅。

科技業少數有影響力的人不僅認為，新技術對民族國家組成的有序世界構成威脅，他們也積極期待民族國家的消亡。這些批評人士認為，政府是阻擋技術發展的主要障礙。他們主張，政府的問題已經太多了，無可救藥，最好拋棄。我從根本反對這個看法，因為那樣的結果會是一場災難。

我是英國人，在倫敦出生成長，但我的家人有一方是敘利亞人。近年來，敘利亞那邊的家人因該國陷入可怕的戰爭而吃盡苦頭。我很清楚國家失靈是什麼樣子，簡單來說，那是難以想像的糟糕狀況，非常可怕。認為敘利亞發生的事情永遠不會在「這裡」發生的人，都是在自欺欺人。人無論身在何方，人性都是一樣的。我們的民族國家體系並不完美，離完美的境界還很遠。儘管如此，我們仍必須竭盡所能強化並保護它。某種程度上，這本書是我為它辯護的一種嘗試。

沒有其他的東西——沒有其他的萬靈丹——會及時出現，吸收浪潮帶來的破壞力，拯救我們。中期來看，根本沒有其他的選擇。

就算是在最好的情況下，即將到來的浪潮也會對治理社會的體制造成巨大的衝擊。探討這股浪潮的危險之前，我們有必要先問一下民族國家的整體健全狀況。它們是否做好了迎接未來挑戰的準備？

# 脆弱的國家

客觀來說，今日全球的生活水準比過去的任何時候都好。我們把自來水及充足的糧食供應視為理所當然。多數人一年四季都享有溫飽及安逸的居所。識字率、預期壽命、性別平等也處於歷史顛峰。[2] 幾千年來累積的集體知識，現在只需點擊一下即可取得。對於已開發國家的多數人來說，如今的生活舒適又豐足，是過往年代無法想像的水準。然而，表面之下，有種揮之不去的感覺，總覺得有什麼東西不太對勁。

西方社會尤其深陷在這種根深柢固的焦慮之中；他們處於「緊繃狀態」，衝動又暴躁。[3] 這種持續的不安，一部分來自之前衝擊的結果——多重金融危機、流行病、暴力（從九一一恐怖攻擊到烏克蘭戰爭），另一部分則是大眾信任度下降、不平等加劇、氣候暖化等長期且日益惡化的壓力所造成的。新興浪潮來襲，許多國家受到一連串重大挑戰的困擾，這些挑戰衝擊了它們的效果，使它們變得更弱、更分裂，更容易延遲及做錯決策。即將到來的浪潮將衝擊容易動盪、緊繃的環境，導致駕馭技術（亦即控制及指引技術的發展，以確保它們造福人類）變成更加艱鉅的挑戰。

民主建立在信任的基礎上。人民必須相信政府官員、軍方，以及其他精英不會濫用其主導地位。每個人都依賴以下的信任：大家都繳納應付的稅金、遵守法規，把整體利益放在個人利益之上。如果沒有信任，從選票到納稅、從地方議會到司法系統，整個社會都會出問題。

民眾對政府的信任已經崩解，尤其是美國。[4] 皮尤（Pew）的一項調查顯示，超過 70%的美國人認為，艾森豪、詹森等戰後獲選的總統會做「正確的事」；至於歐巴馬、川普、拜登等最近幾任總統，這種信心指標已經大幅下跌，都跌破了 20%。[5] 值得注意的是，2018 年一項針對美國民主的研究發現，多達五分之一的人認為「軍方統治」是個好主意！[6] 高達 85%以上的美國人認為，這個國家「正朝著錯誤的方向前進」。[7] 這種不信任也延伸到非政府制度，大家對媒體、科學機構、一般專業概念的不信任度愈來愈高。[8]

這個問題並非美國獨有。皮尤的另一項調查發現，二十七個國家中，多數人對他們的民主都不滿意。一項民主觀感指數（Democracy Perception Index）調查發現，五十個國家中，三分之二的受訪者認為，政府「很少」或「從未」為大眾利益行事。[9] 那麼多人深刻感受到社會正陷入失靈，這本身就是一個問題：不信任會引發更多的消極與冷漠，導致人民不願投票。

自 2010 年以來，更多的國家在民主指標上倒退，而非進步，而且這種趨勢似乎正在加速。[10] 從波蘭與中國，到俄羅斯、匈牙利、菲律賓、土耳其，日益高漲的民族主義與威權主義似乎日益普遍。民粹主義運動以各種形式出現，有的奇怪（如匿名者 Q〔QAnon〕），有的毫無方向（如法國的黃背心運動〔gilets jaunes〕）。但是，從巴西的雅伊爾·波索納洛（Jair Bolsonaro，注：巴西前總統，人稱「巴西川普」）到英國脫歐，這些人事物在世界舞台上日益明顯的影響力變得不容忽視。

在新的威權主義衝動與政治不穩定的背後，隱藏著日益成長的社會怨恨。貧富差距是不穩定與社會怨恨的關鍵催化劑，近幾十年來在西方國家激增，在美國更是格外明顯。[11] 從 1980 年到 2021 年，收入最高那 1% 的人在國民所得的占比幾乎多了一倍，現在他們的占比近乎 50%。[12] 財富愈來愈集中在一小群人手中。[13] 政府的政策、勞動年齡人口的減少、學歷的停滯、長期成長減緩，都導致社會變得更不平等。[14] 美國有四千萬人生活貧困，五百多萬人活在類似「第三世界」的生活環境，但他們都在全球最富裕的經濟體內。[15]

當你考慮到社會的流動性停滯、日益擴大的貧富不均、政治暴力之間的持久關係時，這些趨勢特別令人擔憂。[16] 從一百多個國家的資料來看，證據顯示，一個國家的社會流動性愈低，愈容易發生騷亂、罷工、暗殺、革命運動、內戰等動亂。當人民覺得自己陷入困境、無法翻身，其他人又不公平地霸佔利益時，就會產生民怨。

不久前，大家仍覺得世界應該是「平」的──也就是說，各國之間貿易便利、日益繁榮、毫無阻力。事實上，隨著二十一世紀的推移，供應鏈緊縮與金融衝擊仍是經濟中不可磨滅的特徵。某種程度上，那些轉向民族主義的國家正逐漸偏離二十世紀的光明承諾：更緊密的相連將加速財富與民主的傳播。

境內轉包（onshoring，注：為了節省成本，將服務等工作轉至境內成本較低的地區）、國家安全、有彈性的供應鏈、自給自足──當今的貿易用語再次回歸邊界、壁壘、關稅的討論。與此同時，糧食、能源、原物料、各種商品的價格也明顯變貴了。本質上，整個戰後安全與經濟秩序正面臨前所未有的壓力。

全球挑戰正達到一個關鍵的臨界點。如今通膨高漲，能源短缺，收入停滯，信任崩解，民粹浪潮興起。無論是左派、還是右派的舊觀點，似乎都無法提供令人信服的解答，但我們似乎也找不到更好的選擇。儘管我們的生活水準正處於有史以來的顛峰，但如今只有勇者或有妄想症的人，才會認為一切都很美好；否認民粹主義、民怨與亂象正在席捲整個社會。[17]

這些現象使得駕馭技術變得更加複雜。針對快速發展的技術達成國家、國際共識並建立新規範，已是很嚴峻的挑戰。而我們連基本模式都不穩定，又該如何指望付諸實行？

# 技術是政治性的：浪潮對國家的挑戰

之前的每一波技術浪潮都對政治產生了深遠的影響，我們應該期待未來也會出現同樣的情況。上一波浪潮——大型電腦、桌上型個人電腦、桌上型軟體、網路、智慧型手機的出現——為社會帶來極大的效益。它為現代經濟提供了新工具，促進成長，改變知識與娛樂的取得，也改變了我們聯繫彼此的方式。如今大家對社群媒體的負面影響憂心忡忡，所以很容易忽視這些正面效益。然而，過去十年間，愈來愈多的共識顯示，這些技術所營造的環境，也導致現有的政治兩極化及制度脆弱性變得更加嚴重。

社群媒體平台可以引發本能的情緒反應並不是什麼新鮮事。這種情緒反應是因為我們感受到威脅，那種威脅感刺激腎上腺素分泌。社群媒體靠著情緒高漲而蓬勃發展，而且往往是憤怒的情緒。一項發表在《自然》（*Nature*）雜誌上的綜合研究分析檢閱了近五百項研究結果，最後得出結論：社群媒體頻繁的使用，與人民對政治的日益不信任、民粹運動、仇恨、兩極分化之間有明顯的相關性。[18] 相關性不見得是因果關係，但這種系統化的分析顯示，新技術「對民主構成嚴重威脅的明確證據」。

技術已經侵蝕了民族國家穩定的主權邊界，創造或促進人力、資訊、思想、專有技術、商品、成品、資本、財富的自然全球流動。前文提過，它是地緣政治策略的重要組成，幾乎涉及民眾生活的各個面向。即使即將到來的浪潮尚未來襲，技術早已是驅動世界舞台的一大動力，是導致世界各國穩健狀況不斷惡化的主因。現代技術發展得太快、太全球化、太多變、太誘人，無法套用簡單的駕馭模式，而且它有重要的策略意義，也被數十億人所用，所以它本身就是一個主要行動者，是民族國家難以管控的巨大力量。AI、合成生物和其他技術正被導入**已經**在巨大的技術浪潮中動盪不安、功能失調的社會裡。這個世界還沒為即將到來的浪潮做好準備。這是一個在現有壓力下搖搖欲墜的世界。

---

我常聽到有人說技術是「價值中立的」，技術的政治性源於它的使用。這種說法過於簡化，幾乎沒有意義。技術並沒有直接「造成」或創造現代國家（或任何政治結構）。但它釋放的潛力對國家或政治結構的影響並不是中立的。

誠如技術歷史學家蘭登・溫納（Langdon Winner）所言：「技術的各種表現形式是人類世界的重要組成。它的結構、流程與改變融入人類意識、社會、政治的結構、流程與改變中，變成其中的一部分。換句話說，技術是政治性的。」[19]

不僅我們的領導者嚴重低估了這個事實，就連開發技術的人也沒有了解這點。有時這種微妙、但無處不在的政治化幾乎是看不見的，但不應該是這個樣子。社群媒體只是一種最新的提醒，提醒我們科技與政治組織是密不可分的。國家與技術緊密相連，這對即將發生的事情有很重要的影響。

技術不會直接決定人類的行為或歷史事件，但承認技術確實提供某些功能，或有利於某些結果的出現，並不是天真的技術決定論。[20] 技術是塑造歷史的一個重要因素，但它並非獨立運作，也從來不是一種機械式、可預測的方式。它不是表面上導致某種行為或結果，但它產生的東西確實指引或限制了可能性。

戰爭、和平、商業、政治秩序、文化一直以來環環相扣，這種緊密連結也延伸到技術上。技術是概念，體現在產品與服務上，對人類、社會結構、環境，以及各種東西都有深遠又持久的影響。

現代技術與國家在不斷的對話中共生發展。試想，技術如何促進國家的核心運作，幫忙建構國家認同與管理的結構。書寫的發明起初是作為一種管理與會計工具，用來追蹤債務、繼承、法律、稅收、合約、所有權的記錄。時鐘創造出固定的時間，首先是在修道院等有限的空間裡，後來以機械的形式出現在中世紀晚期的各大商業城市中，最終普及各國，創造出共同、愈來愈大的社會單位。[21] 印刷機把各種方言統一成標準化的國語，促成一個民族的「想像共同體」，形成支撐民族國家的統一民眾。[22] 印刷取代了多變的口頭傳統，印刷文字鞏固了地理、知識與歷史，促進了法規與意識形態的傳播。廣播與電視大幅加快了這個進程，創造了國家乃至於國際共同經歷的時刻，例如羅斯福的爐邊談話或世界盃。

武器也是民族國家行使權力的重要技術。事實上，研究國家的理論家常主張，戰爭本身是創造國家的基礎（套用政治學家查爾斯・蒂利〔Charles Tilly〕的說法：「戰爭造就國家，國家造就戰爭。」），就像衝突一直是催生新技術的動力一樣（從戰車、金屬裝甲到雷達，再到引導精密彈藥的先進晶片）。火藥於十三世紀傳入歐洲，打破了中世紀城堡防禦的舊有模式。這種固定的防禦點變成了轟炸的目標。英法百年戰爭爆發之際，進攻能力變得非常重要，那為有能力購買、建造、維護、移動、部署資本密集型大炮的人帶來了優勢。多年來，國家日益集中其使用致命武力的能力，主張合法使用這些武力的專有權。

　　簡而言之，技術與政治秩序緊密相連。導入新技術對政治有很大的影響。就像大炮與印刷機顛覆了社會一樣，我們應該預期AI、機器人、合成生物等技術也會顛覆社會。

　　我們且暫停片刻，想像一個這樣的世界：機器人像人類一樣靈巧，我們可用一般白話來設定它的功能，它的價格就像微波爐一樣便宜。你可以想到這種寶貴技術的所有用途嗎？或者，這種工具會被多廣泛地採用？未來是誰——或者更確切地說，是什麼東西——在養老院裡照顧你年邁的母親？你在餐廳裡怎麼點餐，誰幫你把食物送上餐桌？在人質遭到挾持的事件中，執法部門是什麼樣子？在採收季節，誰在果園工作？不需要派人上戰場時，軍隊與準軍事規劃者會怎麼反應？孩子做足球訓練時，運動場是什麼樣子？窗戶清潔機長什麼樣子？誰擁有這些硬體與智慧財產權？誰控制它們？萬一這些機器人出問題，有什麼保護措施？

想像一下這一切，這代表著一種與現今截然不同的政治經濟。

------------------------

二十世紀初以來，現代、自由民主的工業化國家一直是主導全球的力量，是上世紀重大政治衝突的明顯「勝利者」。它有一些如今大家習以為常的關鍵功能，例如保障安全；把合法權力集中在中央；能夠在其管轄範圍內完全主導，但也能合理制衡與分離所有形式的權力；透過再分配與健全的經濟管理，提供足夠的福利；為技術創新與監管建立穩定的架構；打造一個全面的社會經濟法律架構來支持全球化。

在接下來的幾章中，我們將看到即將到來的浪潮如何使這一切受到巨大的威脅。

我認為，未來將往兩個方向發展，這兩者之間會出現多種結果。一個方向是，一些自由民主國家將繼續從內部受蝕，變成一種僵屍政府。[23] 自由民主與傳統民族國家的外衣依然存在，但功能上已被掏空，核心服務日益陳舊，政治不穩定，動盪不安。在缺乏正常功能的情況下，這些政府步履蹣跚，狀況愈來愈糟，變得更加失靈。另一個方向是，不假思索地採用新興浪潮的某些部分，為專橫的國家控制開闢了道路，創造出超級強權，其權力甚至超越史上最極端的極權政府。專制政權也可能陷入僵屍狀態，但它們也有可能加強控制，在技術的支援下，變成全面的技術獨裁。無論是往哪個方向發展，目前把國家凝聚在一起的脆弱平衡都會陷入混亂。

國家失靈與專制政權都是災難性的結果，不僅它們本身就是災難，讓它們管理技術也是災難。無論是搖搖欲墜的官僚機構、民粹主義的投機分子，還是專制的獨裁者，你都不希望他們成為掌控強大新技術的人。上述那兩個方向都無法、也不會駕馭即將到來的浪潮。

因此，兩個方向都有危險，因為管理即將到來的浪潮需要自信、靈活、統一的國家，要對人民負責，擁有豐富的專業知識，平衡利益與動機，能夠透過立法迅速果斷地做出反應，更重要的是，要密切與國際協調。領導人必須採取史無前例的大膽行動，犧牲短期利益換取長期利益。有效因應史上影響最深遠、最具變革性的事件之一，需要成熟、穩定，最重要的是值得信賴的政府發揮最好的功能。唯有如此，才能確保即將到來的浪潮帶來它所承諾的卓越效益。這是一項非常艱鉅的挑戰。

前述那種平價、隨處可見的機器人，以及 PART II 提到的其他變革性技術，在未來二十年間勢必會出現，甚至可能出現得更早。在這種情況下，我們應該預期經濟、民族國家，以及其他相關的一切都會出現深遠的變化。大協議已經陷入困境。隨著浪潮的來襲，一系列新的壓力因素將撼動其基礎。

# 10 放大脆弱性的因素

Chapter Fragility Amplifiers

## 緊急狀態 2.0：無法駕馭的不對稱實例

2017 年 5 月 12 日上午，英國國民保健署（NHS）陷入停擺。全英國數千個分支機構都出現 IT 系統當機。醫院裡，工作人員無法使用磁振造影檢查儀（MRI）等關鍵醫療設備，也無法取用患者病歷。數以千計的預定手術（從癌症手術到常規手術）不得不取消。驚慌失措的護理團隊不得不改用手工替代方案，使用紙本注記與個人電話。皇家倫敦醫院關閉了急診科，病人躺在手術室外的輪床上。

NHS 遭到勒索軟體 WannaCry 的攻擊，受害規模龐大。[1] 勒索軟體的運作方式是滲透系統進行加密，從而鎖定重要檔案與功能的存取。網路攻擊者通常會要求贖金來換取系統獲釋。

NHS 並不是 WannaCry 鎖定的唯一目標。駭客利用微軟舊版系統中的一個漏洞，找到一種方法讓數位世界的許多領域都陷入癱瘓，例如德國鐵路（Deutsche Bahn）、西班牙電信（Telefonica）、聯邦快遞（FedEx）、日立（Hitachi）等組織，甚至連中國公安部也受害。WannaCry 誘拐一些使用者打開電子郵件，釋出一種「蠕蟲」。[2] 那些電腦蠕蟲在短短一天內自我複製並傳播，感染了一百五十個國家的二十五萬台電腦。在襲擊發生後的幾個小時內，數位世界的大部分地區都遭到攻擊，被一名遙遠、身分不明的攻擊者勒索。隨之而來的損失高達八十億美元，但影響更嚴重。[3] WannaCry 的攻擊顯示，許多我們習以為常的機構，在面對複雜的網路攻擊時有多脆弱。

最終，英國的 NHS 及全世界幸運獲得解救。二十二歲的英國駭客馬庫斯‧哈欽斯（Marcus Hutchins）偶然發現了一個終止開關。他仔細檢查惡意軟體的程式碼時，發現一個看起來很奇怪的網域名稱。他猜測，那可能是蠕蟲命令與控制結構的一部分，他也發現那個網域尚未註冊。於是他花 10.69 美元買了那個網域，在微軟推出修復漏洞的更新程式之前先下手為強，控制住那隻電腦蠕蟲。

也許 WannaCry 最不尋常的一點在於，它究竟是從哪裡來的。WannaCry 是使用美國國安局（NSA）開發的技術寫出來的。國安局的精英部門為「特定讀取行動辦公室」（Office of Tailored Access Operations）開發了一種名為 EternalBlue 的網路攻擊工具。套用某位美國國家安全局人員的說法，這是「通往王國的鑰匙」，用來「破壞國內外許多主要政府與企業網路的安全」。[4]

這種由全球技術最先進的組織之一所開發出來的強大技術，是怎麼被一群駭客取得的？誠如微軟當時所言：「這就好像美國軍方的戰斧巡弋飛彈被偷了一樣。」[5] 與戰斧巡弋飛彈不同的是，國安局的數位武器可以悄悄存進隨身碟裡。竊取這項技術的駭客是一個名為「影子掮客」（Shadow Brokers）的組織。他們把 EternalBlue 放到市場上出售，結果 EternalBlue 很快便落入北韓駭客的手中。那些北韓駭客可能來自國家支援的網路部門「121 局」（Bureau 121），他們把 EternalBlue 推向了世界。

儘管微軟迅速推出修補程式，但 EternalBlue 外洩的餘波並未結束。2017 年 6 月，這種武器的另一個新版本出現了，專門攻擊烏克蘭的國家基礎設施。這次襲擊很快就被發現是俄羅斯的軍事情報機構所為。NotPetya 網路攻擊幾乎使烏克蘭全國陷入停擺。車諾比（Chernobyl）的輻射監測系統斷電，自動提款機無法領錢，手機無法通話，烏克蘭 10％的電腦都被感染了，從電網到烏克蘭國家儲蓄銀行（Ukrainian State Savings Bank）等基礎設施都全數癱瘓。大型跨國公司也連帶受損，動彈不得，例如航運巨擘快桅（Maersk）。

這是一個與技術有關的現代寓言。技術領先國家的安全部門所開發的軟體遭竊或外洩，技術落入數位恐怖分子手中，恐怖分子又為全世界最惡劣又善變的核武大國效勞。結果，技術被武器化，被拿來對抗當代國家的核心結構：醫療、運輸、電力基礎設施，以及全球通訊與物流等基本事業。換句話說，一個全球超級大國開發出強大且理當安全的技術，卻因為根本上的駕馭失敗，而成為那項技術的受害者。

這是無法駕馭的不對稱實例。

幸好，上述勒索軟體的攻擊依賴的是常規的網路武器，而不是依賴新興浪潮的特徵，所以它們的威力與潛力有限。民族國家受到輕傷，但沒有嚴重受創。然而，下次襲擊只是時間早晚的問題，而不是會不會發生的問題。但下一次，我們可能就沒那麼幸運了。

由於關鍵系統遭 WannaCry 之類的攻擊後迅速恢復，大家很容易以為，網路攻擊的效果並不如我們想像的那麼有效。然而，在即將到來的浪潮中，這種假設大錯特錯。那樣的攻擊顯示，有人會使用尖端技術來降低及破壞關鍵的國家功能，也就是說，現代生活的核心制度相當脆弱。最後是靠一家私人企業（微軟）修補了這個系統性的弱點，才得以解決。這次襲擊並沒有把國家放在眼裡，政府在處理危機方面，作用微乎其微。

現在想像一下，如果 WannaCry 背後的駭客沒有意外地留下漏洞，而是設計了一個可以系統化了解自身漏洞、並持續修復漏洞的程式。想像一下，如果這個勒索程式在攻擊的過程中持續進化，可以利用其他系統缺點，進一步擴大攻擊。想像一下，它開始在每家醫院、每間辦公室、每戶住家中移動，不斷變異、不斷學習。它可以攻擊維生系統、軍事基礎設施、交通訊號、電網、金融資料庫。隨著電腦蠕蟲的傳播，想像一下，這個程式學會偵查並阻止想要關閉它的企圖。這種武器就算尚未研發出來，也可能在不久的將來問世。

與構成下一代網路武器的各種通用學習程式相比，WannaCry與 NotPetya 的威力有限。下一代的網路武器可能會帶來國家緊急狀態 2.0。今天的網路攻擊算不上真正的威脅，它們有如煤礦坑裡的金絲雀，預告著一個脆弱與不穩定的新時代，削弱了民族國家身為唯一安全保障者的角色。

這為先進技術如何侵蝕國家結構提供了一個明確、迫在眉睫的例子。在本章中，我們將研究這種現象及其他各種壓力來源如何侵蝕管理技術的基礎設施。這些脆弱放大因子、系統衝擊以及新型態的緊急狀況將大幅加劇現有的挑戰，動搖國家的基礎，擾亂已經岌岌可危的社會平衡。某種程度來說，這是一個有關誰可以做什麼的故事，探討權力以及究竟誰握有權力。

# 權力成本驟降

權力是「以特定方式做某事或採取行動的能力……指引或影響他人行為或事件進程的能力」。[6] 權力是支撐文明的動能，是國家的基石與核心要素。各種形式的權力塑造著生活的一切，而且它也即將出現轉變。

技術最終是政治性的，因為技術是一種權力形式。或許新技術浪潮最重要的特徵是，它將把權力的取得民主化。誠如本書 PART II 所述，它將使人能夠在現實世界中**做事**。我是這樣想的：就像處理及傳播資訊的成本在消費者網路時代大幅下降一樣，在下一波浪潮中，實際去做某事、採取行動、行使權力的成本也將大幅下降。雖然知識很強大，但做事的影響力遠比知識更大。

任何人都可以**製作**專家級的影片、圖像、文本內容，而不止是**讀取**內容。AI 不僅能幫你找到發表伴郎感言所需的資訊，還能幫你**寫講稿**，而且是以前所未有的規模執行。機器人不再只會製造汽車及整理倉庫，只要有一點時間與想像力，每個喜歡在車庫裡敲敲打打的人都可以使用機器人來當幫手。過去的浪潮使我們能夠為 DNA 定序或讀取 DNA；即將到來的浪潮將讓 DNA 合成遍地開花。

今天無論權力在哪裡，它都將會放大。任何有目標的人──也就是說每個人──在實現目標的過程中，都會得到很大的協助。修改商業策略、為在地社區舉辦社交活動，或占領敵方領土都會變得更容易。成立一家航空公司或停用一支機隊，也變得更容易達成。無論是商業、宗教、文化、軍事，民主還是專制，你能想到的任一種動機，都將因為成本更低的權力唾手可得而顯著增強。

如今，無論你再怎麼富有，你就是買不到比數十億人買得起的手機還要強大的智慧型手機。這是文明的非凡成就，卻經常遭到忽視。在接下來的十年裡，ACI 的取得也會依循同樣的趨勢。數十億人很快就會有大致平等的機會，接觸到最好的律師、醫生、策略家、設計師、教練、行政助理、談判者等等。每個人都會有一支專屬的世界級團隊，在身邊支援。

這將是人類歷史上最強大、最迅速的財富與繁榮加速器，但也是最混亂的一個。如果每個人都能取得更多的能力，顯然存心不良的人也在其中。隨著技術的發展速度比防禦措施還快，從墨西哥販毒集團到北韓駭客等不良分子都得到了一劑強心針。技術全民化的意涵，就是風險也勢必跟著全民化。

我們即將跨過人類歷史上的重要關口。這是民族國家未來十年必須面對的問題。在本章中，我們將逐一探討即將到來的浪潮放大脆弱性的一些關鍵例子。首先，我們將更深入了解近期的風險：不良分子將如何發動新的攻擊行動。這種襲擊可能致命、可能遍布各個領域，此外，即使有人展開大規模的攻擊，也可以無罪脫身。

# 帶槍的機器人：攻擊主力

2020 年 11 月，穆赫辛·法克里扎德（Mohsen Fakhrizadeh）是伊朗核武計劃的首席科學家與關鍵人物。他愛國、敬業、經驗豐富，是伊朗對手的首要目標。他深知自己有人身風險，在伊朗安全部門的協助下，隱藏了自己的行蹤與動向。

法克里扎德的車子穿插在戒備森嚴的車隊裡，行駛在一條塵土飛揚的道路上，開往他位於裏海附近的鄉間別墅。突然間，他的座車戛然而止，遭到一連串子彈擊中。法克里扎德受了傷，跌跌撞撞地從車裡爬出來，慘遭第二次機關槍掃射，中彈身亡。他的保鏢是伊朗革命衛隊（Revolutionary Guard）的成員，他們忙著搞清楚究竟發生了什麼事，槍手在哪裡？幾分鐘後，爆炸發生了，附近的一輛皮卡車起火燃燒。

然而，那輛車上，除了一把槍以外，裡頭空無一物。那天地面上毫無刺客的蹤影。套用《紐約時報》（New York Times）一篇調查報導的說法，這是「一種高科技、電腦化神槍手的首次測試，這個神槍手配備了 AI 與多個攝影鏡頭，透過衛星操作，能夠每分鐘發射六百發子彈」。[7] 它安裝在一輛裝有攝影機、看似無害的皮卡車上，車子刻意停靠在那附近。那是以色列特務組裝的一種機器人武器。有人授權這次襲擊，但 AI 負責自動調整機關槍的瞄準目標。它只打了十五發子彈，不到一分鐘，就殺死了伊朗最受矚目、受到最嚴密保護的人之一。至於後來的爆炸，不過是企圖湮滅證據的失敗之舉。

　　法克里扎德遭到暗殺的事件預示著未來的狀況。更先進的武裝機器人將進一步降低施展暴力的障礙。網路上很容易找到最新一代機器人的影片，例如 Atlas、BigDog。影片中有粗壯、長相奇怪的人形機器人，以及像狗一樣的小機器人，在障礙賽道上蹦蹦跳跳。奇怪的是，它們看起來不太平衡，卻似乎永遠不會跌倒。它們以不可思議的動作穿過複雜的地貌，看似笨重的框架永遠不會倒下。它們會後空翻、跳躍、旋轉、變戲法。要是你推倒它們，它們會冷靜又若無其事地站起來，而且準備好一次又一次重複之前的動作，令人毛骨悚然。

　　現在想像一下配有臉部辨識、DNA 定序等功能，以及自動武器的機器人。未來機器人的外型可能不是蹦蹦跳跳的機器狗。它們在進一步縮小後，可能只有鳥或蜜蜂的大小，配備著小型槍支或一小瓶炭疽桿菌。任何想要擁有它們的人可能很快就能取得。新技術萬一落入不良分子的手中，就是這種光景。

***

過去十年間，軍用無人機的成本下降了一千倍。[8] 到 2028 年，每年在軍用無人機上的花費將達到 260 億美元。[9] 屆時，許多無人機可能是完全自主的。

如今自動無人機的即時部署變得愈來愈可行，例如 2021 年 5 月，加薩就有人用 AI 無人機群來找出、辨識、攻擊哈瑪斯的武裝分子。[10] Anduil、Shield AI、Rebelion Defense 等新創公司已經募集了數億美元，來建構自主無人機網路以及其他 AI 軍事應用。[11] 3D 列印與先進行動通訊之類的配套技術，將把戰術無人機的成本降到幾千美元，使業餘愛好者、準軍事人員，到孤獨的精神變態，人人都買得起。

AI 強化的武器除了更容易取得，還會即時自我精進。WannaCry 的影響最終比它原本可能產生的影響有限得多。一旦載入修補程式，當下的問題就解決了。但 AI 轉變了這種攻擊，AI 網路武器將持續探測網路，自主調整、尋找漏洞並攻擊那個漏洞。現有的電腦蠕蟲就是利用一套固定的預設程式來自我複製。

但是，萬一有一種蠕蟲可以透過強化學習來精進自我，透過每次網路互動來實驗性地更新程式碼，每次都能找到愈來愈有效的方法以利用網路漏洞，那該怎麼辦？就像 AlphaGo 這樣的系統可以從數百萬回自我對奕的棋局中學到意想不到的走法一樣，AI 輔助的網路攻擊也是如此。無論你如何模擬各種可能性，堅持不懈的 AI 勢必還是會發現某個微小的漏洞。

從汽車與飛機，到冰箱與資料中心，一切事物都得依賴龐大的程式庫。未來的 AI 技術將使辨識漏洞及攻擊漏洞變得比從前更容易。它們甚至可以找到破壞公司或其他機構的法律或金融手段，找到銀行監管或技術安全協定中的隱藏缺陷。誠如網路安全專家布魯斯‧施奈爾（Bruce Schneier）所言，AI 可以分析世界各地的法規，找到漏洞，然後合法鑽漏洞。[12] 想像一下，一家公司的大量檔案外洩了。法律 AI 可以在各種法律制度的背景下分析這些檔案，找出每一種可能的違規行為，然後同時在不同的國家對該公司提起多起訴訟，打擊該公司。AI 可以開發自動化交易策略來打擊競爭對手的地位，或發起假資訊戰（下一節會深入說明），策劃銀行擠兌或產品抵制，讓競爭對手能夠突襲並收購該公司，或冷眼旁觀任它倒閉。

AI 不僅擅長利用金融、法律或通訊系統，也擅長利用人類的心理、弱點與偏見。Meta 研究人員開發的 CICERO 程式就很擅長玩複雜的桌遊《強權外交》（Diplomacy），那個遊戲需要靠欺騙與暗算來制定複雜的長期策略。[13] 它顯示 AI 如何幫我們規劃、合作，也顯示 AI 如何發展心理戰術來獲得信任與影響力，並以驚人的準確度來解析及操縱我們的情緒與行為。這種技巧在贏得《強權外交》或競選活動及推動政治運動方面相當實用。

AI 的學習與調適能力是讓 AI 如此強大及令人振奮的原因，但隨之而來的風險也愈來愈大，因為不良分子運用 AI 來攻擊關鍵國家功能的可能空間也增加了。

幾百年來，先進的進攻能力（如集束火炮、海軍舷側炮、坦克、航空母艦或洲際彈道飛彈）起初都很昂貴，只有民族國家負擔得起。如今，它們飛快發展，迅速擴散到研究實驗室、新創企業、業餘愛好者的手中。就像社群媒體的一對多廣播效應讓一個人可以突然對全球廣播一樣，當今每個人都有能力採取影響深遠的行動。

由於現代系統有緊密相連、脆弱等性質，這種新動態為不良分子提供了新的攻擊媒介，讓他們更大膽採取攻勢：不止是攻擊一家醫院，而是攻擊整個醫療體系；不止是攻擊倉庫，而是攻擊整個供應鏈。有了致命的自主武器，無論是從物質、還是從人力的角度來看，發動戰爭與發動攻擊的成本都比以往還低。與此同時，這一切也使人更容易推諉塞責、含糊其辭，削弱威懾的效果。既然沒有人能確定是誰發動了攻擊，或確切發生了什麼事，直接攻擊又何妨？

一旦非國家與不良分子有能力濫用新技術，國家的核心主張之一就被削弱了：為公民提供安全保護傘的表像受到嚴重的破壞。[14] 提供安全與保障是民族國家的根本責任，而不是可有可無的附帶效益。各國大體上都知道如何因應法律與秩序問題，或因應敵國的直接攻擊，但這些新挑戰比那些問題更含糊、更難以捉摸、更不對稱，模糊了領土與權限歸屬的界限。

如果一個國家無法做到提供安全的基本承諾，它如何維持人民的信心，維護大協議？它如何確保醫院持續運轉，學校持續開放，燈火持續通明？如果國家無法保護你和家人，那麼守法與歸屬感還有什麼意義？如果我們覺得家庭用電、交通工具、供暖的能源網路、個人的日常安全等基本要素正在分崩離析，而我們或政府都對此無能為力，那麼這個體系的基礎正逐漸遭到摧毀。如果這個國家是以新的戰爭形式開始的，也許它也會以同樣的方式結束。

縱觀歷史，技術在進攻與防守之間一直呈現一種微妙的拉鋸戰。鐘擺在兩者之間擺盪，但大致維持平衡：每當開發出新的炮彈或網路攻擊武器，很快就會出現一種強而有力的對策。例如，大炮可能突破城堡的城牆，但也可以用來擊退進攻的軍隊。如今，強大、不對稱、全能的技術肯定會落入那些想要破壞國家的人手中。雖然防禦行動最終會迎頭趕上，但目前技術的四大特徵對進攻方比較有利：這些技術的傳播太廣泛、太迅速、太開放了。一種可轉變世界的演算法，如今可以儲存在筆記型電腦上，不久後它甚至不需要上一波浪潮與網際網路那種大規模、可管理的基礎設施。與箭矢或甚至高超音速飛彈不同，AI 與生物製劑的演化將比我們見過的任何技術更便宜、更快、更自主。因此，如果沒有重大的干預來改變目前的發展軌跡，數百萬人將在幾年內輕易取得這些能力。

在如此廣泛的通用技術範圍內，無限維持明確的策略優勢是不可能的。雖然最終有可能重建平衡，但一定會先經歷過一段強烈的不穩定。此外，我們也看到，這種威脅的性質比直接的實體攻擊廣泛得多。資訊與通訊的結合本身就構成愈來愈大的風險，是另一個放大脆弱性的新興因素，亟需關注。

歡迎來到深度偽造的時代。

# 造假機器

在印度 2020 年的地方選舉中，印度人民黨（Bharatiya Janata Party）德里分部的主席馬諾吉・蒂瓦里（Manoj Tiwari）被人拍到用英語與當地的印地語發表競選演講。那兩個版本的影片不管是看起來、還是聽起來都很真實。[15] 影片中，他展開攻擊，指控對手政黨的領導人「欺騙了我們」。但印地語版的影片其實是深偽版本，是一種新型的 AI 合成媒體，由某家政治傳播公司製作，以便候選人接觸到難以觸及的選民。由於大家對虛假媒體的認識有限，許多人以為那是真的。深偽影片背後的公司表示，那是該技術的「正面」運用，但是對任何清醒的觀察者來說，這起事件預示著政治傳播進入一個危險的新時代。在另一起廣為人知的事件中，美國眾議院院長南西・裴洛西（Nancy Pelosi）的影片遭到重新剪輯，使她看起來彷彿生病了。[16] 那段剪接影片在社群媒體上廣為流傳。

問問你自己，一旦任何人都有能力創造及傳播極其逼真的內容，會發生什麼事？上述例子發生之際，生成了近乎完美的深偽內容（無論是文本、圖像、影片還是音訊），還不像在 Google 上輸入關鍵字搜尋那麼簡單。誠如第 4 章所述，LLM 如今在生成合成媒體方面已經出現驚人的進展。深偽與傳統媒體根本難以區別的世界已經來了。這些偽造的東西逼真到我們的理性思維難以接受它們不是真的。

深偽正迅速擴散。如果你想看湯姆・克魯斯（Tom Cruise）正準備與鱷魚搏鬥的逼真假影片，這種影片真的可以做得出來。[17] 隨著技術的進步，模仿一般人變得更容易，只需要輸入幾個例子去訓練系統就行了。這種事情已經發生了。2021 年，香港一家銀行因其客戶遭到深偽冒充，而轉帳數百萬美元給詐騙者。[18] 詐騙者的聲音聽起來和真正的客戶一模一樣，詐騙者致電給銀行經理，說公司需要為收購案動用資金。由於所有的文件看起來都沒問題，聲音與其他特質又逼真到難辨真偽，銀行經理就把錢轉過去了。[19]

任何有意製造不穩定的人，現在更容易達成目的。比方說，選前三天，總統被拍到講出種族歧視的言論。競選總部極力否認，但每個人都知道他們看到了什麼。舉國民怨沸騰，民調支持率暴跌，搖擺州的選情突然往對手傾斜，結果對手出乎意料贏了選戰，新政府上台掌權。但那支影片其實是深偽造假的，而且製作得非常細膩，連最好的偵偽神經網路都沒有辨識出來。

深偽的威脅不在於極端的情況，而在於它把微妙、細膩、看似合理的情景加以誇大及扭曲的能力。真正的威脅並不是描述總統衝進一所學校，一邊胡說八道一邊扔手榴彈，而是描繪總統無可奈何地表示，他別無選擇，只能制定一套緊急法規或恢復徵兵。[20] 真正的威脅不是媲美好萊塢的影片特效，而是據稱監視錄影機拍下了影片，內容是一群白人警察將一名黑人毆打致死。

激進傳教士安瓦爾・奧拉基（Anwar al-Awlaki，注：葉門裔伊斯蘭教士，同時為基地組織葉門分支的首領）的布道影響了波士頓馬拉松爆炸案、巴黎《查理週刊》（*Charlie Hebdo*）的襲擊者，以及在奧蘭多夜店殺害四十九人的槍手。然而，奧拉基早在 2011 年就死了，他是第一位死於美國無人機襲擊的美國公民，死亡的時間比上述事件還早，但直到 2017 年，他的激進言論仍可在 YouTube 上看到。[21] 想像一下，利用深偽技術捏造奧拉基的新影片，每支影片搭配精心設計的話術，呼籲信眾做更精準的攻擊。雖然不是每個人都會相信這種造假的影片，但那些願意相信的人會覺得影片很有說服力。

不久的將來，這些影片將可以完全互動，而且極其逼真。[22] 你是直接和它說話，它了解你，適應你的方言與風格，利用你的歷史、你的個人恩怨、你在學校的霸凌行徑、你可怕的西化父母。這不是廣泛傳播的假資訊，而是像外科手術一樣精準的針對性假資訊。

針對政客或企業人士的網路釣魚攻擊；傳播假資訊來破壞或操縱金融市場；刻意造成社會分歧加劇（如宗派或種族緊張局勢）的媒體；甚至輕微的詐騙——這些行為都破壞了信任，進一步放大了社會的脆弱性。

最終，為看似真實的事件創造完整又豐富的合成敘事，將變得毫不費力。一般人將沒有時間與工具來驗證接收的部分內容。虛假內容將輕易通過複雜的檢查，當然更容易通過快速的直覺檢查。

# 國家支持的資訊攻擊

1980年代，蘇聯資助了一場假資訊的宣傳活動，聲稱愛滋病毒是美國生化武器計劃的結果。多年後，一些社群仍在因應這種宣傳所造成的不信任與後果。不過，這類活動並未停止。Facebook 發布的資料顯示，2016 年美國大選期間，俄羅斯的特務在 Facebook 上製造了八萬多則內容，影響了一億兩千六百萬美國人。[23]

AI 輔助的數位工具將加劇這種資訊操作，干預選舉，利用社會分歧，並精心策動網軍製造混亂。遺憾的是，不止俄羅斯製造這種問題[24]，目前有七十幾個國家展開假資訊戰[25]，中國正迅速趕上俄羅斯，其他國家（從土耳其到伊朗）正在發展這方面的技巧（美國中情局對於打資訊戰也不陌生）。[26]

在COVID-19疫情肆虐初期，大量的假資訊造成了致命的後果。卡內基梅隆大學的一項研究分析了第一次封城的高峰期間，討論COVID-19疫情的兩億多條推文。在主張「重新開放美國」的有影響力用戶中，有82％是機器人。[27] 這是精準型「宣傳機器」，很可能是俄羅斯弄的，目的是使這場百年來最嚴重的公衛危機更加惡化。

深偽技術使得這些資訊攻擊自動化。目前為止，有效的造假活動一直是勞力密集的。雖然機器人與假內容不難製作，但往往大多品質低劣、容易辨識真偽，而且在改變目標受眾的行為方面效果普通。

然而，優質合成媒體改變了上述情況。不是每個國家都有資金推動龐大的假資訊計劃，並設置專門的辦公室、雇用大批訓練有素的人員，但是未來當點擊按鈕就能生成逼真的內容時，那就不再是障礙了。即將到來的混亂大多不是偶然的。一旦現有的假資訊宣傳被顯著強化、擴大並分派給多種有動機的參與者，混亂就會隨之而來。

低成本合成媒體的大規模崛起，同時放大了虛假資訊（disinformation，惡意造假、故意誤導的資訊）與錯誤資訊（misinformation，對資訊空間造成更廣泛、非刻意的汙染），並導致所謂的「資訊末日」（Infocalypse）——指社會再也無法管理大量可疑的內容，於是以知識、信任、社會凝聚力為基礎的資訊生態系統開始分崩離析。[28] 誠如布魯金斯學會（Brookings Institution）的一份報告所述，當完美的合成媒體隨處可見，那將「扭曲民主對話，操縱選舉，破壞民眾對體制的信任，削弱新聞的影響力，導致社會分化加劇，危害公共安全，對名人（包括民選官員和公職候選人）的聲譽造成難以修復的損害。」[29]

然而，不是所有的壓力源與傷害都來自不良分子，有些是出於善意。脆弱性的放大可能出於偶然，也有可能是故意的。

# 實驗室外洩與無意造成的不穩定

這裡是全球最安全的實驗室之一，裡頭有一群研究人員正在實驗一種致命的病原體，沒人能確定接下來會發生什麼事。即使以後見之明來看，這項研究的相關細節也很少。可以肯定的是，在一個以保密與政府控制著稱的國家，一種奇怪的新疾病開始出現。

不久，這個疾病就在世界各地現身。在英國、美國，甚至更遠的地方都可以看到它的蹤影。怪的是，這似乎不是一種完全自然的菌株。菌株的某些特徵引發了科學界的擔憂，暗指該實驗室出了嚴重的狀況，並非自然事件。再不久，死亡人數開始增加。那個超級安全的實驗室看來並沒有那麼安全。

如果你覺得這個故事聽起來很耳熟，那可能跟你想的不一樣。這是 1977 年發生的疫情，名為俄羅斯流感（Russian flu）。病毒最早出現在中國，不久之後蘇聯也偵查到該病毒（H1N1 流感病毒），接著從那裡蔓延開來，據報導造成七十萬人死亡。[30] H1N1流感不尋常之處在於，它與 1950 年代爆發的流感病毒非常相似。[31]這種疾病對孩童的影響最大，可能顯示他們的免疫力比幾十年前的人還弱。

至於究竟發生了什麼事，眾說紛紜。是不是有什麼東西從永凍土層釋放出來了？是來自俄羅斯龐大又隱祕的生化武器計劃嗎？到目前為止，最佳解釋是實驗室外洩。早期病毒的某個版本可能在實驗室的疫苗實驗中不知怎的逃脫了。[32] 這場疫情是由立意良善的研究所致，研究本是為了預防流行病而做的。

　　生物實驗室受到全球標準的管控，理應可以防止事故發生。最安全的實驗室稱為生物安全第四等級（BSL-4）實驗室，代表研究最危險病原體的最高駕馭標準。所有設施都完全密封，人員必須透過氣閘進入。進出的一切東西都必須經過徹底的檢查。每個人都穿著壓力衣，所有離開的人都得通過出口淋浴區。所有的材料都要按照最嚴格的規定清除。任何可能刺穿手套或衣服的鋒利物體都是違禁品。在 BSL-4 實驗室裡工作的研究人員都受過專門的訓練，確保這些環境在生物安全方面是有史以來最可靠的。

　　然而，事故與外洩依然發生了。[33] 1977 年的俄羅斯流感只是其中一例。兩年後，炭疽芽孢從蘇聯某個祕密生化武器設施中意外釋放出來，產生了五十公里的疾病蹤跡，導致至少六十六人死亡。[34]

　　2007 年，設有 BSL-4 實驗室的英國皮爾布萊特研究院（Pirbright Institute）發生管道外洩，導致口蹄疫爆發，造成 1 億 4 千 7 百萬英鎊的損失。[35] 2021 年，費城附近某家藥廠的研究人員把天花取樣瓶留在一個沒有標記、沒有安全保護的冰箱裡。[36] 幸好，清理冰箱的人發現了那些取樣瓶，而且幸好那個人戴了口罩與手套。萬一病毒外洩，可能將釀成災難。天花絕跡之前，光是二十世紀，據估計就有三億至五億人死於天花，其繁殖率相當於傳染性更強的 COVID-19 菌株，但死亡率是 COVID 病毒的三十倍。[37]

　　SARS 病毒應該被保存在 BSL-3 的環境中，但它從新加坡、台灣、中國的病毒實驗室逃脫了。令人難以置信的是，它從北京的同一個實驗室逃脫了四次。[38] 犯下這些錯誤都是人之常情。新加坡的病毒外洩是因為一名研究生不知道實驗室裡有 SARS 病毒。台灣的病毒外洩是因為一位研究者對有害的生物廢棄物處理不當。北京的病毒外洩是因為病毒滅活不夠，而且是在非生物安全實驗室裡處理。這一切都發生在武漢實驗室出事之前。武漢有全球最大的 BSL-4 實驗室，是研究冠狀病毒的中心。

雖然 BSL-4 實驗室激增，但根據全球衛生安全指數（Global Health Security Index），其中僅四分之一的實驗室在安全方面得高分。[39] 1975 年到 2016 年，研究人員記錄了至少七十一起故意或意外接觸高傳染性與有毒病原體的事件。[40] 大多數是小事故，就算是最訓練有素的人，有時也會犯錯，例如針頭滑脫、打翻取樣瓶、實驗發生小錯等等。這裡肯定沒有列出所有外洩事件，因為很少研究人員會公開或及時通報事故。一項研究訪問生物安全主管，結果發現，他們大多從未通報所屬機構以外的事故。[41] 2014 年美國一項風險評估估計，十年間，十個實驗室發生「重大實驗室外洩」的機率是 91％，導致疫情的風險為 27％。[42]

任何東西都**不該**外洩。然而，病原體依舊一再外洩。儘管有些規定、技術、管控已經是最嚴格的，那些駕馭方法依然失敗了。抖動的移液管，刺破的塑膠片，或一滴溶液飛濺到鞋子上——這些都是駕馭失敗的具體例子，純屬意外偶然，而且以無可避免的頻率發生。然而，在人工合成生命的時代，這種風險帶來了事故的可能性。那些事故既可能成為巨大的壓力源，也可能釀成災難，我們將在 PART III 的稍後回頭談論這個議題。

━━━━━━━━━━

　　生物學中很少有領域像功能增益（gain-of-function，簡稱GOF）研究那樣有爭議。[43] 簡單來說，功能增益實驗是刻意把病原體改造得更致命或更具傳染性，或兩者兼具。自然界中，病毒的致命力與傳播力通常是一種取捨。病毒的傳播力愈強，致命力往往較低，但這種取捨關係不是絕對的。為了探索病毒同時變得更致命、傳播力也更強的可能性，並針對這種情況找出因應對策，有一種做法就是實際讓它發生。

　　這就是功能增益研究的用途。研究人員調查疾病的潛伏期，或病毒如何逃避疫苗的抵抗，或病毒如何在人群中無症狀傳播。這類研究已在伊波拉、H1N1 之類的流感、麻疹等疾病上進行。

　　這種研究通常可信且立意良善。約十年前，荷蘭與美國所做的禽流感研究就是一個很好的例子。[44] 這種疾病的死亡率高得驚人，但幸好它很難感染。研究人員想了解這種情況可能會如何改變，也就是說，這種疾病可能以什麼方式變成傳染力更強，於是他們利用雪貂來觀察這種情況可能怎麼發生。換句話說，他們使一種致命的疾病在原則上變得更容易感染。

　　然而，不難想像，這種研究可能會出錯。包括我自己在內的一些人認為，刻意改造病毒，或以這種方式讓病毒進化，有點像在玩弄核武觸發器。

功能增益研究可以說是充滿爭議。有一段時間，美國資助機構暫停了對相關研究的資助。[45] 然而，2019 年，這類研究又繼續進行了，這是典型駕馭失敗的實例。至少有一些跡象顯示，COVID 病毒有基因改變，而且從武漢病毒研究所的過往記錄到病毒本身的分子生物學，愈來愈多（間接）證據顯示，實驗室外洩可能是這次疫情的源頭。[46]

　　聯邦調查局與美國能源部都認為這是事實，但中央情報局並未對此表達立場。與之前的疫情不同，這次沒有人畜共通傳染的確鑿證據。[47] 然而，生物研究很可能已經導致數百萬人喪生，使世界各地的社會陷入停滯，造成數萬億美元的損失。2022 年末，波士頓大學一項國家衛生院（NIH）研究，把最初致命力較強的 COVID 菌株與傳播力較強的 Omicron 變體的棘蛋白結合在一起。[48] 許多人認為這項研究不該進行，但它還是做了，而且是由公共資金資助的。[49]

　　這並非不良分子把科技武器化，而是立意良善的人想改善大家的健康，卻造成意外的後果。這是強大工具擴散時出現的問題，犯下的錯誤造成「報復效應」展開；也是技術與現實相遇時，造成隨機、不可預見的混亂。一旦技術從設計與理論階段轉到現實世界的應用，即使立意良善，技術失控這種根本問題依然存在。

　　功能增益研究是為了保障世人的安全。然而，這些研究是在一個有缺陷的世界裡進行的，無可避免。在這種世界裡，實驗室會外洩，流行病會發生。無論武漢究竟發生了什麼事，那裡在做冠狀病毒研究而且導致病毒外洩的說法仍相當可信。實驗室外洩的歷史記錄不容忽視。

━━━━━━━━━

即將到來的浪潮將會帶來過多的報復效應,以及無意間造成的失敗模式。功能增益研究與實驗室外洩只是兩個特別明顯的例子。如果每個不合格的實驗室、甚至是隨機的生物駭客都能做這種研究,悲劇遲早會上演。這就是第 1 章提到的那場研討會所陳述的情境。

隨著任何技術的力量與傳播持續成長,失敗模式也會升級。飛機墜毀是可怕的悲劇,整個機隊都墜毀,那就更可怕了。我想在此重申:這裡的風險不在於惡意傷害,而是來自操作這個史上最強大的先進技術,而這些技術廣泛嵌入核心社會系統。實驗室外洩只是意外後果的一個典型例子,是駕馭問題的核心,可以與核反應爐熔毀或核彈頭遺失等災難性問題相提並論。類似的事故將會產生另一種無法預測的壓力源,導致系統多出另一個裂縫,加劇了系統的脆弱性。

然而,壓力源也可能以不太明顯的方式表現出來,不止是機器人襲擊、實驗室外洩或深偽影片等戲劇性事件,而是以緩慢而分散的過程來侵蝕基礎。古往今來,工具與技術的設計都是為了幫我們以更少的資源做更多的事情,每項工具與技術本身看起來都微不足道。然而,如果這些不斷提高的效率加乘起來的結果是這世界不再需要人類做很多事情,那會是什麼狀況?

# 自動化的爭論

我與人合創 DeepMind 以來的這些年來，AI 政策的辯論中，討論最多的話題一直是工作的未來，而且大家討論這個話題的程度，近乎已經過度飽和。

以下是最初的論點。往昔，新技術讓人失業，產生了經濟學家約翰・梅納德・凱因斯（John Maynard Keynes）所謂的「技術性失業」。凱因斯認為這是好事，生產力的提升讓人有更多的時間投入創新與休閒。技術相關的取代例子不勝枚舉。工廠導入電動織布機後，許多織布工失業了。汽車的普及，使得世人不再需要馬車製造商與馬廄。燈泡工廠蓬勃發展，導致許多蠟燭製造商紛紛破產。

一般來說，技術衝擊舊工作與產業之際，也會催生新的工作與產業。隨著時間的推移，這些新工作通常是服務業的角色以及認知型的白領工作。隨著鏽帶（Rust Belt，注：指美國自 1980 年代起工業衰退的一片地區）工廠關閉，世人對律師、設計師、社群網紅的需求大增。至少到目前為止，從經濟的角度來看，新技術並沒有真正取代勞力，而是總體上對勞力的補充。

但是，如果新的工作取代系統躍升到人類認知技能的層級，開始取代腦力活，導致勞力毫無用武之地，那會怎麼樣？如果即將到來的浪潮真像它看起來的那樣通用與廣泛，人類將如何與之競爭？如果 AI 可以更有效地完成絕大多數的白領任務，那會變成怎樣？未來只剩下少數幾個領域，人類的表現仍「優於」機器。我一直主張，這是比較可能出現的未來情境。隨著最新一代 LLM 的出現，如今我比以往更加確信，這是未來的發展方向。

這些工具只能暫時增強人類的智力，它們會讓我們在一段時間之內變得更聰明、更有效率，並釋出巨大的經濟成長，但它們根本上是在取代勞力。最終它們將比許多從事行政、資料輸入、客服（包括撥打與接聽電話）、寫電子郵件、起草摘要、翻譯檔案、創造內容、寫文案的人，以更有效率且更便宜的方式從事腦力活。面對大量超低成本的同類產品，這種「認知型體力活」存在的日子屈指可數了。

我們現在才剛開始看到這股新浪潮即將產生的影響。對 ChatGPT 所做的早期分析顯示，ChatGPT 在許多任務上，使「受過中等大學教育的專業人士」的生產力提高了 40%。[50] 這可能進一步影響人才招募決策：麥肯錫的一項研究估計，未來七年裡，超過一半的工作可能會看到許多任務由機器自動完成；到了 2030 年，將有五千兩百萬美國勞工面臨「中等程度的自動化風險」。[51]

經濟學家戴倫・艾塞默魯（Daron Acemoglu）與帕斯夸爾・雷斯特雷波（Pascual Restrepo）估計，機器人會導致在地的工人工資下降。[52] 每千名工人中，每增加一個機器人，就業人口比例就會下降，因此工資也會下降。如今，演算法執行大量的股票交易，並在金融機構中發揮愈來愈大的作用。[53] 然而，即使華爾街蓬勃發展，隨著技術擔負起愈來愈多任務，工作崗位將會變得愈來愈少。

許多人依然不相信這種預測。大衛・奧托（David Autor）等經濟學家認為，新技術會不斷增加收入，創造出對新型勞力的需求。[54] 技術讓公司提高生產力，獲利更多，那些錢又會流回經濟中。簡而言之，需求永無止境，這種需求在技術創造出來的財富推動下，會催生新的工作，那些新工作會需要人力投入。懷疑者指出，畢竟這十年來，深度學習的成功並沒有引發工作自動化的危機；有些人認為，那種擔心工作遭到取代的恐懼，只是以前那套「工作總量謬論」（lump of labor fallacy）重新上演。[55] 那套謬論錯誤地宣稱，工作數量是有限的。反之，他們設想的未來中，數十億人從事目前我們仍意想不到的先進工作。

我認為，這種樂觀的願景在未來幾十年不可能出現。自動化無疑是另一個放大脆弱性的因素。誠如第 4 章所述，AI 的進步速度遠遠超過指數級，而且看不到明顯的極限。機器正迅速模仿人類的各種能力，從視覺到語音和語言。即使「深度了解」方面沒有實質的進展，新的語言模型可以閱讀、合成、生成極其精確又實用的文本。光是這項技能，就是數百個工作角色的核心，未來 AI 還有更多的潛在技能可以發揮。

沒錯，我們幾乎可以肯定，未來將會創造出許多新的工作類別。

誰會想到「網紅」竟然會成為炙手可熱的角色呢？或者想像一下，2023 年，有人的職業可能是「提示詞工程師」——大型語言模型的非技術性設計師，擅長讓 AI 做出特定的反應。大家對按摩師、大提琴手、棒球投手的需求不會消失。但我最樂觀的猜測是，新工作的數量或出現的時間無法真正幫上忙。相較於裁員的規模，能夠拿到機器學習博士學位的人數仍然很少。當然，新的需求將會創造出新的工作，但新工作不見得都是由人類完成。

勞力市場在技能、地域、身分方面也有很大的阻力。[56] 試想，在上一波「去工業化」（deindustrialization）的浪潮中，匹茲堡的鋼鐵工人或底特律車廠的工人幾乎不可能直接搬家，在職涯中期學習新技能，然到在紐約找到一份衍生性商品交易員的工作，或在西雅圖找到一份品牌顧問的工作，或在邁阿密找到一份教職。即使矽谷或倫敦金融城創造了大量新的就業機會，那對該國另一邊沒有合適技能、或無法搬遷的人來說也沒有幫助。如果你的自我意識與某種工作結合在一起，一旦你覺得新工作貶低了你的尊嚴，工作可能就是痛苦的來源。

在配送中心從事零時契約（zero-hours contract，注：在零時契約關係下，雇主不保證最低工時，可根據公司需求安排工作，勞工也不必然接受公司指派。零時契約工無法享有病假薪酬、有薪休假等福利）的工作，無法提供 1960 年代為一家蓬勃發展的底特律汽車廠工作所帶來的自豪感或歸屬感。私營部門工作品質指數（Private Sector Job Quality Index）是衡量多少工作崗位的收入高於平均收入的指標。[57] 該指數自 1990 年以來持續下跌，表示高薪工作占總工作的比例已經開始下滑。

由於業務流程外包的風潮，印度、菲律賓等國的經濟蓬勃發展，電話客服中心等行業出現比較高薪的工作機會。然而，這類工作正是自動化取代的目標。長期來看，新的就業機會可能會出現，但對數百萬人來說，這些機會來得不夠快，也不會出現在合適的地方。

與此同時，就業衰退將減少稅收，對公共服務造成不利的影響，並在最需要社福計劃的時候，讓人懷疑社福計劃的可行性。就算是在就業機會大幅減少之前，政府也將捉襟見肘，難以履行所有承諾，也很難持久地為公共支出融資，提供大眾期待的服務。此外，這場動盪將在全球各地各個層面展開，影響處於各個發展階段的經濟體，從以農業為主的經濟體到擁有先進服務業的經濟體都無法倖免。從奈及利亞的拉哥斯（Lagos）到美國的洛杉磯，通往穩定就業的道路將受到廣泛、不可預測、快速變化的混亂所影響。

即使是那些沒有預測到自動化最嚴重後果的人也承認，中期來看，那可能導致重大的破壞。[58] 無論你站在就業辯論的哪一方，你很難否認，這影響將對數億人造成很大的不穩定，這些人至少需要學習新技能，過渡到新的工作類型。即使在樂觀的情境中，也有令人不安的政治後果，例如政府財政崩潰；民眾就業不足、沒有安全感又憤怒。

這是麻煩的預兆。在充滿壓力的世界中，這是另一個壓力源。

就像社群媒體一樣，勞力市場的混亂是放大脆弱性的因素，破壞了民族國家。這方面的初步跡象開始顯現，但就像 2000 年代末期的社群媒體一樣，影響的確切形式與範圍還不是很清楚。總之，即使後果還不明顯，並不表示我們可以忽視。

　　本章概述的壓力源（並非完整清單）包括新型攻擊與漏洞、假資訊的量產、致命的自主武器、實驗室外洩之類的事故、自動化的影響。這些因素在技術、政策、安全領域眾所皆知，然而，它們往往被孤立看待。在分析中，大家常常忽略，我們的體制面臨的所有新壓力，都源於同一場通用技術革命。這些壓力源將一起出現，相互作用，彼此強化。大家忽略了脆弱性的全面放大，因為這些影響往往看似逐步發生，而且又是在不同的領域內發生，但事實並非如此，它們源於一個連貫、相互關聯的現象，以不同的方式表現出來。現實遠比線性敘事所能表達的更加複雜、糾纏、突發、混亂，導致脆弱性放大，民族國家遭到削弱。

　　民族國家以前也曾經歷過一連串的動盪，但這次不同之處在於，通用革命不侷限於特定領域、特定問題、明確劃分的部門。通用革命顧名思義，是隨處可見的。能源成本、行動成本的下降不是只有不良分子或靈活的新創企業受惠，其影響範圍很廣，不止限於狹隘或有限的用途。

　　權力將在整個社會中被重新分配與強化。新興浪潮的「全能」性質，代表它會出現在我們世界的每個角落、每個層面、每個部門、每個事業、每個亞文化、團體或官僚機構。它會創造數兆美元的新經濟價值，同時也會破壞某些現有的財富來源。有些人因此能力大幅增強，有些人則會失去一切。軍事上，它賦予民族國家與民兵同樣的力量。因此，它不止是放大特定的脆弱性而已。從比較長遠的角度來看，它代表社會基礎的根本轉變。在這場重大的權力重分配中，原本已經很脆弱且日益惡化的國家遭到徹底的撼動，國家與民眾之間的大協議變得支離破碎，岌岌可危。

# 11 國家的未來
## The Future of Nations

## 馬鐙

乍看之下,馬鐙似乎沒什麼顛覆性。[1] 畢竟,馬鐙只是綁在皮帶與馬鞍上的三角形金屬,再簡單不過了。但仔細看,會看出不同的端倪。

馬鐙出現之前,騎兵的戰場影響力出奇有限。精心布置的防禦盾牆通常可以擊退騎兵帶頭的衝鋒,因為騎兵沒有固定在馬上,很容易受傷。手持長槍與大盾的士兵排成嚴密的隊形,即使是面對最強壯的騎兵,也可以讓他摔下馬。因此,當時馬匹的主要功能是把士兵載送至戰場。

馬鐙徹底改變了這一切。它把長槍與騎士固定在衝鋒的馬匹上,讓他們融為一體。這麼一來,長槍全數的力量成了馬與騎士結合起來的力量。擊中盾牌不再讓人落馬,而是穿破盾牌,刺向手持盾牌的敵軍。突然間,騎兵固定在馬上,重裝衝鋒,全速疾馳,揮舞長槍,成了壓倒性的突擊戰術,甚至可以打破最堅固的步兵防線。

這個微小的創新,使得勢力的平衡朝著進攻那方傾斜。馬鐙被引入歐洲後不久，法蘭克王國的軍事領袖查理・馬特（Charles Martel）就看出馬鐙的潛力。他利用馬鐙的摧毀力成功擊敗薩拉森人，將他們趕出法蘭克王國。但引進這些重裝騎兵部隊需要法蘭克社會做出很大的配套改變。馬又餓又貴，重裝騎兵更是需要長達數年的訓練。為此，馬特與其後繼者徵用了教堂的土地，培養出一支精英部隊。他們用新獲得的財富讓部隊養馬，讓他們有時間訓練，融入王國，後來也讓他們有錢可以買盔甲。這些精英戰士為了獲得新的財富地位，承諾運用這些武器為國王而戰，他們因此達成了另一項大協議。

隨著時間的推移，這項臨時協議發展成一套複雜的封建制度，規範了很多責任與義務；有一群人必須為封建領主效勞，還有龐大的農奴階層為領主工作。這是一個充斥著地產與頭銜、比武與學徒、鐵匠與工匠、盔甲與城堡的世界。文化中充滿了紋章意象與騎士勇氣的傳奇故事，成了整個中世紀時期主要的政治形式。

馬鐙這項發明看似簡單，卻引發了一場社會革命，改變了數億人的生活。這個小小的三角形金屬在建立一個涵蓋政治、經濟、戰爭、文化的體系方面發揮了作用，而這個體系塑造了歐洲近一千年的生活。馬鐙與封建制度的故事凸顯出一個重要的事實：新技術催生了新的權力中心，以及既賦予它們權力、又支持它們運作的新社會基礎設施。上一章曾提過，如今這種流程如何為民族國家帶來一系列直接的挑戰。但長遠來看，權力的成本暴跌可產生深遠的影響。這些技術－政治的轉變動搖了國家賴以生存的基礎。

雖然技術的小變化可以從根本改變權力平衡，但試圖準確預測未來幾十年的變化還是非常困難。指數級進化的技術放大了一切人事物，造成了看似矛盾的趨勢。權力既集中又分散，目前的當權者同時得以強化，也遭到削弱。民族國家變得更加脆弱，也更有可能濫用不受約束的權力。

回想一下，愈來愈多人獲得權力，也就代表每個人的權力都將放大。未來的幾十年裡，歷史模式將再次上演，新的中心將形成，新的基礎設施將發展，新的治理形式與社會組織將出現。與此同時，現有的權力中心將以不可預測的方式放大。有時我們讀到技術的相關文章時，會有一種振奮的感覺，覺得那股技術浪潮將席捲過去的一切，任何老牌企業或機構都將被捲走，無一倖存。我認為那不是真的。有些老牌企業或機構將被消滅，但許多企業或機構將會增強。電視可以傳播革命，但也可以幫忙抹去革命。技術可以強化社會結構與階級制度，可以控制它們，也可以顛覆它們。

在隨之而來的動盪中，若不大幅轉變焦點，許多開放的民主國家將會看到制度基礎持續衰落，國家的正統性與權威持續凋零。這形成一種迴圈模式，技術的擴散造成權力的轉移，權力的轉移削弱了基礎，降低了控制技術的能力，導致技術進一步傳播。與此同時，專制國家則是獲得了強大的新型鎮壓工具。

民族國家將同時承受強大的離心力與向心力，受到中央集權與分裂力量的拉扯。這是迅速通向混亂的途徑，大家會開始質疑決策是誰做的、怎麼做的；那些決定如何執行，是誰在何時何地執行。

這些質疑會為微妙的平衡與調解帶來壓力，把它們推向崩潰點。這種注定造成動盪的狀態，將創造出全新的權力集中與分散，從上到下分裂國家，最終將使世人對一些國家的生存能力產生懷疑。

套用政治學家溫迪‧布朗（Wendy Brown）的說法，這個無法治理的「後主權」世界，不止是短期充滿脆弱感而已。[2] 那是一種長期的總體趨勢，邁向持續數十年的嚴重不穩定。這種情況產生的第一個結果是，權力與財富將出現大規模的新集中，導致社會重組。

# 集中：智慧的複合報酬

從蒙古人到蒙兀兒人，一千多年來，亞洲最強大的力量是傳統的帝國。到了 1870 年，情況變了。亞洲最強大的力量其實是一家私人公司，由少數股東所有，幾千英里外的城裡，幾名會計師與管理者在某座只有五扇窗戶寬的大樓中，經營著這家公司：英國東印度公司。

十九世紀初，英國東印度公司控制了印度次大陸的大片地區。它統治的土地與人口比整個歐洲還多，它也收稅、制定法律。它指揮著一支訓練有素的常備軍，軍隊多達二十萬人，是英國本土軍隊的兩倍。它也管理著全球最大的商業艦隊。它的軍力比亞洲任何一個國家還強大。它的全球貿易關係是許多事件的根本，從香港殖民到波士頓傾茶事件都與它息息相關。它的關稅、稅收、獲利對英國的經濟非常重要，當時，英國至少有一半的對外貿易是透過英國東印度公司進行的。[3]

　　這顯然不是一家普通的公司。事實上，它是一種帝國。從現代的角度來看，很難想像一家這樣的公司。我們並沒有朝著新殖民主義的東印度公司 2.0 前進。但我確實認為，我們必須正視一些董事會所擁有的巨大權力與影響力，它們不僅影響那些塑造當今文化與政治的微妙力量與選擇架構，更重要的是，它們也影響未來幾十年的走向。他們可說是某種帝國，而且即將到來的浪潮將使它們的規模、影響力、能力急遽擴大。

　　大家常喜歡比較 AI 與真人完成某項任務的能力，藉此衡量 AI 的進步。研究人員談論 AI 在語言翻譯或駕駛之類的現實任務中，表現優於人類。但這些討論忽略了一點：世界上最強大的力量，其實是由個人組成的**群體**，他們為實現共同的目標而相互協調。組織也是一種智慧。[4] 公司、軍隊、官僚機構，甚至市場——這些都是人工智慧，它們聚合、處理大量的資料，為了特定目標而自我組織、建立機制來實踐目標。事實上，機器智慧比較像一個龐大的官僚機構，而不是人類的大腦。當我們談論像 AI 這種對世界產生巨大影響的東西時，我們應該謹記，上述那些老式的人工智慧影響有多深遠。

　　如果經營一家公司或一個政府部門所需的許多（也許是多數）任務，都能由機器更有效率地完成，那會發生什麼事？誰會從這些動態中率先受益，他們可能用這種新力量做什麼？

在我們這個時代，超大企業的市值高達數兆美元，資產規模在任何意義上都超過了許多國家。以蘋果為例，它生產了人類有史以來最美、最有影響力、最廣泛使用的產品。iPhone 根本是天才發明。全球有超過十二億人使用蘋果的產品，蘋果從它的成功中理所當然地獲得了可觀的報酬。2022 年，蘋果的市值超過了英國富時100 指數（FTSE 100）的成分股公司**加總起來**的市值。蘋果的帳上有近 2 千億美元的現金與投資，還有一群深深融入其生態系統的死忠顧客，所以它似乎處於有利的地位，可以利用這股新浪潮。

同理，來自世界不同行業與地區的多種服務，也被整合到一家企業的旗下：Google。地圖與定位服務、評論與企業清單、廣告、影片串流、辦公工具、日曆、電郵、照片儲存、視訊會議……無一不包。大型科技公司為各種活動——從籌劃生日派對到經營數百萬美元的企業——提供工具。在現實世界中，能對這麼多人的生活產生如此深遠與廣泛影響的唯一類似組織是各國政府。這種現象可以稱為「Google 化」（Googlization）：免費或低價提供多種服務，使單一組織在功能上支援經濟與人類體驗的許多部分。

想了解這種集中度，可以思考一下財星全球五百大企業合起來的總收入，已經占全球 GDP 的 44％。[5] 它們的總獲利只比全球前六大國家的年度 GDP 還低。企業已經控制了最大群的 AI 處理器、最好的模型、最先進的量子電腦，以及絕大多數的機器人能力與智慧財產權。[6] 與火箭、衛星、網際網路等技術不同的是，走在這波浪潮最尖端的是企業，而不是政府組織或學術實驗室。以下一代技術來加速這個流程，企業力量主導的未來似乎不是那麼非比尋常。

今日「超級明星」效應已經很明顯，而且正在加速。[7] 主要參與者在這塊大餅中分到的比例愈來愈大。全球前五十大城市囊括了最大比例的財富與企業權力（45％的大企業總部，21％的世界GDP），雖然它們的人口只占世界的8％。全球前10％的公司，拿走了總獲利的80％。即將到來的浪潮可能進一步推動這個趨勢，催生愈來愈富有、愈來愈成功的超級明星——無論是地區、產業、公司，還是研究團體。

我認為，我們將看到一群私營公司的規模與影響範圍超過許多民族國家。以南韓三星集團那樣龐大的企業帝國所產生的巨大影響力為例，這家企業在近一個世紀以前成立，起初只是一家麵店。韓戰後，三星變成一家大型企業集團。1960年代與70年代，隨著韓國經濟成長加速，三星處於經濟成長的核心，不僅是一家多元的製造業巨擘，在銀行與保險業也是主要參與者。南韓的經濟奇蹟是三星創造的奇蹟。到了這個時點，三星已經是南韓最大的財閥（泛指一小群在南韓主導經濟的大公司）。

智慧型手機、半導體、電視是三星的專長。但人壽保險、渡輪營運、主題公園也是三星的專長。三星的職涯深受南韓人的吹捧。三星集團的收入占南韓經濟的20％。對當今的南韓人來說，三星幾乎就像一個平行政府，人民生活的各個方面都與三星脫離不了關係。由於利益緊密糾葛，企業與政府的醜聞不斷，國家與企業之間的權力平衡既不穩定又模糊。

　　三星與南韓的例子算是異數，但這種情況可能不會持續太久。隨著那些通常屬於政府管轄範圍的能力日益集中（例如教育、國防，甚至貨幣或執法），那些領域可能很快就會由新一代的公司提供服務。舉例來說，eBay 與 PayPal 的爭議解決系統每年處理大約六千萬起糾紛，是整個美國法律體系的三倍。其中 90％的爭議只使用技術解決，未來這樣的發展會愈來愈多。[8]

　　技術已經催生了一種新型的現代帝國。即將到來的浪潮迅速加速了這個趨勢，把龐大的權力與財富交到那些創造及控制技術的人手中。新的私營實體將開始填補傳統上由政府扮演的角色，政府現在已經捉襟見肘，承受龐大的壓力。這個過程不會像東印度公司那樣靠武力達成，但它會像東印度公司那樣，創造出規模、影響力、權力與政府旗鼓相當的私營公司。那些有現金、專業、配銷管道以利用新浪潮並大幅提升智慧、同時擴大影響力的公司，將會獲得巨大的收益。

　　在上一波浪潮中，東西開始數位化，實物商品轉變為服務。你不再購買軟體或 CD，而是改用串流。你預期使用 Google 或蘋果的產品會自動附贈防毒軟體與安全軟體。產品會故障、過時，但服務比較不會，服務既流暢又好用。公司非常希望你訂閱它們的軟體生態系統，定期付費對企業來說相當誘人。所有的大型科技平台要麼主要是做服務業，不然就是有非常龐大的服務事業。蘋果有 App Store，儘管它主要是銷售裝置；亞馬遜雖是全球最大的實體商品零售商，但它也為商家提供電子商務服務，為個人提供影片串流服務，並在雲端事業 Amazon Web Services（AWS）上提供許多網路服務。

隨處可見，技術加速了這種數位化，它藉由提供持續的消費服務、而非傳統的一次性購買產品，來幫消費者減少複雜性。無論是優步、DoorDash、Airbnb 這樣的服務，還是 Instagram、TikTok 這種開放發布平台，超大企業的發展趨勢不是參與市場，而是成為市場；不是生產產品，而是經營服務。現在的問題變成，還有哪些東西可以變成服務，並把它整合到這些超大公司現有的事業組合中？

我預測，幾十年後，多數實體產品將看起來像服務。零邊際成本的生產與配銷將促成這點。[9]以後幾乎所有的東西都會移到雲端，低程式碼開發（low-code）與無程式碼開發（no-code）的流行、生物製造業的興起、3D 列印熱潮，將會推動這個趨勢。當你把新興浪潮的所有方面結合起來（從 AI 的設計、管理、物流能力，到量子運算促成的化學反應建模，再到機器人的細膩組裝能力），就會得到生產方式的根本變革。

未來，包括食品、藥品、家居用品在內的各種東西，都可能在使用地點或附近，靠 3D 列印或由生物生產，或以原子精密地製造出來。這個過程將由先進的 AI 管理，顧客使用的是自然語言，與 AI 流暢地合作，生產所需的東西。也就是說，你只要購買執行程式碼，讓 AI 或機器人來完成任務或生產產品。沒錯，這樣講簡化了許多複雜性，而且目前距離那樣的境界還很遙遠。然而，展望未來，這種情況顯然是可行的。即使你不完全相信這裡的論點，這些力量似乎將導致全球經濟供應鏈的重大轉變以及新的價值集中，無可避免。

滿足對廉價及流暢服務的需求通常需要規模（在晶片、人力、安全、創新方面的大規模前期投資）。這有利於集中化，也會加速集中化。在這種情況下，市場上只會出現少數幾個龐大的實體。它們的規模與影響力將開始與傳統國家匹敵。更重要的是，擁有最好系統的公司可以獲得顯著的競爭優勢。[10] 我剛才提到的那些大型集中化的新浪潮公司會變成怎麼樣呢？它們最終可能比過去的企業更大、更富有、更穩固。

系統在各個部門之間推廣得愈成功，權力與財富就愈會集中到系統擁有者的手中。那些有資源以最快速度發明或採用新技術的公司（例如那些能通過新版圖靈測試的公司），將享受迅速複合成長的報酬。他們的系統有更多的資料和「現實世界的部署經驗」，因此運作得更好，推廣得更快，而且獨占優勢，可吸引最優秀的人才來打造它們。這種動態可能會導致無法逾越的「智慧鴻溝」。當一個組織顯著超過其他組織，它可能會變成收入來源，最終成為無與倫比的權力中心。如果進步達到完全 AGI 或量子霸權的水準，可能會為新進者、甚至政府帶來重大的挑戰。

無論結局如何，未來將由已經很強大的業者掌握前所未有的權力與能力。他們無疑會利用這些力量來擴大自身的影響力，推進他們的目的。

這種力量的集中，將讓自動化的超大型企業把價值從人力資本轉移到原始資本。把集中所造成的所有不平等加在一起，將導致現有的裂縫再次加速深化。這也難怪有人會談論由技術驅動的新封建主義，這是對社會秩序的直接挑戰，其基礎超越了馬鐙之類的歷史創新。[11]

總之，智慧的報酬將呈指數級成長。從前我們稱為組織的少數幾個 AI，將從新的能力集中中受益匪淺——這可能是目前為止最大的能力集中。這個過程會把人類成功的關鍵重新創造成工具，可以在各種情況下重複應用，這是一項重大的成就。企業與官僚機構都將積極尋求及利用這些工具。至於這些實體的治理、它們與國家的互動、對國家的影響與潛在的轉變，仍是懸而未決的問題，但它們對國家所構成的挑戰似乎是肯定的。

不過，這種權力集中的影響不僅限於企業。

# 監控：威權主義的動力

相較於超級明星公司，政府顯得遲緩、臃腫、脫離現實。世人很容易鄙視政府，覺得政府將被歷史遺棄。然而，民族國家另一種無可避免的反應，是利用新興浪潮的工具來加強對權力的掌控，充分利用這個優勢鞏固自己的統治地位。

在二十世紀，極權政體想要的是計劃經濟、順從的民眾、受控的資訊生態系統。它們想要完全的霸權，管理生活的方方面面。五年計劃決定了一切，從電影的數量與內容，到某塊田地的預期小麥產量，都規範在計劃中。極端現代主義的規劃者希望創造出秩序嚴謹、運作流暢的嶄新城市。時時刻刻密切監視的安全機制維持著一切的運轉。權力集中在一位最高領導人的手中，他能夠審視全局，果斷採取行動。想想蘇聯的集團化、史達林的五年計劃、毛澤東的中國、東德的國家安全部「史塔西」（Stasi），這種政府是反烏托邦式的噩夢。

至少到目前為止，這種政府總是導致災難性的結果。儘管革命者與官僚都盡了最大的努力，但他們還是無法把社會硬生生塑造成他們想要的樣子。[12] 對國家來說，社會從來不是完全「清晰」的，而是一種混亂、無法控制的現實，不符合中央的純粹主義夢想。人類太多樣、太衝動，無法以這種方式加以限制。以前，極權政權可使用的工具並不足以勝任這項任務。因此，這些政府失敗了，未能提高生活品質，或者最終垮台，或經歷重大改革。這種極度集中不僅非常不得人心，實務上也不可行。

即將到來的浪潮帶來了一種令人不安的可能性：上述一切可能不再是真的。反之，它可能為國家挹注大量的中央集權與控制，把國家的職能轉變成扭曲其初衷的壓迫機制。它可能會成為威權政體的催化劑，並加劇大國之間的競爭。能夠以超乎尋常的規模與精確度收集與利用資料，並建立跨領土、即時反應的監控系統；換句話說，能夠讓單一實體掌控史上最強大的技術，將全面改寫國家權力的限制，從而產生一種全新的實體。

<hr />

　　智慧型喇叭把你從睡夢中喚醒，你馬上拿起手機查看電子郵件。智慧型手錶告訴你，你昨晚睡眠正常，早上心率也很正常。理論上，這時某個遙遠的組織已經知道你何時清醒，你現在的感覺如何，你正在看什麼。你出門去上班，手機追蹤著你的動態，記錄你寫簡訊時的按鍵動作及收聽的 Podcast。路上，一整天，即時影像監視器（CCTV）拍到你好幾百次。[13] 畢竟這座城市裡，平均每十人至少就有一台即時影像監視器，也許更多也說不定。你刷卡進辦公室時，系統會記錄你進入的時間。裝在你電腦上的軟體可以監控你的工作效率，而且細膩到你的眼球移動。

　　下班回家的路上，你停下來買晚餐。超市的會員系統追蹤你的購物記錄。吃完飯後，你開始追劇，一口氣看完一季影集，你的觀看習慣都被記錄下來了。每個眼神，每條匆忙發送的訊息，每次短暫的網路搜尋，在熙攘城市街道上的每一步，每一下心跳與每個難眠的夜晚，每次消費或放棄購買──這一切都被觀察、記錄、分析了。這只是每天收集的可能資料的一小部分，而且不僅在工作崗位上、或透過手機收集，連去看病或去健身房等地也是如此。生活中幾乎一切細節都被那些有能力收集及處理資料、並根據資料採取行動的人記錄下來了。這不是什麼遙遠的反烏托邦未來。我描述的是像倫敦這種城市裡數百萬人現今的日常生活。

現在僅剩的最後一步，是把這些不同的資料庫整合成單一的綜合系統：一個完美的二十一世紀監控裝置。目前最突出的例子非中國莫屬。這已經不是什麼新聞了，但可以確定的是，中國共產黨的計劃已經非常先進、野心勃勃，更遑論二、三十年後的發展。

相較於西方國家，中國對 AI 的研究著重物件追蹤、場景了解、語音或動作辨識等監控領域。[14] 監控技術隨處可見，而且愈來愈細膩，能夠深入公民生活的各個面向。它們把人臉、步態、車牌的視覺辨識與大規模的資料收集（包括生物資料）結合起來。像微信這種集中化的服務，把私訊、購物、銀行等一切事物都綁在一個容易追蹤的地方。行駛在中國的高速公路上，可以看到數以百計的車牌自動辨識攝影機正在追蹤車輛（西方世界的多數大城市裡也有這種系統）。COVID-19 疫情隔離期間，機器狗與無人機載著喇叭，到處廣播，叫民眾留在室內。

臉部辨識軟體是從本書 PART II 所提到的電腦視覺技術發展而來的，能以驚人的精確度辨識個別的人臉。我拿起手機，它會自動「看」我的臉解鎖。這是一種微小但巧妙的便利，但有明顯又深遠的影響。雖然這個系統最初是由美國企業與學術研究人員開發的，但中國對這項技術的採用或精進最為徹底。

毛澤東曾說：「群眾的眼睛是雪亮的。」他指的是人民觀察鄰居是否偏離共產主義的原則。到了 2015 年，這個概念成了一個大規模臉部辨識計劃的靈感來源：「雪亮工程」。[15] 該計劃的目標是把這種監控擴展到所有的公共場所。香港中文大學的一群頂尖研究人員，利用一個包含二十幾億張人臉的資料庫，成立了全球最大的臉部辨識公司之一：商湯科技（SenseTime）。[16] 如今中國是臉部辨識技術的領先者，有曠視科技（Megvii）、雲從科技（Cloudwalk）等大公司正在與商湯科技搶奪市占率。中國警方甚至配備了內建臉部辨識技術的太陽眼鏡，可以在人群中追蹤嫌犯。[17]

全球各地架設了約十億台即時影像監視器，其中約有一半在中國。許多監視器內建了臉部辨識功能，而且精心定位，以便收集最多的資訊。這些監視器通常架設在一些半私人的空間裡，例如住宅、飯店，甚至卡拉 OK 的包廂。《紐約時報》的一篇調查報導指出，光是福建省警方的資料庫裡，估計就有二十五億張臉部辨識圖像。[18] 他們坦率地說出了那樣做的目的：「控制及管理人民。」當局也正在想辦法收集音訊資料（中山市的警察想要能錄下方圓九十一公尺內音訊的攝影機）。在 COVID-19 疫情時代，密切監控及儲存生物資料成了例行常態。

中國公安部的下一步重點很明確：把這些分散的資料庫與服務整合成連貫的整體，從車牌到 DNA，從微信帳戶到信用卡，全面整合。這個 AI 系統可以即時發現異議分子、抗議活動等等對中共的新威脅，允許政府對它認為不利的任何事情迅速做出果斷的回應。[19] 這種整合系統最令人擔憂的潛力，應用在新疆維吾爾自治區。

在中國西北這片崎嶇又偏遠的地區，中國當局對當地維吾爾族人做了系統化、技術性的鎮壓和種族清洗。所有形式的監視與控制都彙聚在這裡了。城市的每個角落都裝了內建臉部辨識與 AI 追蹤功能的攝影監視系統。檢查站與「再教育營」掌控著居民的行動與自由。社會信用評分系統以多種監控資料庫為基礎，監控著人民。有關當局建立了一個虹膜掃描資料庫，可容納多達三千萬份的樣本，比該區的人口還多。[20]

過度監視與控制的社會早已存在，現在這一切將大幅提升到下一個層次，成為前所未有的中央集權。然而，把這些都歸結為中國或威權主義的問題是錯的。首先，這項技術正全面輸出到委內瑞拉、辛巴威、厄瓜多、衣索比亞等地，甚至到美國。2019 年，美國政府禁止聯邦機構及其承包商從華為、中興（ZTE）、海康威視等多家中國供應商購買電信與監控設備。[21] 然而，禁令才發布一年，就有三家聯邦機構被發現它們從這幾家供應商買了設備。[22] 上百個美國城鎮甚至採用了為監控新疆維吾爾人而開發的技術，這是阻止這類技術傳播的典型失敗例子。[23]

西方的公司與政府也是開發及部署這項技術的先鋒。前面提到的倫敦並非偶然，它正與深圳等城市競爭「全球最嚴密監控城市」的頭銜。政府監控人民不是什麼祕密，但這種做法如今也延伸到西方公司。在智慧型倉庫中，系統追蹤每個工人的每個微小動作，細膩到體溫、如廁時間等細節。[24] 像 Vigilant Solutions 這樣的公司會根據車牌追蹤來收集移動資料，然後把資料賣給州政府或市政府。[25] 即使是披薩外送這樣平凡的事情也受到監控，達美樂（Domino's）就使用 AI 攝影機來檢查披薩。[26] 就像中國人一樣，西方人每天的一舉一動都留下了大量的資料。那些資料也像在中國一樣，被人收集、處理、利用、出售。

<br>

在即將到來的浪潮出現之前，全球「高科技全方位監控系統」（high-tech panopticon）的概念只出現在反烏托邦的小說裡，比如尤金‧薩米爾欽（Yevgeny Zamyatin）的《我們》（*We*）和喬治‧歐威爾（George Orwell）的《1984》。[27] 如今，全方位監控系統日益成真。數十億台裝置及數兆個資料點可以同時操作、即時追蹤，不僅用於監控，也可用於預測。它不僅可以精確又細膩地預測社會結果，還可能微妙或公開引導、或強制引發某種社會結果。小至個人消費者行為，大至選舉結果都受到影響。

這把極權主義的前景提升到一個新境界。它不會在所有地方發生，也不會一下子全部發生。但是，如果 AI、生物技術、量子技術、機器人技術等領域全都集中在一個專制國家的手中，如此衍生的實體將明顯異於我們見過的任何實體。下一章中，我們將會回頭談談這種可能性。然而，在那之前，還有另一種趨勢，一種與中央集權完全矛盾的對比。

# 碎片化：還權於民

聽到「真主黨」（Hezbollah）這個詞，多數人不會想到議會、學校、醫院。畢竟，這是一個從黎巴嫩內戰的長期悲劇中衍生出來的激進組織，有暴力記錄，也被美國政府正式列為恐怖分子。在世人的眼中，真主黨往往代表伊朗的利益。但這裡還有一個更廣泛的背景要考慮：它代表權力與國家的另一個發展方向。

在黎巴嫩本土，真主黨是以什葉派「國中之國」的形式運作，它有一個規模龐大又惡名昭彰的軍事分支，可能是全球武裝最精良的非政府組織。[28] 套用一位分析人士的說法，它擁有「比多數國家還多的火炮武器庫」。它有無人機、坦克、遠程火箭炮，以及數千名步兵。他們曾在敘利亞內戰中與阿薩德政權並肩作戰，並經常與以色列交戰。

也許讓有些人驚訝的是，真主黨不僅是一個激進組織，也是一大主流政治力量，在黎巴嫩政府的複雜動態中扮演著典型的政黨角色。在許多方面，它只是政治體系的一部分，它會建立聯盟，起草立法，並與國家的傳統機制合作。它的成員在地方市政委員會與議會中任職，也在部長內閣中任職。真主黨在其控制的黎巴嫩廣大地區裡，經營著學校、醫院、保健中心、基礎設施、水利工程、小額信貸方案。事實上，其中一些項目甚至獲得了遜尼派與基督徒的支持。在這些地區，真主黨其實就像國家那樣執政。它也從事各種商業活動，既有合法性質的經商，也有石油走私之類的非法活動。[29]

那麼真主黨究竟是什麼呢？它是國家，還是非國家？是極端組織，還是傳統的領土政權？它是一個奇怪的「混合」實體，既在國家制度的內部運作，也在國家制度的外部運作。[30] 它是一個國家，也不算一個國家；它以雙重身分選擇性地承擔對它有利的責任與活動，往往給更廣泛的國家與地區帶來可怕的影響。像真主黨這樣的組織並不多，它是從獨特的地區緊張局勢中發展出來的。

然而，即將到來的浪潮可能使許多類似國家的小型實體更有可能出現。[31] 它不是促成中央集權，而是導致類似「真主黨化」的現象——一個支離破碎、部族化的世界。在這個世界裡，每個人都可以獲得最新的技術，每個人都可以按照自己的方式運作，維持生活水準，而不依賴民族國家的廣泛架構。

試想，AI、平價機器人、先進生技、潔淨能源的結合，我們可能首次在現代生活中看到，即使遠離主流社會與基礎設施（即「離網」生活），也能享有與城市生活相同的便利。回想一下，近十年來，太陽能發電的成本下降了 82% 以上，而且還會進一步下降。[32] 這種大幅降價將使小型社區愈來愈有可能達到能源自給自足。隨著基礎設施電氣化及化石燃料的替代品日益普及，世界上將有更多的地方可以達到自給自足，而且這一次它們還可以配備 AI、生物技術、機器人等基礎設施，在當地就能產生資訊及製造東西。

教育、醫學等領域目前仍依賴龐大的社會與金融基礎設施。然而，這些領域都有可能變得更加精簡、在地化。例如，自我調整的智慧型教育系統引導學生完成個人化的學習旅程，制定量身打造的課程；AI 創造出所有的教材，為每個孩子量身打造互動遊戲，還有自動評分系統等等。

你可能沒有像民族國家體系那樣的集體安全保護傘，而是視情況採用不同形式的實體與虛擬保護。私人維安組織也將獲得 AI 駭客與自主無人機等功能。前面我曾提過進攻能力如何傳到任何想要進攻者的手中，同理，防禦技術最終也將普及。一旦任何人都能接觸到先進技術，強大的實體與虛擬防禦將不再是民族國家的專利。

簡而言之，現代社會與社會組織如今依賴規模與集中化的關鍵部分，可能因新興浪潮所帶來的進步而徹底走向權力分散。在這個世界裡，大規模叛亂、分裂主義、任何形式的國家，看起來都會非常不同。重新分配實權代表各種社群都可以隨心所欲地生活，無論他們是 ISIS、哥倫比亞革命軍（FARC）、匿名者（Anonymous）、分裂主義者（例如想要獨立建國的比亞法拉〔Biafra，注：位於奈及利亞東南，1967 年曾建國但未被國際普遍承認的政治實體，並於 1970 年滅亡〕、加泰隆尼亞〔Catalonia〕），還是在太平洋某個偏遠島嶼上建造豪華主題公園的大公司。

---

即將到來的浪潮中，某些元素將使權力變得更加集中，因為最大的 AI 模型得花數億美元訓練，僅有少數實體有財力擁有。但矛盾的是，一個截然不同的趨勢也同時出現了。AI 突破在可開放讀取的期刊上發表幾天後，就迅速出現在開源碼儲存庫中。如此一來，任何人都可以輕易取得、實驗、打造、修改頂級的模型。此外，這些模型的詳細資料（包括權重）也可能被發布、洩露，甚至遭到竊取，進一步普及先進的 AI 技術。

像 Stability AI、Hugging Face 這樣的公司加速了分散式、去中心化的 AI 發展。CRISPR 等技術使生物實驗變得更容易，也就是說，生物駭客可以在自家倉庫裡做最先進的科學實驗。最終，共享或複製 DNA 或大型語言模型的程式碼將變得微不足道。在這種環境下，開放是常態，模仿隨處可見，成本持續下降，進入障礙崩解。所有感興趣的人都可以使用這些指數級成長的功能。

這預示著權力將從現有的權力中心大幅度重新分配。想像一下這樣的未來：無論是在黎巴嫩這種搖搖欲墜的國家，還是在新墨西哥州的離網遊牧營地，小團體都可以提供 AI 支援的服務，例如信用合作社、學校、醫療保健。這些通常依賴大規模營運或國家支援的服務將轉變成以社區為中心。從基層定義社會規範的機會變得愈來愈有吸引力，例如，你可以打出類似底下的宣傳：「來我們這所精心打造的學校，永遠避開批判性種族理論（critical race theory）」或者「抵制邪惡的金融體系，使用我們的去中心化金融（DeFi）產品」。在這個世界，任何群體，無論其意識形態、宗教、文化或種族背景如何，都可以自己組織一個正常運作的社會。以創立學校、醫院，甚至軍隊為例——這是如此複雜、龐大、艱鉅的任務，光想就覺得累——光是收集資源、獲得必要的許可與設備，就得付出一生的努力。但如今，若你想創立學校、醫院或打造軍隊，你有一大群助手幫你在可行的時間範圍內完成艱鉅的任務。

ACI 與合成生物為維權環保組織「反抗滅絕」運動（Extinction Rebellion）所帶來的力量，跟道瓊（Dow Jones）等大公司一樣多；

為魅力領袖領導的微型國家所帶來的優勢，也與大型國家相當。雖然規模帶來的一些優勢可能因此增強，但有些優勢也可能被抵銷。當每個派別、分離主義組織、慈善組織、社群網路、極端主義分子、排外分子、民粹陰謀論者、政黨，甚至是黑手黨、販毒集團或恐怖組織都有機會建立國家時，試想，那對已經不穩定的國家會有什麼影響。那些感覺被剝奪公民權的人，將以自己的方式重新奪回權力。

碎片化的情況可能隨處可見。如果公司也開始往「國家」的形式發展，那會變成什麼樣子？或者，為了獲得更多自治權，城市決定脫離國家，那會怎麼樣？如果大家在虛擬世界中投入的時間、金錢、情感比現實世界還多，會是怎樣的光景？當街頭兒童與億萬富翁都可以使用威力驚人的工具時，傳統的階級制度會出現什麼變化？值得注意的是，企業巨擘把大部分的時間花在 Gmail 或 Excel 等全球多數人都能使用的軟體上。如今，隨著賦權的民主化，這個概念將發展到極致：地球上的每個人都可以不受限地取用有史以來最強大的技術。

隨著世人日益把權力掌握在自己的手中，我預期下一個最新的不平等將出現在生物領域。在碎片化的世界裡，有些國家對人體實驗的管控可能比其他國家寬容許多。在那些地方，一些先進的生技能力與自我修改功能將在 DNA 層級產生不同的結果，進而在國家與微型國家的層級產生不同的結果。這種情況可能會在生物駭客之間引發類似軍備競賽的個人能力競爭。一個迫切需要投資或優勢的國家，可能將變成生物駭客為所欲為的天堂。如果某一群「後人類」（post-humans）把自己改造到擁有某種難以企及的智慧或身體水準，那時的社會契約會是什麼樣子？當某些社區努力脫離更大的實體時，這種發展將如何與分裂的政治動態相互作用？

這一切都還只是臆測，但我們正進入一個新時代，在這個時代，以前無法想像的事情，現在已經有明顯的可能性。我認為，對正在發生的事情視而不見比過度臆測更危險。

治理是以共識為基礎，是一種集體的想像，建立在每個相關者的信念上。在這種情境下，主權國家被逼到了崩潰的邊緣，傳統的社會契約蕩然無存。制度被繞過、破壞、取代。稅收、執法、守法等活動都受到威脅。在這種情況下，權力的迅速分裂可能加速一種「加強版的巴爾幹化」（turbo-balkanization，注：指一個較大的國家或地區分裂成較小的國家或地區的過程，這些國家或地區關係緊張，甚至處於敵對狀態），提供靈活又有能力的行動者前所未有的行動自由。國家原本是權力與服務的巨大整合，但這時開始解體了。

在這種情況下，會出現類似民族國家開始形成以前的樣貌，一個類似新中世紀的世界，由更小、更在地的政治實體所組成，它們在憲法上各不相同，形成一個既複雜又不穩定的拼湊世界。只不過，這一次它們都握有極其強大的先進技術。當義大利北部是一個由小城邦拼湊而成的世界時，那裡為我們帶來了文藝復興時期，但也是一個內戰不休、爭鬥不斷的地區。文藝復興很棒，但以先進的軍事技術打無止境的戰爭就沒那麼好了。

對於許多從事科技業或科技業周邊產業的人來說，這些極端的結果並不是意想不到的後果，而是他們預期的目標。PayPal 的共同創辦人兼創投業者彼得‧提爾（Peter Thiel）等支持超自由意志主義的知名科技專家就主張削弱政府的作用。[33] 他們認為，這樣可以解放強大的商業領袖階層，或稱「主權個體」（sovereign individuals）——這是這些商業領袖給自己的稱號。他們熱情地支持廢除公共服務、制度、既定的規範，擁抱一個明確的願景：技術可能「促進新形式的異見，並以新方法創建不受傳統民族國家限制的社群」。[34]

技術自由主義運動（techno-libertarian movement）把雷根總統1981 年的名言「政府是問題所在」（注：雷根在就職典禮那天說道：「政府不是解決問題的方法，政府本身才是問題所在」）發揮到了極致。他們看到政府的許多缺陷，但沒看到政府的許多好處。他們認為政府的監管與稅收職能是有害的限制，幾乎沒什麼好處——至少對他們來說是如此。看到一些最有權勢與特權的人抱持如此狹隘又破壞性的觀點，令我相當失望。那種心態進一步助長了碎片化的趨勢。

這是一個億萬富豪與現代先知可以建立並管理微型國家的世界。在這個世界，非國家的行為體（從公司到社群，再到演算法）開始從上至下發威，使傳統的國家權力黯然失色。各位可以再次思考馬鐙，一項簡單的發明如何對歷史產生深遠影響，然後想想新興浪潮中的創新規模。結合當前的壓力與脆弱性，我臆測的那種全面變革似乎不是那麼遙不可及。事實上，如果根本沒有重大的變化，那才更加離奇。

# 即將到來的矛盾浪潮

如果說集權與分權聽起來像直接矛盾，這話有充分的理由——它們確實是矛盾的。了解未來代表同時處理多種相互衝突的發展趨勢。即將到來的浪潮**同時**掀起巨大的集權與分權漣漪，兩者將同時發揮作用。每個人、每個企業、每個教會、每個非營利組織、每個國家最終都將擁有自己的 AI，以及自己的生物技術與機器人技術。從窩在沙發上的個體到世界上最大的組織，每個 AI 都將根據 AI 主人的目標量身打造。這是了解即將到來的矛盾浪潮的關鍵。

每一種新的權力形式都會以不同的方法提供公共服務、生產東西，或傳播一套不同的宗教教義。AI 系統已經做出有明顯政治影響的重要決定，比如誰能取得貸款、工作、大學入學、假釋，誰由資深醫生看診。未來十年內，AI 將決定公共資金如何使用，軍力如何分配，或學生該學什麼。這將以集權與分權的方式發生。例如，AI 可以是一個遍及全國的龐大系統，單一的通用程式管理著數億人的生活；反之，AI 也可以是功能強大、低成本、開源的系統，可以根據村莊的需求量身打造。

多種所有權的模式將同時並存：有的技術是透過開源模式全民

共享；有的技術是來自當前企業巨擘或快速成長的新創企業；有的技術是由政府控制（無論是透過國有化還是內部開發）。這些不同的模式將並存及共同發展，它們將在任何地方改變、放大、產生、破壞權力的流動與網路。

這些力量在哪裡以及如何發揮作用，將根據現有的社會與政治因素，而有很大的不同。這種情況不該過於簡化，而且會出現許多事先看來並不明顯的阻力與適應點。不同部門或區域可能往不同方向發展，有的走向集權，有的走向分權。有些部門或區域可能同時經歷集權與分權的嚴重扭曲。有些階級制度與社會結構可能得以強化，有些則遭到推翻。有些地方可能變得更平等或更專制，有些地方可能出現相反的效果。總之，在每一種情況下，增加的壓力與不可預測性、無法預測的權力擴大、新能力中心的破壞性，都將給自由民主國家體系的基礎帶來額外的壓力。

如果你覺得這種局面聽起來太奇怪、太矛盾、太不可能，你可以想想底下的情況。即將到來的浪潮只會加深並重複上一波浪潮所帶來的相同矛盾動態。網際網路就是如此：它集中在幾個關鍵的樞紐，同時賦予數十億人權力。它催生了龐大企業，也給予每個人參與的機會。社群媒體創造了少數幾個巨擘，以及上百萬個小群體。任何人都可以架設網站，但 Google 是獨一無二的。任何人都可以銷售自己的小眾商品，但亞馬遜是獨一無二的。諸如此類的例子不勝枚舉。網路時代的顛覆效果主要可歸因於這種矛盾的拉扯。這是由賦權與控制所構成的強大、不穩定的組合。

現在，這些力量將隨著即將到來的浪潮擴展到網路與數位領域之外。你可以將它們應用在生活的任何領域。沒錯，這種令人痛苦的改變我們從前曾親眼見過。但如果網路變革看起來很大，這股新興浪潮所帶來的變革更大。大規模的全能通用技術將改變社會以及它對人類的意義。這聽起來可能有些誇張，但在接下來的十年裡，我們應該為資訊、財富、尤其是權力的急遽變化、新的集中與分散做好準備。

那麼，科技將何去何從，更重要的是──我們將何去何從？如果國家無法再以平衡的方式控制即將到來的浪潮，那會發生什麼事？目前為止，在 PART III，我們討論了現代民族國家已經岌岌可危的狀況，並預告了即將到來的浪潮所帶來的新威脅。我們已經看到，一系列的壓力源與大規模的權力再分配將如何彙聚在一起，把能夠管理這股浪潮的唯一力量──國家──推到危機的邊緣。

那一刻就在眼前。這場危機是由無法阻擋的技術崛起及國家的衰落帶來的。這場危機是攸關生死存亡的巨大挑戰，它將帶來許多棘手的選擇與權衡，構成二十一世紀最重大的困境。

讓我們毫無有利的選擇，是技術的終極失敗。然而，我們正朝著這個方向前進。

# 12 兩難困境
Chapter
The Dilemma

## 災難：終極的失敗

　　某種程度來說，人類歷史就是一部災難史，流行病更在其中扮演突出的要角。六世紀的查士丁尼瘟疫與十四世紀的黑死病奪走了全球30％的人口。1300年，英格蘭的人口是七百萬，到了1450年，瘟疫肆虐導致人口銳減到只剩兩百萬。[1]

　　當然，有些災難是人為的。第一次世界大戰導致全球約1％的人口死亡；二戰導致3％的人口死亡。[2] 或者，以十三世紀成吉思汗與蒙古軍隊在中國與中亞發動的暴力為例，他們奪走了全球10％人口的生命。隨著原子彈的出現，人類現在擁有足以殺死地球人口好幾倍的致命力量。以前延續幾年、甚至幾十年的災難事件，如今可能在幾分鐘內發生，只需按一下啟動按鈕。

　　隨著下一波浪潮的到來，我們即將再次經歷重大的變革。這場變革既增加了潛在的風險，也增加了那些試圖製造災難的人可採取的方式。這一章，我們不再討論國家的脆弱性以及國家運作所受到的威脅，而是探討萬一我們無法駕馭技術，可能會發生什麼情況。

這些技術大多是用來做有益的事情。雖然我把焦點放在技術的風險上，但我們還是要謹記：這些技術每天都會改善無數人的生活。這一章，我們將探討的是幾乎沒有人願意看到的極端情況，尤其是那些使用工具的人。然而，雖然那只是極少數的案例，並不代表我們就可以忽視那些情況。我們已經看到，不良分子可能會造成嚴重的破壞，引發大規模的不穩定。現在想像一下，一旦任何技術普通的實驗室或駭客都可以合成複雜的 DNA 鏈，我們離災難降臨還有多遠？

隨著一些史上最強大的技術在各地普及，這些極端的例子更有可能發生。最終，一定會出狀況，而且規模和速度與其釋放的能力成正比。即將到來的浪潮有四大特質，那四大特質代表如果每個層面都缺乏駕馭技術的方法，災難性事件（例如人為的流行病肆虐）將比以往更有可能發生。

這種情況令人無法接受。然而，我們正面臨一個進退兩難的困境：最有效的駕馭方案同樣令人無法接受，因為它會把人類導向威權與反烏托邦的未來。

一方面，社會可能轉向上一章提到的那種科技促成的全面監控，那是一種本能的反應，對姿意妄為或不受控制的技術實施嚴格的控管機制，代價是犧牲個人的自由。或者，人類可以選擇完全遠離最先進的技術——這看起來不太可能，也不是可行之道。原則上唯一有能力因應這種存亡挑戰的實體是目前正在瓦解的民族國家系統。然而，民族國家理當去駕馭的那些力量，正在拖垮民族國家。

隨著時間的推移，這些技術的影響將推動人類在災難與反烏托邦這兩個極端之間前進，這是我們這個時代面臨的基本困境。

技術承諾的前景是改善人類的生活，帶來的效益遠遠超過其成本與缺點。然而，上述的棘手選擇，代表技術的承諾已經遭到逆轉，潛在的負面影響完全蓋過了預期的效益。

危言聳聽的末日論調往往使人陷入茫然，我也不例外。對於上述的未來情境，你可能感到懷疑或抱著謹慎的態度。談論災難性的後果往往會引來嘲諷，例如被貼上災難論者的標籤，過於悲觀、過於危言聳聽，或是過於關注遙不可及的罕見風險（明明眼前有緊迫的威脅亟需關注）。就像過度的技術樂觀主義一樣，過度的科技災難主義也很容易被視為一種扭曲、誤導的炒作形式，毫無歷史佐證。

但是，即使警告有戲劇性的影響，也不該成為直接否定警告的理由。面對災難的前景，那種厭惡悲觀的自滿情緒本身就是災難的根源。把警告視為少數幾個怪人的誇張言論而不屑一顧，感覺似乎很合理、理性，甚至「很精明」，但這種態度也為潛在的失敗埋下了禍根。

無庸置疑，技術風險把我們帶入不確定的領域。儘管如此，所有的趨勢都指向大量的風險。這種臆測並非毫無根據，而是源於科學與技術的不斷進步。我認為，那些對災難不屑一顧的人低估了擺在我們面前的客觀事實。畢竟，我們這裡討論的不是摩托車或洗衣機的普及，而是更具影響力的技術發展。

# 災難的種類

　　想知道我們該為什麼災難性的危害做好準備，只要從第 10 章提到的不良分子攻擊進一步延伸推測就行了，以下是幾個看似可能發生的情境。

　　情境一：恐怖分子把內建臉部辨識功能的自動武器安裝到數百或數千架自動無人機上，每架無人機都能迅速從武器的後坐力中恢復平衡，密集開火，然後繼續前進。這些無人機被釋放到某個重要的市中心，目的是殺死某位特定人物。在繁忙的尖峰時段，它們以驚人的效率運作，沿著最適路線穿過城市。再過幾分鐘就會展開攻擊，而且這種攻擊的規模將遠遠超越 2008 年的孟買襲擊事件（當時武裝的恐怖分子在中央火車站等城市地標遊蕩）。

　　情境二：某個殺人狂決定使用無人機、噴霧器，以及訂製的病原體，來攻擊一場龐大的政治集會。不久，參與那場集會的人開始生病，並傳染給家人。那位評價兩極的政治人物是第一批受害者。在狂熱的黨派氣氛中，這樣的襲擊在全國各地引發了一系列的暴力報復，導致混亂升級。

　　情境三：在美國，一個充滿敵意的陰謀論者用自然語言下指令，傳播大量精心設計、鼓吹分裂的假資訊。這些假資訊大多難以引起共鳴，但有一則消息最後終於引起眾人關注：一個關於芝加哥警察殺人的虛假故事。雖然那則消息完全是假的，但在街頭引發的麻煩與普遍的反感是真的。這下子，攻擊者有了一套可行的攻擊公式。等到那段影片被證實是偽造的時候，暴力騷亂已經在全國各地蔓延，造成多人傷亡，此外，持續不斷流出的假資訊又進一步加劇了這次事件。

或者，你可以想像前面三種情境同時發生。或者，想像一下那些情境不只是在某次活動或在某座城市發生，而是遍地開花。有了這樣強大的工具，顯然工具只要落入不良分子的手中，就可能導致災難性的後果。目前的 AI 系統會盡量避免讓你知道如何在供水系統中下毒，或製造無法偵測到的炸彈。它們還無法自己定義或追求目標。然而，前面提過，比現今最強大的 AI 模型更普及、更不安全的版本很快就會問世。

在未來浪潮帶來的所有災難性風險中，AI 的報導最多，但還有許多其他重大危險。例如，一旦軍事行動完全自動化，參與衝突的門檻將大幅降低。戰爭可能是偶然引發的，而且原因永遠不明朗。AI 一偵測到某種行為或威脅，就立即以壓倒性的力量回應。可以說，這種衝突的特點可能無人知曉，而且迅速升級，造成前所未有的破壞。

我們已經遇過人為的流行病及病毒外洩的危險，也瞥見了數百萬自我精進的愛好者實驗生命的基因密碼時，會發生什麼事。還有一種不太明顯的極端生物風險事件我們不該忽視，例如針對特定人群或破壞生態系統的事件。想像一下，想要阻止古柯鹼交易的活動人士發明了一種只會吃古柯樹的新細菌，以取代飛機灑藥的做法（注：在空中對古柯樹噴灑農藥，藉此打擊毒品生產）。或者，激進的素食者決定破壞整個肉類供應鏈，導致可預見與不可預見的嚴重後果。無論是哪種情況，都有可能造成局勢失控。

我們知道，在脆弱性不斷升級的背景下，實驗室外洩可能是什麼樣子；萬一外洩沒有迅速受控，可能會造成與從前的瘟疫相當的災難。為了讓大家了解這是什麼情況，在此我舉 COVID-19 的變異株 Omicron 為例。Omicron 在最初發現的短短一百天內就感染了四分之一的美國人口。想像一下，如果有一種病毒的死亡率是20％，但傳播率與 Omicron 類似，那會是什麼情況？或者，如果有一種呼吸道愛滋病毒可潛伏多年，沒有嚴重的症狀，那會是什麼情況？一種人傳人的新病毒，繁殖率約4％（遠低於水痘或麻疹），致死率50％（遠低於伊波拉或禽流感），即使採取嚴格的封城措施，也可能在幾個月內導致逾十億人死亡。[3] 萬一多種那樣的病原體同時釋放出來，那會是什麼樣子？那已經遠遠超過了脆弱性升級，變成一場深不可測的災難。

---

除了好萊塢喜歡鋪陳典型場景，學術界的研究人員也有一種亞文化：他們喜歡講述極端的敘事，描寫 AI 如何引發一場攸關生死存亡的災難。想像一下，一台全能的機器為了神祕目的而毀滅世界：不是像電影描述的那種邪惡 AI 故意破壞世界，而是一個全面的 AGI 盲目優化某個不透明的目標，無視人類的擔憂。

有一個經典的思想實驗是這樣的：如果你要求一個夠強大的

AI 盡可能製造最多的迴紋針，卻沒有仔細指定目標，AI 最終可能會把整個世界、甚至整個宇宙都轉化為迴紋針。你循著這個邏輯開始探討，就會發現無數令人震驚的可能性。AI 安全性研究人員正確指出，萬一開發出 AGI，人類可能再也無法掌控自己的命運。有史以來第一次，我們身為宇宙中主導物種的地位將被推翻。無論 AI 創造者有多聰明、無論安全機制有多健全，都不可能考慮到所有的可能性並保證絕對安全。即使 AI 完全符合人類的利益，只要 AI 夠強大，它就有可能重寫程式設計，消除最初內建的安全機制，以及人機利益相符（alignment）的功能。

按照這種思路，我常聽人說：「AGI 是當今人類面臨的最大風險！那將是世界末日！」但是，進一步追問那究竟是什麼樣子、到底是怎麼發生的，他們又開始支支吾吾，含糊其辭，講不出確切的危險。他們說，AI 可能搶走所有的運算資源，把整個世界變成一台巨大的電腦。隨著 AI 變得愈來愈強大，最極端的場景需要我們認真思考，想想該如何緩解。不過，在我們達到那個境界之前，還有很多事情可能會出問題。

未來十年，AI 將成為有史以來最強大的力量放大因子。這正是為什麼它可以促成史無前例的權力重新分配之因。它是人類進步的最大催化劑，但也會帶來危害——從戰爭與事故，到隨機的恐怖組織、專制政府、越權的企業、普通的盜竊、蓄意的破壞。試想，一個能夠輕鬆通過現代圖靈測試的 ACI，卻走向災難性的結局。先進的 AI 與合成生物不僅可以用來尋找新能源或突破性的藥物，炸彈客泰德・卡辛斯基（Ted Kaczynski）之流也可以取得這種技術。

AI 既有價值又危險，正是因為它是我們的最佳自我與最糟自我的延伸。而且，作為一種以學習為前提的技術，它可以不斷調適、探索、產出新的策略與概念。這些策略與概念可能遠遠超出以前考慮的東西，甚至超出其他 AI 的思考範圍。要求 AI 提出切斷淡水供應、或導致股市崩盤、或引發核戰、或設計終極病毒的方法，它會做到，這一日很快就會到來。相較於生產最多迴紋針的 AI 或某種奇怪的惡魔，我更擔心 AI 在未來十年可能將放大哪些現有的力量。

想像一下，AI 控制了電網、媒體廣播、發電廠、飛機，或大型金融機構的交易帳戶。當機器人隨處可見，軍隊裡充滿致命的自主武器（倉庫裡充斥著只需按下按鈕就可以自動執行大規模殺戮的機器）時，由另一個 AI 策劃的攻擊會是什麼樣子？或者，思考比較基本的失敗模式，不是攻擊，而是簡單的錯誤。萬一 AI 在基礎設施方面出錯，或者某個廣泛使用的醫療系統發生故障，那會是什麼樣子？不難理解，一大批有能力、半自主、沒人管的 AI，即使受到立意良善但構思不周的目標所驅動，也可能造成嚴重的破壞。[4] 我們還不知道 AI 對農業、化學、外科、金融等多元領域會有什麼影響。這是問題的一部分；我們不知道導入了什麼失敗模式，以及這些失敗模式的可能影響程度。

關於如何在即將到來的浪潮中安全地開發這些技術，目前還沒有任何指南。我們無法提前打造出威力與危險不斷升級的系統來做實驗。我們不知道 AI 自我精進的速度有多快，也不曉得尚未發明出來的生物技術萬一在實驗室裡發生事故，會是什麼情況。我們還不清楚，把人類意識直接連接到電腦會有什麼後果、AI 網路武器對關鍵基礎設施會有什麼影響、或把基因驅動釋放到環境中會怎麼樣。一旦我們把快速進化、自我組裝的自動裝置或新的生物製劑釋放到現實環境中，就沒有回頭路了。超過某個臨界點後，即使是出於好奇而去修改那些東西，可能也很危險。即使你認為發生災難的可能性很低，但我們目前是在盲目實驗，這點也值得擔憂。

光是打造安全、受控的技術本身也不夠。解決 AI 人機利益相符的問題不是一次性的任務，而是每次開發夠強大的 AI 時，都要這樣做，無論何時何地。解決實驗室外洩的問題不止侷限於一個實驗室，而是每個國家的每個實驗室永遠都需要解決的問題，即使面臨嚴重政治壓力的國家也是如此。一旦技術達到某個能力水準，光是早期的先驅安全地開發那項技術是不夠的（雖然那無疑已經充滿挑戰），真正的安全是在每一個個別實例中都維持那些標準。由於技術已經傳播得如此迅速、廣泛，要做到那樣的安全程度是一大挑戰。

這就是任何人都可以自由發明或使用影響所有人的工具時，會發生的情況。我們談論的不是印刷機或蒸汽機的取得（雖然它們非比尋常），我們談論的是有全新特徵的發明：新化合物、新生命、新物種。

如果我們不駕馭這股浪潮，失控是遲早的事。我們必須考慮到發生事故、出錯、惡意使用、超出人類控制的發展，以及各種不可預測的後果之可能性。最終，在某個階段，某個東西會以某種形式在某個地方發生失敗。這種失敗的規模，將無法與博帕爾（Bhopal）氣體外洩事故（注：1984年發生在印度中央邦的異氰酸甲酯洩漏事故，造成至少三千七百多人死亡）、甚至車諾比核災那種局部的災難相提並論，它將在全球展開。這是最初立意良善開發出來的技術可能留下的影響。

然而，並不是每個人都懷著善意開發技術。

# 邪教、瘋子、瘋狂國家

諸如「功能增益」之類的事情所帶來的風險，大多是受到認可且立意良善的研究所產生的結果。換句話說，那是超大的報復效應，是想做好事的願望所衍生的意外後果。遺憾的是，有些組織的成立動機恰恰相反。

奧姆真理教成立於1980年代，是日本的末日邪教。[5] 該組織源於麻原彰晃（Shoko Asahara）所領導的瑜伽道場。他們招收心懷不滿的人入會，隨著人數的增加變得更加激進。他們開始相信世界末日即將到來，並堅信只有他們能存活下來，而且他們應該加快末日的降臨。麻原彰晃把邪教壯大成一個組織，有四萬到六萬名成員，並誘使一群忠誠的助手使用生化武器。據估計，在奧姆真理教的顛峰期，它擁有逾10億美元的資產，會員中有數十名訓練有素的科學家。[6] 儘管他們對奇怪的科幻武器相當癡迷（例如地震誘發機、離子槍、反射陽光的鏡子），但他們是一個極其嚴肅又複雜的團體。

　　奧姆真理教設立了虛擬公司，潛入大學實驗室竊取材料，在澳洲購買土地來探勘製造核武的鈾，並在東京郊外的鄉野間展開龐大的生化武器計劃。他們實驗光氣、氰化氫、梭曼與其他神經毒劑。他們打算設計並釋放一種強化版的炭疽病毒，還招募了一名研究生等級的病毒學家來幫忙。會員取得了神經毒素肉毒桿菌，將它噴灑在成田國際機場、國會大廈、皇居、另一個宗教團體的總部、兩個美國海軍基地。幸好，他們的製程有誤，沒有造成傷害。

　　但這並沒有持續多久。1994 年，奧姆真理教從卡車上噴灑神經毒劑沙林，造成八人死亡，兩百人受傷。一年後，他們襲擊東京地鐵，釋放出更多的沙林毒氣，造成十三人死亡，約六千人受傷。這次地鐵襲擊的危害更大，部分原因在於空間封閉。襲擊者在地鐵系統中放了裝滿沙林的袋子。所幸，這兩次攻擊並沒有使用特別有效的毒氣散播方式。但歸根結底，大家純粹是靠運氣才避免了更慘烈的後果。

　　奧姆真理教結合了非比尋常的組織與令人恐懼的野心。他們想藉由大規模的謀殺來引發第三次世界大戰及全球崩解，並開始為此建設基礎設施。像奧姆真理教這樣的組織很罕見，這點令人稍稍放心。1990 年代以來，許多恐怖事件與非國家行為者所造成的大規模殺戮事件中，大多是有精神問題的獨行者或有特定政治或意識形態的團體犯下的。

　　但另一方面，這種安心感也很有限。從前，取得強大的武器是一個很大的進入障礙，有助於遏制災難。校園槍手可取得的武器限制了他們所造成的毀滅性影響。炸彈客完全是依靠土製炸藥。對奧姆真理教來說，製造及散播生化武器是很大的挑戰。身為一個狂熱的小團體，他們在偏執的祕密氛圍中運作，專業知識與獲取材料的機會都很有限，所以執行任務多少會犯錯。

然而，隨著即將到來的浪潮逐漸成熟，前面提過，破壞工具將會普及與商品化。它們會有更強大的威力與靈活性，可能將以人類無法控制或理解的方式運作，並迅速進化升級，成為史上最強大、最廣泛應用的進攻武器。

幸好，很少人會使用像奧姆真理教那樣的新技術。然而，現在就算每五十年出現一個奧姆真理教還是太多，無法避免比地鐵襲擊更嚴重的事件。邪教、瘋子、瀕臨崩解的瘋狂國家現在既有造成重大危害的動機，也有造成重大危害的手段。誠如一份奧姆真理教的分析報告所述：「我們正在玩俄羅斯輪盤賭。」[7]

歷史的新階段已經開始。由於僵屍政府無法駕馭技術，下一個奧姆真理教、下一個工業事故、下一個瘋狂獨裁者發起的戰爭、下一個小實驗室外洩，都將產生難以想像的影響。

---

一般人很容易對這些可怕的風險情境不屑一顧，認為那是從小讀太多科幻小說的人、對災難論有偏執的人在做遙不可及的白日夢。然而，對這些擔憂不屑一顧是錯的。無論我們在生物安全等

級、監管制度或 AI 人機利益相符的學術討論上處於什麼位置，潛在的動機都會持續存在，技術也會持續發展傳播。這不是冒險推理小說、Netflix 電視劇的虛構素材，而是真真實實的存在。此時此刻，世界各地的辦公室與實驗室都正積極地開發探索。

由於風險如此嚴重，我們有必要考慮所有的選擇。駕馭指的是控制技術的能力。不過，再往下深掘，指的其實是有能力控制那些創造技術的人與社會。隨著災難性的影響展開，或災難發生的可能性變得不可忽視，大家討論的內容將會有所變化。這時大家不止要求嚴格控制而已，要求鎮壓技術的呼聲也會愈來愈多。前所未有的嚴密監管可能會變得愈來愈有吸引力。或許那樣做可能即時發現並阻止緊急威脅？那種先發制人的措施難道不是最好的選擇、不是正確的做法嗎？

我猜，世界各國的政府與民眾都會有這樣的反應。當民族國家的單一力量受到威脅、當駕馭技術看起來愈來愈難、當生命岌岌可危，加強對權力的控制是無可避免的反應。

問題是，代價是什麼？

# 反烏托邦轉變

阻止災難發生顯然是當務之急。災難愈大，涉及的風險賭注就愈大，也就愈有必要採取對策。如果災難的威脅變得過於嚴重，各國政府可能因此認為，阻止災難的唯一方法是嚴格控制技術的各個方面，確保沒有任何東西能通過安全警戒線，確保任何邪惡 AI 或人造病毒都無法逃脫、被製造出來，或甚至禁止任何人研究這些東西。

如今技術已經深深融入我們的社會，監視科技等於是監視文明的各個面向，包括每個實驗室、每個製造地點與工廠、每個伺服器、每段新的程式碼，每串合成的 DNA、每家企業與大學，從林間小屋裡的每個生物駭客，到每個龐大的匿名資料中心都必須納入監控。為了在新興浪潮帶來的獨特挑戰中有效地預防災難，我們得採取空前的應對措施。也就是說，不僅要監視一切，還要有能力在必要時，隨時隨地停止並加以控制。

有些人免不了會提出以下的建議：把權力集中到極致，建造全面監視系統，嚴格管控生活的各個面向，以確保流行病或邪惡 AI。[8] 日漸月染，許多國家會說服自己相信，真正確保這點的唯一方法是安裝上一章提到的那種全方位監控系統：以強而有力的權威來強化絕對的控制。這種主張推開了通往反烏托邦的大門。事實上，面對災難的威脅，有些人可能會覺得反烏托邦反而是一種解脫，如釋重負。

目前，這類建議仍屬於邊緣，尤其是在西方社會。然而，我覺得這類主張日益受支持是遲早的事。這股浪潮為反烏托邦提供了動機與手段。[9] 反烏托邦是一種自我強化的「AI 統治」（AI-tocracy），不斷增加資料收集，強迫大家就範。如果你懷疑大眾對監管與控制的興趣，想想不久前世人覺得全面封城還是難以想像的情況，但 COVID-19 疫情期間突然變成無可避免的現實。面對陷入困境的政府懇求民眾「盡本分」，至少在一開始，幾乎所有人都順從了。由此可見，大眾對於打著安全名義所推動的有力措施，容忍度似乎很高。

一場災難將促使眾人呼籲建立一個極端的監控系統，以阻止未來發生類似的事件。萬一技術出問題，嚴格的控管多久之後會啟動？災難當前，誰還會振振有詞反對控管？全面監控社會的反烏托邦逐步扎穩根基，然後成長茁壯，需要多久？隨著小規模的技術故障持續增加，要求嚴格控管的呼聲也會愈來愈多。控管日益增強，制衡機制逐漸受到侵蝕，為進一步的干預奠定了基礎。於是，逐漸墮入技術反烏托邦的過程就此啟動。

自由與安全之間的取捨一直是個古老的難題，是湯瑪斯·霍布斯（Thomas Hobbes）對利維坦國家（Leviathan state，注：「利維坦」原為《舊約聖經》記載的一種怪獸，霍布斯則以利維坦來比喻強勢的國家）的基本描述。這個貫穿古今的難題從未消失。雖然自由與安全之間的關係往往錯綜複雜且多面向，但即將到來的浪潮把攸關的利害賭注提升到新的境界。為了防止人造病毒變成流行病，什麼程度的社會控制是恰當的？為了達到同樣的目的，對**其他**國家做何種程度的干預是恰當的？這對自由、主權、隱私產生的後果從未如此令人難受。

我認為，一個完全透明、精密控制的壓制性監視社會只是另一種失敗。在這種情況下，即將到來的浪潮不僅不會促進人類的蓬勃發展，反而會導致人類的消亡。在這樣的社會裡，每一種脅迫、偏見、嚴重不公的技術應用都可能顯著加劇，得來不易的權利與自由也因此倒退。對許多國家來說，民族自決遭到破壞。這次不是脆弱，而是直接放大了壓迫。如果因應災難的方式是變成這樣的反烏托邦，那根本不是答案。

━━━━━━━━

隨著中國與其他地方建立起監視與強制系統，我們可以說，世界已經往反烏托邦邁出了第一步。災難的威脅以及對安全的期待將使這類系統愈來愈多。古往今來，每一波技術浪潮都極有可能為社會秩序帶來系統性的破壞。然而，以前都沒有發生，直到這一波浪潮才帶來全球性災難的廣泛系統性風險。這就是現在與過往不同的地方，這可能將引發反烏托邦的反應。

有些國家對迫在眉睫的危險漠不關心，如行屍走肉那樣步向災難，它們的開放與日益加劇的混亂，可能為不受控制的技術打造出成熟的環境。另一方面，威權國家正積極走上技術反烏托邦的道路，為大規模地侵犯隱私與限制自由奠定技術基礎（即使這樣做缺乏道德理由）。在這兩種極端之間，還有一種特別糟糕的情況可能會出現：分散但壓迫的監視與控制系統，依然無法做到滴水不漏、絕對安全的嚴密控管。[10]

也就是災難加反烏托邦。

技術哲學家劉易斯‧孟福（Lewis Mumford）談過所謂的「巨型機器」（megamachine），指的是社會制度與技術融合在一起，形成一個「統一、包羅萬象的結構」，為了「非個人化的集體組織的利益而受控」。[11] 為了追求安全，人類可能釋出一個巨型機器，去阻止其他的巨型機器誕生。因此，即將到來的浪潮可能矛盾地創造出遏制自己的工具。然而，這樣做有可能啟動一種失敗模式，抹煞個人的自決、自由與隱私，使機器監視與控制系統擴張，成為扼殺社會的統治形式。

有些人可能會說，我們現在就是處於這種壓迫的局面。但我覺得，相較於未來可能發生的情況，現在的局面根本不算什麼。此外，這也不是唯一可能出現的反烏托邦情境，還有許多其他情境，但這個情境與新興浪潮的政治挑戰及其可能造成的災難直接相關。這不止是一個模糊的思想實驗而已。面對這種情況，我們必須提出這樣的問題：儘管推動這一切的因素看起來如此強大又勢不可當，人類是不是應該放棄走上那條路？我們應該完全拒絕持續的技術發展嗎？儘管再怎麼不可能，也許現在是暫停技術的時候了？

# 停滯：另一種不同的災難

看看我們偌大的城市，鋼鐵與石頭打造出來的堅固建築，把這些城市連在一起的公路與鐵路網，以及塑造環境的宏偉景觀與工程。我們的社會散發出一種誘人的永恆感。儘管數位世界毫無重量，但我們周圍的物質世界既扎實又豐富，塑造了我們的日常期望。

去超市採買時，我們會預期超市裡擺滿了新鮮的蔬果，我們預期超市裡冬暖夏涼。即使動盪不斷，我們認為二十一世紀的供應鏈與供應能力就像古老的市政廳一樣穩健。我們生命中所有最極端的部分看起來都平淡無奇，所以多數情況下，我們繼續過日子，彷彿日子會無限期地延續下去。我們周圍的多數人都是這樣，包括我們的領導人。

然而，沒有什麼是永恆的。縱觀歷史，社會崩解比比皆是：從古代的美索不達米亞到羅馬，從馬雅人到復活節島，一次又一次的崩解，不單只是因為文明無法持久，而是因為不可持續性似乎是一種與生俱來的特質。文明崩解不是一種反常現象，而是一種常態。一項研究探索了約六十個文明，結果顯示，這些文明平均約持續四百年。[12] 沒有新的技術，這些社會的發展——可用能源、糧食、社會複雜性方面——嚴重受限，因此最終分崩離析。[13]

時至今日，除了一點，什麼都沒變：數百年來，持續的技術發展似乎讓社會擺脫了崩解的必然性。然而，如果我們因此認為這個趨勢已經停止了，那可就錯了。雖然二十一世紀的文明與馬雅文明大不相同，但維持龐大的基礎設施、養活大量的人口、因應有限能源與文明能力的壓力並未神奇地消失，那些壓力只是暫時被推遲了。

假設有一個世界可以阻止上述那些動機，也許現在是暫停技術發展的時候了？當然不可能。

現代文明的運作只能靠持續的技術進步來推動。我們整個社會體系的基礎建立在長期經濟成長的概念上，而長期經濟成長有賴新技術的發展與傳播。無論是期望以更少的成本換取更多的消費，還是希望在不加稅的情況下享用更多公共服務，或是奢望我們可以持續破壞環境、同時無限期地追求更好的生活，這些協議——可以說是大協議本身——都需要技術。

前面提過，新技術的發展是因應地球重大挑戰的關鍵。沒有新技術的話，這些挑戰根本無法克服。維持現有生活方式所付出的人力、物力代價很大，不容忽視。雖然我們現有的技術在許多方面都很強大，但幾乎沒有跡象顯示，這些技術可以持久地推廣到世界各地，並以已開發國家視為理所當然的水準，來支援全球八十幾億人口。儘管有些人可能不認同，以下論點還是值得重申：如果沒有把新技術融入我們的解決方案中，想要解決氣候變遷等問題，或維持不斷提高的生活與醫療水準，或改善教育與機會，是不可能的。

假設暫停技術發展可行，也許能提供一定程度的安全。首先，暫停技術發展將減少新的災難性風險出現，但不見得可以避開反烏托邦的未來。反之，隨著現代社會的不可持續性變得更加明顯，我們可能變成另一種形式的反烏托邦。如果沒有新的技術創新，社會遲早會停滯不前，甚至可能徹底崩解。

下個世紀，全球人口將開始下降，有些國家的人口會急遽減少。[14] 隨著勞工與退休人士的比例發生變化、勞力減少，經濟將無法以目前的水準運作。換句話說，沒有新技術，就不可能維持生活水準。

這是一個全球性的問題。日本、德國、義大利、俄羅斯、南韓等國現在正逐漸接近勞動年齡人口危機。[15] 也許更令人驚訝的是，到了 2050 年代，印度、印尼、墨西哥、土耳其等國也將陷入類似的情況。中國是未來幾十年科技史上的主角，但上海社科院預測，到了本世紀末，中國人口可能只有六億，是近一世紀以來人口成長的驚人逆轉。[16] 中國的總生育率是全球最低的國家之一，僅與南韓、台灣等鄰國相差無幾。事實是，若沒有新技術，中國完全無法持續發展。

這不僅與人口數字有關，也與專業、稅基、投資水準有關。退休人士會從系統中提領資金，而不是長期投資。也就是說，「二戰後的治理模式不是直接破產，而是變成社會自我毀滅的契約。」[17] 人口趨勢需要幾十年的時間才會改變，世代序列（generational cohort）的規模維持不變。這種緩慢、持續不斷的衰退已經停不下來了，就像一座持續逼近的冰山，無法迴避——除非找到替代那些勞力的方法。

資源緊繃也是必然的。回想一下，為潔淨技術取得材料極其複雜又脆弱，更遑論其他產業。舉例來說，到了 2030 年，鋰、鈷、石墨的需求預計將增加 500%。[18] 目前，電池是潔淨經濟的最大希望，但現有的儲存容量嚴重不足，在許多用途上不足以維持長時間的能源消耗。為了彌補迅速耗盡的資源，或解決許多原料供應鏈的各種失靈，我們需要替代方案。這需要在材料科學等領域取得新的技術與科學突破。

考慮到人口成長與資源稀缺帶來的限制，光是維持現況可能就得把全球生產力提高兩、三倍。[19] 然而，對全球多數人來說，維持現狀是不可接受的，例如，有些地區的兒童死亡率是已開發國家的十二倍。當然，以目前的消費與發展水準繼續下去，不僅會造成人口與資源壓力，也會加劇氣候危機。

顯然，維持現狀本身就是一種災難。

這不止是餐廳勞力短缺及電池昂貴的問題，這代表現代生活的每個不穩定面向都將瓦解，並產生無數不可預測的後果，這些後果將與許多已經無法控制的問題交織在一起。我們的生活方式大多是由不斷的技術進步而來，這點常常被低估。歷史上的先例（切記，對每個過往的文明來說，那是常態）就是鮮明的警告。停滯不前的最好結局是經濟逐漸下滑，但更有可能的結局是演變成迅速惡化的災難性崩解。有些人可能會說，這是第三種選擇，使原本的兩難困境變成三難困境。我覺得那不可能發生。首先，這是目前看來最不可能的選擇。再者，萬一真的發生了，也不過是把兩難困境換成一種新的形式。暫停技術不是解方，而是通往另一種反烏托邦、另一種災難的途徑。

阻止即將到來的浪潮即使可行，這個概念也令人不安。維持生活水準需要技術，更遑論提高生活水準。防止文明崩解需要技術。拒絕技術進步的代價攸關我們的生死存亡。然而，從這一點開始，每一條潛在的前進路線都充滿了重大的風險與不利因素。

這是極大的兩難困境。

# 接下來何去何從？

　　從核時代與數位時代開始，兩難困境就變得愈來愈明顯。1955年，數學家馮紐曼在晚年寫了一篇文章，名為〈我們挺得過科技的衝擊嗎？〉。[20] 該文預示了這裡的論點，他認為，全球社會正處於「一場迅速惡化的危機之中。這場危機可歸因於一個事實：我們的環境需要技術進步，但這個環境不僅規模太小，也過於混亂」。文末，馮紐曼只把生存視為一種「可能性」，因為蘑菇雲所象徵的核彈是使用他幫忙開發的電腦研發出來的。他寫道：「進步無法抵擋，試圖為當前各種急速的進展自動找到安全的管道，勢必會大失所望。」

　　開發一種既能獲得許多效益、又能消除風險的技術，不是我一人獨有的渴望。有些人會嘲笑這樣的雄心壯志是另一種形式的矽谷傲慢，但我依然相信，技術仍是改善我們的世界與生活的主要動力。儘管技術有各種危害、缺點，以及意想不到的後果，但目前為止，技術的貢獻大多是正面的。畢竟，就算是科技最嚴厲的批評者，往往也樂於使用水壺、服用阿司匹林、看電視、搭乘地鐵。相對於每一把槍，都有一劑救命的青黴素；相對於每一則假資訊，都有一個事實迅速被揭露。

　　然而，不知何故，從馮紐曼與其同儕開始至今，我與許多人都對技術的長期發展方向感到焦慮。我最大的擔憂是，技術可能日益導致負面結果，而我們缺乏有效的策略來阻止這種轉變；我們陷入困境，束手無策。

沒有人能確定這一切將如何展開。在這個兩難困境所涵蓋的廣泛範圍內，有許多不可知的結果。然而，我認為，未來幾十年，我們將不得不在繁榮、監控、災難威脅持續升級之間做痛苦又複雜的權衡取捨。即使是最健全的國家體系，也會疲於因應。

我們正面臨**技術人**的終極挑戰。

如果你覺得這本書看待技術的態度有所矛盾，時而正面，時而負面，那是因為這種矛盾觀點正是對我們當下現狀的最誠實評估。我們的曾祖父母若是看到現今世界的豐富多彩，他們會很驚訝；但他們也會對這個世界的脆弱與危險感到震驚。即將到來的浪潮為我們帶來真正的威脅，以及一連串潛在的災難性後果——沒錯，甚至危及人類的生存。技術是我們最好的一面，也是我們最壞的一面。我們不能光看一種片面觀點，看待技術唯一連貫的方法是同時看到兩面。

過去十年左右，兩難困境變得更加明顯，解決這個困境變得更加迫切。放眼世界，駕馭技術似乎是不可能的。然而，當我們考慮潛在後果，另一件事也同樣顯而易見：為了每個人的利益，駕馭**必須**可能。

PART IV

# 穿過浪潮

THROUGH THE WAVE

# 13 駕馭必須可能
Chapter Containment Must Be Possible

## 見解分散的代價

我曾打算寫一本書,對技術的未來與整體的未來做更樂觀的描述。雖然目前大家看待「科技」的態度比以前明智、謹慎多了,但科技還是有很多值得樂觀看待的特質。不過,COVID-19 疫情期間,我有時間停下來反思。我重新接觸一個我即使不否認、但也輕忽太久的事實:指數級的變化即將到來,這無可避免。我們得好好處理這點。

即使你只接受本書核心論點的一小部分,真正的問題在於,我們實際上該**做**什麼。一旦我們承認了這個現實,哪些行動才能真正產生影響?面對本書 PART I 至 PART III 所描述的兩難困境,我們要如何駕馭技術,即使只是理論上可行?

近年來,關於這個問題,我已談過非常多次,數不勝數。我曾與美國、中國、歐盟的政策制定者、頂尖的 AI 研究人員、執行長、老友,科學家、律師、高中生,以及酒吧裡願意聽我說的隨機客人討論過這個問題。每個人都立即找到了簡單的答案,而且幾乎毫無例外，大家提出的方法都一樣：監管。

這似乎就是答案，擺脫困境的出路，駕馭技術的關鍵，拯救民族國家及文明的萬靈丹。在國家與超國家的層面，靈活的監管平衡進步的需要與合理的安全約束，涵蓋從科技巨擘與軍隊、到小型的大學研究小組以及新創企業等所有領域，並把一切綁在一個全面、可執行的架構中。這種論點主張：「我們以前就做過了，看看汽車、飛機、藥品。這不就是我們管理及駕馭新興浪潮的方式嗎？」

要是有那麼簡單就好了。對著令人驚歎的技術變革高喊「監管！」是最容易的部分，也是典型趨避悲觀的答案，是擺脫這個問題的簡單方法。表面上，監管看起來很誘人，甚至顯而易見、直截了當。這種說法讓人聽起來很聰明，關心事態發展，甚至如釋重負。言下之意是，這是可以解決的，但這是其他人的問題。然而，更深入觀察，就會發現漏洞百出。

在 PART IV 中，我們將探索社會開始面對兩難困境的許多方式，我們要如何擺脫趨避悲觀的態度，真正處理駕馭問題，並在一個必須有可能解決這個問題的世界中尋找答案。然而，在這樣做之前，我們必須承認一個核心事實：光靠監管是不夠的。召開白宮圓桌會議以及發表認真的演說很容易，但制定有效的立法是另外一回事。前面提過，政府正面臨著與新興浪潮無關的多重危機，例如信任下降、根深柢固的不平等、兩極化的政治等等，不勝枚舉。政府已不堪重負，疲於因應諸多問題；公務員的技能不足，面對未來各種複雜又多變的挑戰，他們尚未做好準備。

當業餘愛好者可以取得更強大的工具，科技公司在研發上投入巨資時，多數的政客卻陷入二十四小時的新聞迴圈，忙著接受新聞採訪與拍照，只求能大量曝光。一旦政府已淪落到只能從一個危機勉強過渡到下一個危機，政府幾乎沒有喘息的空間來因應造成重大變革的力量。因應這種天翻地覆的變革需要深厚的領域專業知識，以及對不確定的時間長短做謹慎的判斷。為了在下次選舉中更容易贏得選票，政客更容易忽視這些問題。

　　如果連 AI 等領域的技術專家與研究人員都難以因應變化的步調，監管機構的資源更少，這些單位還有希望跟上腳步嗎？有鑑於新興浪潮的速度與不可預測性，它們要怎麼為一個急速演化的年代做好準備？[1]

　　技術每週都在發展。起草與通過立法則需要數年的時間。以智慧型門鈴 Ring 這種新產品的上市為例。使用 Ring 這個產品，要在前門裝上攝影機，並與手機相連。這個產品一上市便迅速熱銷，如今隨處可見，徹底改變了監管的格局。突然間，普通的郊區街道從比較私密的空間搖身一變，成了受監視與錄影的空間。等到大家開始討論監管問題時，Ring 已經建立一個龐大的攝影機網路，從世界各地的用戶門口收集資料與圖像。社群媒體誕生二十年來，目前仍然沒有統一的策略來因應強大的新平台（此外，隱私、兩極化、壟斷、外資所有權及心理健康，哪一個才是核心問題呢？還是以上皆是？），即將到來的浪潮將使這種現象更加惡化。

　　在社群媒體、部落格、電子報、學術期刊，以及無數的會議與研討會上，關於技術的討論鋪天蓋地展開，但討論都很分散，日益淹沒在雜訊中。每個人都有自己的觀點，但這些觀點無法凝聚成共識、得出連貫的方案。談論機器學習系統的倫理問題，與談論合成生物的技術安全性相去甚遠。這些討論往往在孤立的同溫層進行，很少接觸到更廣泛的受眾。

然而，我認為它們是構成同一現象的不同面向，目標都是為了解決同一浪潮的不同層面。光是針對演算法偏誤、生物風險、無人機戰爭、機器人技術的經濟影響，或是量子運算的隱私問題，做數十次獨立的討論是不夠的，這樣完全低估了其中的因果關係如何相互關聯。我們需要一種方法來統一這些各自獨立的對話，囊括所有不同的風險。我們需要一個通用的概念，來因應這場全方位的革命。

見解分散的代價是失敗，我們知道那會是什麼樣子。目前，我們的見解零零散散：數百個不同的方案分散在技術圈的各個角落從事立意良善但零碎的研發，毫無統一規劃或方向。我們在最高層級需要一個明確而簡單的目標，把所有不同的技術開發整合成一個有凝聚力的整體。這不止是在這裡或那裡做微調，而是超越了單一公司、研究小組或國家。它遍及各地，同時涵蓋所有的領域、風險與地區。無論是面對一個新興的 AGI，還是一種奇怪但有用的新生命形式，我們的目標都必須統一：駕馭技術。

人類在二十一世紀面臨的核心問題，是如何培養足夠的合法政治權威與智慧、足夠的技術熟悉度以及健全的規範來駕馭技術，確保技術持續帶來更多的效益，而不是傷害。換句話說，我們的任務在於駕馭那些看似無法駕馭的東西。

考慮到技術人的歷史以及技術滲透到生活各個方面的現實，達成任務的機率看起來很渺茫，但這不代表我們就不該嘗試。

然而，多數組織（不止是政府）都不適合因應這些迫在眉睫的複雜挑戰。前文提過，連富裕國家也可能疲於因應眼前的危機。[2] 2020 年，全球健康安全指數（Global Health Security Index）在因應疫情的準備程度方面，把美國列為全球第一，英國排名也在前段班。然而，英美兩國一系列糟糕的決定所導致的死亡率與經濟損失，明顯高於加拿大與德國等程度相當的國家。[3] 雖然在專業、系統穩健度、規劃、資源方面有明顯的優勢，但就算看似最有準備的國家也措手不及。

表面上看來，各國政府應該比以往更有能力管理新風險與新技術。目前，國家在這方面的預算往往處於創紀錄的水準。[4] 但事實是，對於任何政府來說，因應新威脅都極其困難。這不是政府理念的缺陷，而是對我們眼前挑戰規模的評估。當政府面對像 ACI 這種可以通過現代版圖靈測試的東西時，即使是最深思熟慮、最有遠見的官僚機構，它們的反應也會與應對 COVID-19 疫情的表現差不多。政府是在為已經遇到的情境做準備及回應，它們關注的焦點是上一次戰役、上一場疫情、上一波浪潮。監管機構是在監管它們可預見的事情。

然而，這是一個充滿突發意外的時代。

# 監管是不夠的

儘管面臨不利的因素，但監管先進技術的措施的確**有**必要，而且目前有愈來愈多的趨勢。最有雄心的立法可能是歐盟於 2021 年首次提出的《人工智慧法案》（*AI Act*）。[5] 截至 2023 年撰寫本書之際，該法案正經歷正式立法的漫長程序。一旦立法通過，AI 的研究與部署將根據風險分類。技術若有造成直接傷害的「不可接受風險」，該技術將遭到禁止。AI 若影響基本人權或基礎設施、公共交通、健康或福利等關鍵系統，則將被歸類為「高風險」，並受到更嚴格的監督與問責。高風險 AI 必須「透明、安全、受人類控制，而且有妥善的記錄」。

然而，該法案雖是目前為止全球最先進、最有雄心與遠見的監管嘗試，但也顯示了監管的內在問題。它受到來自各方的攻擊，有的說它管太多，有的說它管得不夠。一些人認為，它過於關注未來導向的新興風險，試圖監管一些甚至還不存在的東西。[6] 另一些人則認為，它的遠見不夠。有些人擔心，它對大型科技公司過於寬鬆，因為這些公司在起草的過程中扮演重要的角色，導致條款避重就輕。[7] 也有人認為它管太多，將阻礙歐盟的研究與創新，可能損害就業與稅收。

多數的監管都得在相互競爭的利益之間拿捏平衡。但是，很少領域像先進技術這樣，需要解決如此廣泛傳播、對經濟如此關鍵、卻又發展如此迅速的問題。所有的喧鬧與混亂都清楚顯示，任何形式的監管有多麼困難、多麼複雜，尤其是在變化加速的情況下。而且，正因為如此，監管幾乎一定會有疏漏，無法有效駕馭。

想要管理超進化又全能的通用技術，挑戰性極高。想想汽機車的運輸是怎麼監管的，它沒有單一的監管機構，也不是只有幾條法律而已。我們有交通、道路、停車、安全帶、排放、駕訓等方面的規定。這些規定不僅來自國家立法機構，也來自地方政府、公路機構、發布指導原則的交通部、牌照機關、環保當局。它不僅涉及立法者，也涉及警察、交通監理者、汽車公司、機械師、城市規劃者、保險公司等等。

複雜的法規經過幾十年的改善，道路與車輛變得愈來愈安全，愈來愈有序，機動車輛也得以發展普及。然而，每年仍有一百三十五萬人死於交通事故。[8] 監管或許可以減少負面影響，但無法消除交通事故、汙染或氾濫等不良後果。考量到機動車輛所帶來的效益後，我們已經認定，那些缺點對人類來說是可接受的成本。這裡的「我們」一詞非常重要，監管不光只依賴新法律的通過，也涉及規範、所有權的結構、法規遵循與誠信的不成文守則、仲裁程式、合約執行、監督機制。這一切都需要整合起來，也需要社會大眾接受。

這些都需要時間，但我們沒有時間。對於即將到來的浪潮，我們沒有數十年的時間讓無數的組織制定策略，得出適切的價值觀與最佳的實務做法。先進科技迫切需要迅速又正確的監管。此外，這些前所未有的技術如此廣泛，我們也不清楚該怎麼管理。監管合成生物，究竟是在監管食品、藥品、工業工具、學術研究，還是同時監管這些行業？哪些機構應該對什麼項目負責？這一切要如何整合在一起？哪些行為者對供應鏈的哪些部分負有責任？光是一個嚴重的監管疏失，後果也可能不堪設想。然而，現在連決定由哪個機構負責，都像走在地雷區一樣困難。

除了激烈的立法辯論，各國也陷入矛盾。一方面，各國正在做策略競爭，加快 AI、合成生物等技術的發展。每個國家都希望站在技術的最前線，成為世人眼中的技術領先者。這是衡量國家自尊與國家安全的標準，也是攸關生死存亡的當務之急。另一方面，國家也急切地想要監管技術，進而駕馭技術，尤其擔心這些技術威脅到民族國家身為終極權力中心的地位。可怕的是，這裡假設的是一種最好的情境：強大、有能力、凝聚力的自由民主國家，能夠內部團結一致，並在國際上協調得當。

為了使駕馭技術成為可能，規則得在荷蘭、尼加拉瓜、紐西蘭、奈及利亞等不同的地方順利運作。只要有國家放慢步調，其他國家馬上就會衝上前。每個國家已經將其獨特的法律與文化習俗帶到了技術發展中。例如，歐盟限制糧食供應中使用基改生物；然而，在美國，基改生物已是農業常態。表面上，中國算是監管方面的領導者，政府已發布了多項有關 AI 倫理的法令，試圖實施廣泛的限制。[9] 中共積極禁止了各種加密貨幣與去中心化金融（DeFi）

計劃，並限制了十八歲以下的青少年投入遊戲與社群 app 的時間（週間每日上限九十分鐘、週末三小時）。[10] 針對推薦演算法及 LLM 等相關法規草案，中國遠遠多過西方國家。[11]

中國在一些領域急踩剎車，同時在其他領域大舉推進。中共的監管措施伴隨著技術的非凡運用，成為加強威權治理的工具。西方的國防與政策專家堅定地認為，儘管中國在 AI 倫理與限制方面談得頭頭是道，但一旦涉及國家安全，它們幾乎完全沒有設下任何有意義的障礙。所以實際上，中國的 AI 政策堪稱雙管齊下：一是受監管的民用路線；另一則是毫不受限的軍事工業路線。

除非監管能夠解決本書 PART II 提及的動機的深層本質，否則監管並不足以駕馭技術，它無法阻止有動機的不良分子或事故，也無法觸及開放且不可預測的研究系統核心。由於新技術可帶來龐大的經濟效益，監管無法為這些龐大的經濟效益提供替代方案。最重要的是，監管並沒有解決策略必要性的問題。它沒有描述各國該如何合作、建立巧妙的聯盟，來因應這種誘人又難以定義的跨國現象——尤其是在國際協議經常失敗的情況下。[12] 在想要駕馭新興浪潮及想要塑造並擁有浪潮之間，在防範技術風險的必要性及抵禦外部威脅的必要性之間，有一條難以逾越的鴻溝。取得優勢的途徑與掌控技術的途徑背道而馳。

現實情況是，駕馭並不是一個政府可以單獨完成的事情，就算是一群政府也無法完成。它需要公共與私營部門之間創新大膽的合作，也要為各方制定一套全新的激勵措施。歐盟《人工智慧法案》

這樣的法規至少顯示管理這類技術的努力獲得了認可，凸顯出主要國家政府認真看待技術擴散的風險，展示出新的承諾以及犧牲的意願。

光靠監管是不夠的，但至少是個開始，也是大膽的一步，真正了解即將到來的浪潮所涉及的利害關係。在一個駕馭看似不可能的世界裡，這些姿態都顯示也許未來駕馭是可行的。

# 重新審視駕馭：新的大協議

這世上，有任何實體有能力同時防止技術的大規模擴散，又能從新興浪潮中獲得龐大的力量與利益嗎？有任何實體有辦法阻止不良分子取得技術，或塑造新興概念的傳播嗎？隨著自主性的提升，要是有任何個人或實體想在大範圍內掌握有意義的控制，是否可行？想要駕馭技術，這類問題的答案都是「是」。理論上，受駕馭的技術可以讓我們走出困境，表示我們能夠利用並控制技術浪潮（浪潮是建立永續與繁榮社會的重要工具），同時以避免嚴重災難的方式來遏制浪潮，但不至於過度干預而導致反烏托邦的狀態。也就是說，我們得規劃一種新的大協議。

如前文所述，我形容駕馭是控制與管理技術的基礎，涵蓋技術、文化、法規等面向。根本上，我認為這代表有能力大幅減少或徹底阻止技術的負面影響，從微小的局部問題到攸關生死的全球挑戰。包括嚴防擴散技術的濫用，並引導新興技術的發展、方向與監督。受駕馭的技術是指故障模式已知、可管理、可減輕的技術。也就是說，塑造及管理技術的方式必須與技術的能力一起升級。

說到駕馭，我們很容易以一種顯而易見、字面上的意義來思考，把它想成一種密封某種技術的神奇盒子。在極端情況下（例如惡意軟體或病原體），確實可能得採取如此激烈的措施。不過，一般而言，駕馭比較像是一組護欄，在技術可能弊大於利時，確保人類握有掌控權。試想，這些護欄在不同的層面運行，有不同的實施模式。下一章，我們將深入研究這些措施的具體內容，從 AI 人機利益相符研究到實驗室設計，從國際條約到最佳實務規範。目前，我在此想強調的重點在於，這些護欄得夠堅固，理論上才能阻止失控的災難。

駕馭策略需要針對技術的性質量身打造，並把技術導向較容易控制的方向。回想一下即將到來的浪潮的四個特徵：不對稱、超進化、全能性、自主性。每個特徵都必須從可駕馭性的角度來看。在制定駕馭策略之前，有必要先問以下問題，確定可行的方法：

- **這項技術是通用的、還是專用的？** 核武是單一目的的專門技術；反之，電腦本質上是多用途的。潛在的用例愈多，愈難駕馭。因此，應該鼓勵開發那些範圍較窄、領域較特定的系統，而非通用系統。
- **技術正在從原子走向位元嗎？** 一項技術愈走向非物質化，愈容易受到難以控制的超進化效應影響。材料設計或製藥開發等領域會加速發展，使進步的步調更難追蹤。

- **價格與複雜性是否在下降，如果是，下降的速度有多快？** 戰鬥機的價格並沒有像電晶體或消費性硬體的價格那樣下降。來自基礎運算的威脅比來自戰鬥機的威脅更廣，儘管戰鬥機有明顯的破壞潛力。

- **是否有可行的替代方案？** 氟氯碳化物之所以可以禁用，部分原因是有更便宜、更安全的冷凍替代品。這個技術有什麼替代方案？安全的替代品愈多，就愈容易逐步停用。

- **技術會促成不對稱影響嗎？** 想想，一群無人機攻擊傳統軍隊，或一台微型電腦或生物病毒破壞重要的社會系統。某些技術出人意料及利用漏洞的風險更大。

- **技術有自主性嗎？** 是否有自我學習的空間，或有辦法在無人監督的情況下運作？想想基因驅動、病毒、惡意軟體，當然還有機器人技術。技術先天愈需要人為的干預，失控的可能性愈小。

- **它會帶來過大的地緣政治策略優勢嗎？** 比方說，化學武器的優點有限，缺點很多；而在 AI 或生物領域占得先機，無論是經濟上、還是軍事上都將有很大的優勢，因此，要對這種技術說「不」就更難了。

- **它有利於進攻、還是防守？** 二戰中，V-2 這種導彈的開發有助於進攻行動。但雷達之類的技術則可加強防禦。把技術發展導向防禦而非進攻，將有助於駕馭。

- **技術的發明、開發、部署方面，是否有資源或工程限制？**
  矽晶片需要專門、非常集中的材料、機器、知識。放眼全球，合成生物新創公司的人才數量仍然很少。兩者在短期內都有助於駕馭。

當額外的阻力使東西停留在原子的有形世界中，或使東西變得更加昂貴；或者，一旦更安全的替代品很容易取得，駕馭的可能性就更大，因為減緩技術發展、限制取用或完全放棄技術比較容易。特定的技術比通用技術更容易監管，但監管通用技術更為重要。同樣地，一項技術用於攻擊或自主行動的可能性愈大，就愈需要駕馭。使技術的價格與取得超出許多人的能力範圍，技術就愈難擴散。提出這樣的問題，駕馭的整體願景就開始浮現了。

# 洪水之前

這十五年來，我大部分的時間都在研究這個問題。這段時間裡，隨著這個困境變得愈來愈明朗，我感受到這本書描述的力量，感受到那些動機，感受到尋求答案的迫切需要。然而，儘管參與了廣泛的研究，就連我自己還是對技術在短短幾年內的飛速進展吃驚不已。眼看著技術發展的步調不斷加快，我一直絞盡腦汁苦思對策。

縱觀歷史，我們往往沒有控制或駕馭技術。如果我們現在想要駕馭技術，那需要全新的東西，一個涵蓋安全、道德、監管、控制的全方位計劃。這個計劃甚至沒有真正的名字，而且一開始看起來似乎無法實現。

這種困境迫切需要我們採取行動，但多年來，顯然多數人都覺得問題大到難以處理。我完全可以理解這種反應。我第一次接觸這個想法時，也覺得不太真實。在所有 AI 與監管的相關討論中，我注意到，相較於許多現有或日益逼近的挑戰，要確切傳達為什麼我們需要認真看待本書提到的風險，為什麼它們不是近乎無關緊要的尾部風險、或屬於科幻小說的領域，有多麼困難。

甚至，開始提出這種討論時，我們面臨一個挑戰：在大眾的想像中，技術已經變成用途有限的多餘應用程式的代名詞。對大眾而言，「技術／科技」這個字眼現在主要指的是社群媒體平台，以及衡量步數與心率的可穿戴裝置。大家很容易忘了，技術也涵蓋很重要的系統，例如灌溉全球糧食的水利系統，以及餵養新生兒的維生裝置。技術不止是儲存自拍照片的一種方式，也是通往人類知識與文化寶庫的一扇大門。技術不是一種小眾的東西，而是一種主宰人類生存的超物件（hyper-object，注：哲學家蒂莫西·莫頓〔Timothy Morton〕提出的概念，指在時間與空間上分布廣泛的東西，是龐大又複雜的現象，對人類體驗與環境有深刻的影響。超物件的例子包括氣候變遷、塑膠汙染、網際網路。這些東西的特點是它們在全球隨處可見，也對廣泛的生態與社會系統產生影響）。

氣候變遷是一個實用的類比。它因應的風險往往也相當分散、不確定、暫時看來很遙遠、發生在其他地方、缺乏明確又直接的危險（不像野外突襲那樣直接，我們已經為野外突襲這類的風險做好了應對的準備）。從心理層面來說，這些彌漫的威脅並不會讓人感到緊迫或真實。我們史前時代的大腦通常難以因應這類無定形的威脅。[13]

然而，過去十年左右，氣候變遷的挑戰開始受到更多關注。雖然全球排放的二氧化碳還是愈來愈多，但世界各地的科學家都能測量大氣中的二氧化碳含量（ppm）。1970 年代，全球大氣中的碳含量還在 300 ppm 左右。[14] 2022 年的碳含量是 420 ppm。無論在北京、柏林，還是東非的蒲隆地，無論是石油巨擘還是家庭農場，每個人都可以客觀地看到氣候正在發生變化。資料讓現實狀況顯得更加明朗。

若影響可以如此明顯地量化，就比較不會有趨避悲觀的情緒。和氣候變遷一樣，技術風險只能從全球這個層面解決，但技術風險卻不如氣候變遷的問題那樣明朗。我們沒有現成的風險衡量標準，沒有各國政府、董事會、大眾共用的客觀威脅單位，沒有類似 ppm 這種單位來衡量技術可能做什麼或它在哪裡，沒有一個通用或明顯的標準讓我們逐年檢查。科學家與技術人員對於先進技術的問題毫無共識，大眾也沒有發起任何運動阻止。沒有冰山融化、北極熊受困或村莊被洪水淹沒的圖像來提高世人的意識。那些發表在 arXiv、Substack 部落格或智庫白皮書上的晦澀研究，幾乎完全派不上用場。

我們如何在相互競爭的目標上找到共同點？中國與美國對於限制 AI 發展一事沒有共識；Meta 並不認為社群媒體是問題的一部分；

AI 的研究人員與病毒學家認為，他們的研究不是造成災難的關鍵，而是了解與避免災難的關鍵。表面上看來，「技術」並不像全球暖化那樣是個問題。

然而，這仍可能是一個重大的問題。

第一步是承認。我們需要冷靜地承認，浪潮正朝著我們而來，只要它的方向沒有突然改變，這種困境無可避免。我們面臨兩種選擇：要麼因應持續的開放與盲目的追逐所引發的大量好壞結果，要麼面對我們試圖限制強大技術擴散所帶來的反烏托邦與專制風險。一旦這些技術集中在某些實體的手中，將會進一步加劇技術固有的風險。

你得選擇你的挑戰。歸根結底，你必須與所有利害關係人協商，才能拿捏這個平衡。大眾對這件事的關注愈多愈好。如果這本書引發了批評、爭論、建議與反駁，那也是多多益善。

一群聰明人窩在某座地堡裡，不可能想出神奇的解決大招。結果可能正好相反，當前的精英滿腦子都是趨避悲觀的想法，不敢誠實面對我們面臨的危險。他們樂於私下發表意見、辯駁議論，但不太願意站出來談這個問題。他們習慣了井然有序的受控世界，例如執行長掌控公司、央行總裁掌控利率、官僚掌控軍事採購、城市規劃者掌控需要修補的坑窪。當然，他們的掌控方式並不完美，但至少那是已知、驗證有效的，但那些方法並不足以因應眼前的挑戰。

這是一個獨特的時刻。即將到來的浪潮**真的**來了，但它還沒有將我們淹沒。雖然無法阻擋的動機已經確定了，但這波浪潮的最終形式（亦即困境的確切輪廓）還不明朗。我們不該浪費幾十年的時間等待答案，應該從現在開始積極面對。

在下一章中，我將概述十個重點領域。這不是一份完整的藍圖，也絕對不是最終的答案，而是必要的基礎。我的目的是播下思想的種子，以期跨出**邁向**駕馭的關鍵第一步。這些概念的共通點在於逐步進展，也就是說，持續不斷累積微小的進步，藉此提高有利結果的機率。這些概念將為如何打造、部署技術創造一個不同的環境：為爭取時間、放慢進步的速度、深入研究解方、引起關注、建立聯盟、進一步推進技術研究找到方法。

我認為，在**當前**的世界裡，駕馭即將到來的浪潮是不可能的。然而，這些概念可能幫我們改變根本的動態。唯有改變現狀，駕馭才有機會。做這一切的過程中，我們應該意識到，它可能失敗，但它同時也是我們打造一個有利於駕馭技術及人類蓬勃發展的世界的最佳機會。

沒有萬無一失的解決方案，也沒有神奇的萬靈丹。任何尋求迅速、取巧解方的人注定會失望。面對這個困境，我們一如既往陷入太人性化的境地：我們只能竭盡所能，自求多福。以下是我認為可能——只是可能——實現目標的方式。

# 14 Chapter 邁向駕馭的方法
## Ten Steps Toward Containment

　　在這個章節，我會把提出的十個概念想成一系列向外擴展的同心圓。我們從貼近技術的核心概念開始講起，把焦點放在刻意施加約束的特定機制。從這個核心開始，隨後每個概念變得愈來愈廣泛，逐漸遠離技術細節、原始程式碼與原料，朝著非技術性、但同樣重要的行動進展。那些行動構成了新的商業動機、改革的政府與國際協定、更健全的技術文化，以及全面的公共運動。

　　這種方法的威力來自洋蔥式的漸層建構，光有其中任一層是不夠的，每一層都需要截然不同的干預措施，需要不同的技巧、能力、人員。每一層都代表一個廣泛而專門的研究領域。我認為，把它們合起來可形成一個有效的解決方案。

　　讓我們從頭，從技術本身開始看起。

# 1. 安全：技術安全的阿波羅計劃

　　幾年前，許多大型語言模型都有一個問題。講白一點就是：它們都有種族歧視。用戶可以輕易找到讓這些模型輸出種族歧視內容或抱持種族偏見的方法（系統從訓練它們的語料庫中收集到這類觀點）。這些糟糕的偏見似乎在人類的寫作中根深柢固，然後被 AI 放大。此事導致許多人認為這些系統在道德設計上有缺陷。既然大型語言模型會造成明顯的危害，我們又沒辦法充分掌控，那就乾脆不要公開發布這種模型。

但後來如我們所見，大型語言模型開始流行起來。2023 年，現在可以明顯看出，相較於早期的系統，要煽動像 ChatGPT 這樣的東西發表種族歧視的言論已經變得極其困難。所以這個問題已經解決了嗎？當然沒有。大型語言模型帶有偏見、甚至公然展現種族歧視的例子依然很多，不僅如此，它們還有很多嚴重的問題（例如提供的資訊不準確、情感操縱等等）。然而，對我們這些一開始就投身此領域的人而言，這些系統消除不良輸出的進步相當驚人，也是無庸置疑的。大家很容易忽略我們進步的幅度與速度。

這種進步背後的一個關鍵驅動因素來自人類回饋的「強化學習」。研究人員為了修正容易產生偏見的大型語言模型，與模型建立了巧妙的多回合對話，促使它說出討人厭、有害或冒犯性的東西，看它究竟在哪裡出錯，以及如何出錯。研究人員揪出這些錯誤，然後把這些人類見解重新整合到模型中，最終教導系統學會一個更理想的世界觀——這其實跟我們教孩子不要在餐桌上說不得體的話差不多。隨著工程師愈來愈清楚系統固有的道德問題，他們更積極地尋找技術創新來解決這些問題。

解決大型語言模型的種族歧視與偏見只是一個例子，它讓我們看到，為了提高這些模型的安全性，謹慎及負責的部署是必要的。接觸現實有助於開發人員學習、糾正、提高模型的安全性。

雖然說單靠技術方案就能解決 AI 帶來的社會和倫理問題是錯的，但上述例子確實顯示，技術方案是解決問題的關鍵。從程式碼、實驗室等根本細節直接確保技術安全，是任何駕馭策略的首要步驟。

聽到「containment」這個字，假設你不是國際關係的學者，你很可能會想到實際限制某種東西。當然，實際遏制技術很重要，例如我們已經看到，就算是 BSL-4 等級的實驗室也會發生外洩。怎樣的環境可以讓實驗室外洩變得完全不可能發生？ BSL-7 或 BSL-n 是什麼樣子？

雖然我在上一章指出，駕馭不該簡化為一種神奇的寶盒，但這並不表示我們不想打造一種類似的東西，作為解決方案的一部分。最終極的控制形式是對伺服器、微生物、無人機、機器人、演算法等事物的實體掌控。把 AI「裝進盒子裡」是駕馭技術的原始與基本形式，也就是沒有網路連線、人與人的接觸有限、一個又小又窄的外部介面。它是名符其實地裝在實際的盒子裡，放在特定的地方。理論上，這種名為「隔離網路」（air gap）的系統可以阻止 AI 與更廣闊的世界互動，或以某種方式「擺脫束縛」。

為了因應下一波浪潮的挑戰，實體隔離只是轉變技術安全架構的一個方面，充分利用現有資源是一個開始。例如，車諾比、福島等眾所皆知的災難導致核能的風評不佳，但核能其實非常安全。國際原子能機構（International Atomic Energy Agency）已經發表了上百份安全報告，說明特定情況下的具體技術標準（從放射性廢料的分類到緊急情況下的準備工作）。[1] 電機電子工程師學會（Institute of Electrical and Electronics Engineers）等機構記錄了兩千多項技術的技術安全標準，從自主機器人的開發到機器學習等技術的安全標準都在裡頭。幾十年來，生技與製藥公司所遵循的安全標準向來比多數的軟體企業嚴格許多。值得注意的是，經過多年的努力，許多現有的技術變得更加安全，並在此基礎上繼續發展。

先進的 AI 安全研究仍是一個未開發的新興領域，焦點是防止日益自主的系統取代我們了解或控制它們的能力。我把這些有關控制或價值觀調整的問題，視為更廣泛的駕馭問題的一部分。雖然投入機器人、生物技術、AI 領域的資金已多達數十億美元，但投入技術安全框架來駕馭這些技術的資金卻很少。例如，監督生化武器的主要機構「禁止生物武器公約」（Biological Weapons Convention）只有 140 萬美元的預算，四名全職員工，比一間麥當勞的員工人數還少。[2]

AI 安全研究員的數量依舊寥寥無幾：2021 年全球頂級實驗室約有一百人，2022 年增至三百或四百人。[3] 由於現今 AI 研究員約有三萬到四萬人，相較之下，AI 安全研究員的人數少得驚人（能夠合成 DNA 的人數也差不多是三萬到四萬）。[4] 即使大幅增加十倍的招募人數（受限於人才瓶頸，這不太可能發生），也不足以因應挑戰的規模。相較於可能出錯的嚴重程度，AI 的安全與倫理研究少之又少，顯得微不足道。由於資源限制，僅有少數幾家機構認真看待技術安全問題。然而，今天做出的安全決策，將改變技術與人類的未來進程。

這裡有一個明確的當務之急：促進、鼓勵、直接資助這個領域的更多研究。現在我們得針對 AI 安全與生物安全啟動類似阿波羅計劃（Apollo program，注：美國航空暨太空總署於 1961 至 1972 年間執行的載人登陸月球行動）那樣的方案，讓成千上萬人參與其中。具體來說，我們需要一個良好的立法提案，要求先進企業把研發預算中的固定比例用於安全研究（比如至少 20%），而且有義務向政府的工作小組公布重大發現，以便追蹤、分享進展。原始的阿波羅任務成本高昂又繁重，但他們展現出非凡的雄心壯志，並在面對艱鉅困難時展現出積極進取的態度，那些努力促成了半導體、軟體、石英鐘、太陽能板等多項技術的發展。[5] 類似的計劃也可以為安全方面帶來同樣的影響。

雖然目前安全研究人員很少，但根據經驗，我知道大家對這些問題的興趣日益高漲。我遇到的學生與其他的年輕人都在討論 AI 人機利益相符與流行病防範等問題。與他們交談後，我發現，吸引他們的不止是智慧方面的挑戰，還有道德方面的必要性。他們渴望做出貢獻，覺得自己有責任做得更好。我相信，只要設立相關的就業機會與研究專案，人才就會隨之而來。

對未來的技術安全專家來說，有很多充滿前景的方向可以探索。例如，使用殺死病毒的短波燈泡可以大幅加強對流行病的防範。這種燈泡發出波長介於兩百到兩百三十奈米、接近紫外線光譜的光，可以在不穿透皮膚外層的情況下殺死病毒。這為預防流行病及更廣泛的疾病傳播提供了一種強而有力的工具。[6] 如果說我們從 COVID-19 疫情中學到了什麼，那應該是：在新疫苗的研究、推廣、監管方面，採取整合、加速的方法非常重要。

在 AI 方面，技術安全也代表使用沙盒與安全模擬，以創造可證明安全的隔離網路，好讓先進 AI 在進入現實世界之前，先經過嚴格的測試。這表示我們應該對不確定性做更廣泛的研究，這是目前的主要焦點——也就是說，當 AI 可能出錯時，它如何溝通？大型語言模型目前面臨的一個問題是，它仍會產生「**幻覺**」，常會自信滿滿地宣稱錯誤的資訊是準確的。由於這些模型常提供專家等級的**正確**答案，這種幻覺問題特別危險。使用者很容易產生一種錯誤的安全感，以為系統輸出的任何內容都是真的。

例如，在 Inflection AI 公司，我們正想辦法鼓勵我們的 AI 系統——名為 Pi，是 personal intelligence（個人智慧）的縮寫——在預設情況下保持謹慎與不確定性，也鼓勵用戶持續思辨。為此，我們設計 Pi，讓它表達自我懷疑，經常以建設性的方式尋求意見回饋，並預設它服從人類的判斷（我們假設人類的觀點比機器更有可能是正確的）。我們也和其他人合作一項重要的研究，目的是使用我們知道可信的第三方知識庫，對 AI 的輸出內容做事實查核。這裡的關鍵是確保 AI 輸出提供引用、來源、可詢問的證據，以便用戶看到可疑內容時可進一步調查。

　　闡明 AI 決策背後的原因是技術安全領域的另一大挑戰。目前還沒有人能確切地解釋為什麼一個模型會產生那樣的內容。對安全研究人員來說，設計方法讓模型全面解釋其決定，或讓它們接受審查，已經變成關鍵的技術難題。這項研究目前仍處於初級階段，但有一些令人振奮的跡象顯示，AI 模型即使還不能為其輸出提供因果推理，但或許能夠為其輸出提出理由，儘管目前還不清楚這些理由的可靠性有多高。

　　在使用簡化架構來探索更複雜的架構方面，目前也有重大的進展；甚至在人機利益相符的自動化過程方面，也有許多研究：開發 AI 來幫我們駕馭人工智慧。[7] 研究人員正在研究新一代的「批判 AI」（critic AI），它可以追蹤其他 AI 的輸出，並給出意見回饋，目標是以人類無法企及的速度與規模來改進 AI（那是我們在即將到來的浪潮中看到的速度與規模）。管理強大的工具本身就需要強大的工具。

　　電腦科學家史都華・羅素（Stuart Russell）利用我們在 Inflection AI 正在探索的那種內建系統性懷疑，來創造他所謂的「可證明有益的 AI」（provably beneficial AI）。[8] 他建議系統謹慎推斷我們的偏好與目的，而不是給 AI 一套固定的外部目標（存在所謂的章程中）。AI 應該仔細觀察與學習。理論上，這應該可以在系統內部留下更多的懷疑空間，避免出現反常的結果。

許多關鍵挑戰依然存在：如何把安全的價值觀融入一個可能推翻自身指令的強大 AI 系統中？ AI 如何從人類身上推斷出這些價值觀？另一個持續存在的問題是，如何解決「可訂正性」（corrigibility）的問題，確保我們隨時都能讀取及修正系統。如果你認為這些聽起來都是先進 AI 的基本必備安全功能，你想得沒錯。這方面的進展需要迅速跟上。

我們也應該在開發與生產的過程中建立強大的技術防範措施。試想，現代的影印機與印表機如何內建技術來防止你複製鈔票。有的影印機與印表機甚至會在你嘗試複製鈔票時，直接關機。例如，對可用來培訓模型的運算資源設定限制，可能會減緩進展的速度。性能可能會受到限制，因此某個模型只能在某些嚴格控制的硬體上運行。AI 系統可以透過加密保護，來確保模型權重（這是系統中最有價值的智慧財產權）只能複製有限的次數，或只能在特定條件下複製。

無論是在合成生物、機器人技術，還是 AI 領域，最大的挑戰都是設計一個萬無一失的關閉功能，以關閉任何可能失控的技術。任何自主或強大的系統一定要有關閉機制，這是根本的常識。在即將到來的浪潮中，新興技術分散、多變又影響深遠，它們的確切形式還不明朗，在某些情況下可能會抗拒關閉。如何在這類技術上加入關閉機制是一個懸而未決的問題，也是巨大的挑戰。我覺得這有可能嗎？有，但任何人都不該低估這項任務的難度。

太多的安全研究是漸進的，專注於狹隘的影響評估、微小的技術問題，或是修復系統發布後突然出現的問題，而非提前解決根本的問題。我們應該改變這種做法，及早發現問題，接著在基礎面投入更多的時間與資源。放膽思考，建立通用標準。安全功能不該是事後的想法，而是這些新技術固有的設計屬性，是未來一切的根本狀態。儘管面臨嚴峻的挑戰，但我對這裡提出的概念之廣度與獨創性感到興奮。我們應該為這些概念的成功發展提供必要的智識與物質的支援，並承認工程雖不是全部的答案，卻是其中的基本部分。

## 2. 審查：知識就是力量，力量就是控制

審查聽起來很無聊，也許有其必要，但極其乏味，卻對駕馭至關重要。建立安全的實體與虛擬駕馭功能是根本（如上一點所述），但單靠那些設計是不夠的。重要的是，還要有有意義的監督、可執行的規則，以及對技術應用的徹底審查。如果你無法驗證安全措施與法規可如預期般運作，它們就難以發揮效果。你如何確定真正發生了什麼事，並檢查技術是否在你的掌控中？這是一個很大的技術與社會挑戰。

信任來自透明度，我們絕對需要能夠在每個層級上驗證系統的安全性、完整性或不受損的性質。這涉及存取權限與審查力，而且必須以刻意找碴的方式來測試系統，讓白帽駭客團隊（white hat hackers，注：指站在駭客的立場攻擊自己或經它人允許攻擊的系統，以進行安全漏洞排查的程式設計師）、甚至 AI 來偵查漏洞、缺

陷、偏見。這需要以全然不同的方式來開發技術，使用還不存在的工具與方法。

外部審查必不可少，但目前還沒有全面、正式或常規的做法來測試已部署的系統。沒有技術風險的預警機制，也沒有統一或嚴格的方法來查核它們是否遵守法規，或是否遵守共同商定的基準。目前既沒有制度、也沒有標準化的評估或必要的工具。因此，合理的第一步是：讓那些真正面臨危害風險、投入先進技術開發的公司與研究人員主動與值得信賴的專家合作，對他們的研究進行政府主導的審查。如果現在真有這樣的實體，我很樂意在 Inflection AI 與它合作。

為了協助展開這類任務，幾年前，我與人共同創立了一個跨產業的民間社會組織，名為「AI 合作夥伴關係」（Partnership on AI）。我們在各大科技公司以及數十個專業的民間社會團體的支持下啟動這個組織，包括 DeepMind、Google、Facebook、蘋果、微軟、IBM、OpenAI，以及美國公民自由聯盟（ACLU）、電子前哨基金會（EFF）、樂施會（Oxfam）、聯合國開發計劃署（UNDP）和其他二十個組織。不久之後，它啟動了一個 AI 事件資料庫（AI Incidents Database），目的是祕密地通報安全事件，以便與其他開發人員分享經驗教訓。目前它已經收集了一千兩百多份通報。這個組織與來自非營利、學術界、媒體圈的上百個夥伴合作，為跨學科討論與合作提供了關鍵、中立的窗口。目前有機會建立更多類似這樣的組織，並在這些組織的內部設立審查方案。

另一個有趣的例子是「紅隊演練」（red teaming，注：在軍事、網路安全等演習中，假設一方人馬為敵對紅隊，己方則為藍隊，藉此模擬攻擊情境並作出適當反應），亦即主動尋找 AI 模型或軟體系統中的缺陷。這裡指的是以可控的方式攻擊你的系統，探測其弱點及其他的故障模式。[9] 今天發現的問題，很可能會在未來被放大。因此，了解這些問題有助於在系統變得更強大時，建立保障措施。公開且集體一起做紅隊演練愈多愈好，這可以讓所有開發人員相互學習。時機已經成熟，所有大型科技公司該積極合作了，它們需要迅速分享對新風險的見解，就像網路安全領域長期以來分享新的零日攻擊（zero-day attacks，注：零日漏洞是指還沒有修補程式的安全漏洞，零日攻擊則是指利用這種漏洞進行的攻擊）資訊一樣。

現在也是政府出資做紅隊演練的時機點，對每個系統做嚴格的攻擊及壓力測試，並確保過程中所獲得的知識在整個產業中廣泛分享。最終，這項工作可以擴大及自動化，由公共授權的 AI 系統來審查及抓出其他系統的問題，同時也讓自己接受審查。

用來追蹤新技術的系統必須辨識異常、功能上的意外進步，以及隱藏的故障模式。它們必須發現那些看似合理、但暗藏意外的木馬攻擊。為了做到這點，它們必須追蹤各種指標，而不是落入「打造全方位監控系統」這樣誘人的陷阱。密切關注用於訓練模型的重要資料集（尤其是開源資料集、來自研究的文獻計量分析、公開可用的有害事件）是有效又不會侵犯隱私的起點。若其他人想使用基礎 AI 服務的應用程式介面，則不該盲目開放，應該附帶類似銀行業做的「認識你的客戶」（know your customer）檢查。

在技術方面，可以朝著特定的監督機制發展——有些研究人員稱之為「可擴展的監督」（scalable supervision），指的是密切關注「那些在許多任務上可能做得比人類更好的系統」。[10] 這個提議是指從數學上確認演算法不會造成傷害，要求模型提供確鑿的證據，以證明其操作或輸出明顯受限。本質上，這表示系統做的事情都有清楚的文檔記錄，系統能做的事情也有內建的限制。以這種方法驗證及確認模型的行為，可為引導及追蹤系統提供一種客觀、正式的方法。

新監督機制還有另一種看起來很有潛力的例子：SecureDNA。這是一個由一群科學家與安全專家所發起的非營利專案。目前僅一小部分合成 DNA 做過有害成分的篩檢。[11] 然而，像 SecureDNA 計劃這種全球專案，是為了把每個 DNA 合成器（無論是家中的桌上型小裝置還是大型工業設備）都連接到一個能夠篩檢致病序列的集中、安全、加密系統中。這是重要的第一步。只要有人試圖合成可能有害的 DNA 序列，系統就會標記下來。這項服務放在雲端、免費，並加密確保隱私，而且即時更新。

篩查所有的 DNA 合成將是一項減少生物風險的重大活動，我認為這樣做並不會過度限制公民自由。長遠來看，這不會阻止黑市，但可為建造非法合成器或入侵現有系統帶來不小的障礙。預先審查 DNA 合成或 AI 模型的資料輸入是在系統部署之前做預先審查，從而降低風險。

目前，世界各地用來監控新技術的出現、或新技術是否遭到敵國與其他行為者濫用的方法各不相同。目前的局勢看起來很複雜：有不透明的開源資訊、學術研究，也有祕密監控。這是一個法律與政治的地雷區，對於什麼算是越界，標準各不相同，有些情況還故意含糊不清。我們其實可以做得更好，透明度必須是強制性的。我們需要一個明確定義的合法途徑，以便從各個層面深入檢查任何新技術（從程式碼與實驗室開發，到製造過程與現實世界的應用）。

　　大部分的審查應該在技術開發者的合作下自願進行。在無法這樣做的地方，立法必須強制合作。如果立法依然無效，可以考慮其他方法。例如開發技術保護措施 —— 包括在某些情況下加密後門——以提供一種可驗證的進入系統，由司法機構或類似的公共認可獨立機構掌控。

　　每當執法或監管機構提出進入任何公共或私人系統的理由時，應根據該案的具體情況作出決定。同理，使用加密分類帳來記錄模型、系統或知識的任何複製或分享，有助於追蹤其傳播與應用。以這種方式整合社會與技術的駕馭機制很重要。這個領域的細節需要新的研究與公開辯論。我們得在監控和安全之間找到一種新的、安全的、難以濫用的平衡，來因應即將到來的浪潮。

　　法律、協定、卓越的技術方案都很好，但它們仍需協調檢查，而且這樣做時，不能訴諸嚴厲的控制方式。開發像這樣的技術絕不無聊，這其實是二十一世紀最刺激的技術與社會挑戰之一。落實技術安全功能及審查措施非常重要，但這需要我們目前缺乏的一種資源：時間。

# 3. 鎖喉點：爭取時間

2020 年 9 月，中國國家主席習近平語帶擔憂地對一群中國科學家說：「我們一些關鍵核心技術受制於人，部分關鍵元器件、零部件、原材料依賴進口。」[12] 他認為，對中國未來與地緣政治安全至關重要的「關鍵核心技術」「受制於人」。事實上，中國進口晶片的支出超過了進口石油的支出。[13] 中國領導高層很少這樣公開表達擔憂，由於他們把長期策略寄託在稱霸未來的浪潮上，這其實是在坦承一個重大的弱點。

幾年前，某國營報社以一種更生動的形象來描述同樣的問題。它說，中國的技術受制於一系列的「鎖喉點」。只要有人掐住那些鎖喉點，影響顯而易見。

2022 年 10 月 7 日，習近平的擔憂成了現實。美國向中國宣戰，攻擊其中一個鎖喉點。這次攻擊不是對著台灣海峽上空發射導彈，也不是動員海軍去封鎖南海或攻擊福建海岸，而是來自一個出乎意料的地方：商務部。掐緊的鎖喉點是先進晶片的出口管制，而這種晶片是驅動電腦運算及 AI 的關鍵。

新的出口管制禁止美國公司向中國出售先進的運算晶片，也禁止任何公司販賣製造這類晶片的機台，或提供修復現有晶片的技術。用於 AI 與超級運算等領域的最先進晶片（通常是十四奈米以下的製程，亦即一百四十億分之一米，相當於約二十個原子的距離），包括智慧財產權、生產設備、零組件、設計、軟體、服務等等，現在都受到最嚴格的管控。NVIDIA、AMD 等頂尖的美國晶片公司再也無法向中國客戶提供生產最先進晶片的方法與技術。在中國公司從事半導體工作的美國公民必須做出選擇：要麼繼續工作、但失去美國公民的身分，要麼立即辭職。

此舉完全出乎意料，目的是摧毀中國對二十一世紀技術中最關鍵組成要件的掌控。這不單只是一場複雜的貿易爭端。對中南海的中國領導高層來說，這是一個重大的警示，尤其這又發生在共產黨代表大會賦予習近平無限期領導權之後。一位不願透露姓名的科技業高管指出這次行動的影響範圍，他說：「他們不止針對軍事應用，而是想盡辦法阻撓中國技術能力的發展。」[14]

從短中期來看，大家普遍的共識是，這項禁令應該會讓中國痛不欲生。[15]建設必要的基礎設施極其困難，尤其在製造最先進晶片的精密機台與技術方面，中國仍處於落後狀態。不過，長遠來看，這可能無法阻止中國。為了實現晶片自給自足的目標，中國正朝著一條艱難且成本高昂、但仍看似可行的路線前進。如果實現這個目標需要投入數千億美元（確實需要那麼多），他們會毅然投入。[16]

中國公司已經在尋找規避管制的方法，利用空殼公司、幌子公司、第三國的雲端運算服務。NVIDIA 是生產最先進 AI 晶片的美國公司，它最近甚至對其頂級晶片做回溯性的調整，藉此規避限制。[17]整件事指出一個非常重要的觀念：至少有一種無庸置疑的影響手段。浪潮是可以減緩的，至少在某些地區可以減緩一段時間。

在超進化的時代，爭取時間是無價的。我們需要爭取時間來開發更多的駕馭策略，融入更多的安全措施，測試關閉技術的功能，增強防禦技術，強化民族國家，加強監管措施或通過立法，組成國際聯盟。

現在，技術的發展是由動機推動的，而不是由監管措施的步調推動的。像美國半導體出口禁令這樣的策略，為大國競爭、軍備競賽、未來帶來各種不確定的影響，但幾乎每個人都認同一件事：這至少會減緩中國的一些技術發展，進而減緩世界的發展。

最近的歷史顯示，儘管技術在全球擴散，但技術的進步仍依賴幾個關鍵的研發與商業化中心，這就是鎖喉點。以下是一些引人注目的集中點，例如，全錄（Xerox）與蘋果是使用者介面的集中點；國防高等研究計劃署（DARPA）與麻省理工學院是國防和技術創新的集中點；基因泰克、孟山都（Monsanto Company）、史丹佛大學、加州大學舊金山分校（UCSF）是基因工程的集中點。值得注意的是，這些傳統中心的影響力正慢慢消失。

在 AI 領域，最新 AI 模型所需的最先進 GPU 大多是由一家公司設計的：美國的 NVIDIA。NVIDIA 大部分的晶片是由台灣的台積電（TSMC）生產。最先進晶片的生產僅在一家工廠進行，那家工廠是全球最精密、成本最高的工廠。台積電製造這些晶片的機器來自單一家供應商：荷蘭的 ASML，是歐洲最有價值且最重要的科技公司。ASML 的機器使用「極紫外光微影製程」技術，生產出極精密的晶片，可謂史上最複雜的裝置之一。[18] 這三家公司掌握了先進晶片的鎖喉點，製造先進晶片的技術極其複雜，據估計，每公斤晶片的價值高達 100 億美元。[19]

晶片不是唯一的鎖喉點。工業規模的雲端運算也是由六大公司主導。目前，對 AGI 的探索，主要掌握在幾個資源雄厚的組織手中，最著名的是 DeepMind 與 OpenAI。全球資料流量透過有限數量的光纖電纜傳輸，這些光纖電纜集中在幾個關鍵點上，例如英格蘭西南部或新加坡的外海。鈷、鈮、鎢等稀土元素的短缺可能會顛覆整個產業。[20] 優質石英是製造太陽能板與矽晶片的必要原料，全球約 80% 的優質石英來自北卡羅來納州的一個礦場。[21] DNA 合成器與量子電腦不是一般的消費品。技能也是一種鎖喉點：從事本書提到的先進技術的人數，可能不超過十五萬人。

因此，隨著負面影響變得愈來愈明顯，我們必須利用這些鎖喉點來創造合理的限速因素，藉此阻擋開發的速度，確保謹慎與科學進步保持同步。因此，實務上，鎖喉點的概念不該只套用在中國上，而是應該更廣泛應用，規範技術開發或推出的步調。所以，出口管制不止是地緣策略，更是一場活生生的實驗。它有如一張藍圖，教我們如何在不完全扼殺技術的情況下駕馭技術。隨著時間的推移，這些技術終究會廣泛傳播。但在此之前，未來五年左右的時間非常關鍵，這是施加策略壓力以減緩技術發展的短暫契機。我們應該趁機會還在的時候好好把握，爭取寶貴的時間。

# 4. 開發者：批評者應該參與開發

　　驅動技術的動機無法抵擋，並不表示開發者可以不必為那些技術負責。反之，他們、我們、我都有責任，責任歸屬非常明確。沒有人被迫做基因改造實驗或建立大型語言模型。技術的傳播與發展無可避免，但這不能作為隨心所欲開發技術的免責藉口；更像是沉重的提醒，提醒我們有必要把事情做好，以及不這樣做的可怕後果。

　　開發技術的人比任何人更需要積極地解決本書所提到的問題。舉證及解決問題的責任落在他們的身上，也落在我們的身上。常常有人問我，既然有這麼多問題，為什麼我還要投入 AI 開發、創立 AI 公司、開發 AI 工具？除了 AI 可以帶來巨大的貢獻，我的回答是：我不想只是談論及辯論技術的駕馭，我想積極協助這個目標的實現，領先技術發展一步。有效的駕馭需要致力實現這個目標的技術專家。

　　科技的批評者在此也扮演重要的角色。站在場邊大吼大叫、在推特上發火、寫冗長又晦澀的文章來說明問題都是不錯的做法，但這些行動無法阻止即將到來的浪潮，也不會顯著改變浪潮。我剛開始投入這個領域時，外界對技術的看法幾乎完全是良性的，甚至欣喜若狂。他們覺得這些又酷又友善的公司正在打造光明的未來。這種情況已經改變了。然而，儘管批評的聲音愈來愈多，但對技術的發展幾乎沒什麼影響。

　　技術的批評者以他們自己獨特的方式，陷入一種趨避悲觀的陷阱，這在技術／政治／商業精英的身上很常見。那些嘲笑技術專家過於樂觀的人大多只會寫一些理論監管架構，或投書呼籲政府監管。如果你相信技術很重要而且很強大，並注意那些批評所產生的效果，你會發現那些批評顯然不夠。連批評者也迴避了擺在他們眼前的現實狀況。事實上，有時激進的批評就像技術本身一樣，成為炒作循環的一部分。[22]

可信的批評者必須是實踐者。他們應該打造正確的技術，以實際的方法來改變技術的進程，不止是觀察與評論，更要積極地展示做法，做出改變，從源頭採取必要的行動，也就是說，批評者必須實際投入。他們不能一直在旁大吼大叫，我這樣講並不是說批評不好，事實正好相反。技術迫切**需要**批評者——每個層面都需要批評，尤其是第一線的技術開發，他們得參與開發與創造技術的實際過程。如果正在閱讀本文的你是批評者，你的反應應該是參與技術的開發。

我完全承認，這不會讓生活變得更輕鬆，這個領域沒有輕鬆的工作，矛盾的存在是不可否認的。這表示像我這樣的人必須面對這樣的前景：當我們試圖開發有益的工具及預防糟糕的結果之際，可能在無意間加速了我們想避免的事情，就像功能增益研究人員做病毒實驗一樣。我開發的技術很可能造成一些傷害。儘管我不斷努力學習精進，但我肯定會犯錯。多年來，這個進退兩難的局面一直困擾著我：我究竟該退縮，還是積極參與？你離一項技術的核心愈近，愈能影響它的結果，把它導向更正面的方向，並阻止有害的應用。然而，這種參與也代表你為它的存在——無論是它可能帶來的效益，還是它可能造成的傷害———做出了貢獻。

我不知道所有的答案，也經常質疑自己的選擇，但唯一的替代選項是完全放棄開發技術。技術人員不可以用一種與世隔絕的態度來設計未來，不能只聽從自己的想法。一旦缺乏外部與內部的批評，我們一定會陷入進退兩難的困境。有了批評，我們才更有可能開發出不會進一步傷害民族國家、比較不容易發生災難性的失敗、不利於威權反烏托邦崛起的技術。十年前，科技業在各方面都有明顯的同質化，後來這種情況開始轉變。現在科技業有更多的知識多元性，包括發展過程中有更多批判、倫理、人文的聲音。

我與人共同創辦 DeepMind 時，大家覺得把安全與倫理考量納入一家科技公司的核心結構是一種很新奇的概念。當時，光是提到「倫理」這個詞，就會有人露出困惑的表情。然而，事到如今「倫理」卻有可能變成過度使用的陳腔濫調。不過，這促成了真正的改變，眾人更有機會對話、辯論。令人振奮的是，關於倫理 AI 的研究已經大幅增加，自 2014 年以來，學術論文的數量多了五倍。[23] 產業方面的成長更快，企業贊助或與企業合作的倫理 AI 研究每年成長 70％。以前看到道德哲學家、政治學家、文化人類學家在科技業任職很奇怪，現在愈來愈常見了。不過，科技業在把非技術觀點與多元聲音納入討論方面，仍有嚴重的不足。[24] 駕馭技術是一個需要各種學科與觀點的龐大任務，一定要積極招募多元人才。

在一個激勵機制根深柢固、監管不力的世界裡，技術不僅需要來自外部的批評，也需要來自內部核心的批評。

# 5. 商業：獲利＋目的

　　追求獲利助長了即將到來的技術熱潮，承認及面對這個現實對於確保安全而言非常重要。對於 AI、合成生物等急速發展的技術，我們必須找到負責又有包容性的新商業模式，以便同時促進安全與獲利。我們應該要能夠打造一家先天擅長駕馭技術的公司。長期以來，我和其他人一直在探索這個挑戰，但目前為止結果喜憂參半。

　　傳統上，公司只有一個明確的目標：股東報酬。這往往導致新技術毫無限制地發展。雖然過去這一直是推動進步的強大引擎，但不太適合用來駕馭即將到來的浪潮。我認為，在混合的組織結構中找到協調利潤與社會責任的方法，是因應未來挑戰的最佳方式，但實務上要做到卻非常困難。

　　創立 DeepMind 之初，「把符合我們最終目標的治理結構納入考量」對我來說相當重要。2014 年，Google 收購 DeepMind 之際，我設計了一個「倫理與安全委員會」來監督我們的技術，我們把該委員會列為收購的條件之一。早在那個時候我們就意識到，如果我們真的成功開發出真正的 AGI，那將釋出一種極其強大的力量，遠遠超出單一公司可擁有及掌控的程度。我們希望確保 Google 明白這點，並承諾把治理範圍擴大到超越我們這些技術專家之外。最終，我希望設立一個由多方利害關係人組成的全球論壇，來決定

AGI 實現時會發生什麼事，也就是說，那是一種 AI 治理的全球民主組織。我認為，一項技術愈強大，它的掌控及使用就更需要涉及多元的觀點。

Google 收購 DeepMind 之後，我與共同創辦人花了數年的時間，試圖把一份倫理章程融入公司的法律架構中，我們不斷爭論這部章程有多少部分可以公開，DeepMind 有多少工作可以進一步受到獨立的監督和審查。在這些討論中，我們的目標始終是確保前所未有的技術要搭配前所未有的治理。我們提議把 DeepMind 分拆出去，設為一種新型的「全球利益公司」，並在負責營運公司的董事會之外，另設一個完全獨立的董事會。獨立董事會的成員、決策，甚至一些論述將更加公開。追求透明、問責、倫理不僅是為了公司的公關，更是公司的根本要素，有法律約束性，並融入公司所做的一切。我們認為，這將讓我們以一種開放的方式運作，積極探索公司如何變得更有彈性，成為先進技術的現代長期治理者。

我們建立了一種可行的方法，把 AI 的獲利再投資到倫理與社會使命中。這家分拆出來的公司將是一家「擔保有限公司」，沒有股東，但有義務向主要出資者 Alphabet 提供獨家技術許可。根據其社會與科學目標，DeepMind 將把大部分的獲利用於公共服務技術，這些技術可能幾年後才有價值，例如碳捕集與封存、海洋清理、塑膠降解機器人或核融合。如此一來，我們能把一些重大突破公諸於世，就像學術實驗室那樣。Google 搜尋事業不可或缺的智慧財產權將留在 Google 手中，其餘部分將留給我們，用來推進

DeepMind 的社會使命、研究新藥、精進醫療、因應氣候變遷等等。這表示投資者可以獲得報酬，但也能確保社會目標融入公司的法律架構。

事後看來，這對當時的 Google 來說太難了。他們聘請了律師做了數年的密集協商，但似乎沒有辦法解決問題。最終，我們無法達成一個令所有人滿意的解決方案。DeepMind 仍是 Google 內部的一般部門，缺乏正式的法律自主權，只是以一個獨立的品牌運作。這段經歷給我上了重要的一課：股東資本主義之所以有效，是因為它簡單明瞭，治理模型也容易採用簡單明瞭的模式。在股東模式中，問責制與績效追蹤是量化的，非常透明。理論上，設計更現代的架構是可能的，但實務上的營運又是另一回事了。

在 Google 任職期間，我持續致力開發創新的治理結構。我草擬了 Google 的 AI 原則（AI Principles），也是發起 AI 倫理諮詢委員會的團隊成員。該委員會由著名的獨立法律、技術、倫理專家所組成。AI 原則與 AI 倫理諮詢委員會的目標都是為了針對 Google 如何處理 AI、量子運算等先進技術制定章程。我們希望把多元的外部利害關係人聚在一起，讓他們接觸先進技術，提出意見回饋。他們身在外界，遠離了開發新技術的興奮和樂觀，可以提供我們亟需的外部觀點。

然而，那個委員會在宣布幾天後就解散了。Google 的一些員工反對凱‧科爾斯‧詹姆斯（Kay Coles James）加入那個委員會，她是「傳統基金會」（Heritage Foundation，總部位於華盛頓的保守派智庫）的會長。雖然她與來自左派及中立路線的代表一同獲選，但 Google 內部迅速發起一場運動，要求將她解任。那些活動分子與推特的員工組成聯盟，指出她多年來發表了許多反跨性別和反 LGBTQ 的言論，包括最近一次宣稱：「如果他們能改變女性的定義，把男性也包括進來，他們也可能抹煞在經濟、社會、政治上賦予女性權力的努力。」[25] 雖然我不認同她的言論與政治立場，但我為我們邀請她加入董事會做了辯護。我說，所有的價值觀與觀點都值得傾聽。畢竟，Google 是一家為全球使用者提供服務的全球公司，有些使用者可能認同她的觀點。

許多 Google 員工與外部活動人士不認同這種說法。那個委員會宣布幾天之後，他們發表了一封公開信，要求把詹姆斯從委員會中除名。Google 員工與其他人士積極地遊說大學校園，要求它們不要為那些拒絕辭職的董事提供學術撥款，聲稱他們的持續參與只能被解讀成縱容「跨性別恐懼症」。最終有三名委員辭職，委員會成立不到一週，投入的心血全數化為烏有。遺憾的是，無論是對大眾人物、還是對上市公司來說，當前的政治氛圍都太濃烈了。

我試圖重新定義企業使命的嘗試再度失敗了，但它們確實促成了對話，也幫忙把一些棘手的討論帶入 Alphabet 的內部，以及更廣泛的政策界、學術界、產業界。這些討論包括哪些團隊與研究獲得資助、產品如何做測試、內部設了哪些控制與審查、多少外部審查是合適的，需要納入哪些利益關係人等等——Alphabet 與其他地方的資深領導者開始定期討論這些議題。

在科技公司，十年前大家覺得很邊緣的 AI 安全討論如今變得司空見慣。美國各大科技集團原則上都認同，它們應該在追求獲利與正面效益及技術安全之間拿捏平衡。雖然推動技術發展的獎勵相當誘人，但企業家、高階主管、員工都應該繼續推動、探索更能駕馭技術的公司形式。

目前有一些令人振奮的實驗正在進行中。Facebook 成立了獨立的監督委員會（Oversight Board），由前法官、活動家、專家學者組成，為管理平台提出建議。它遭受來自各方的批評，顯然無法單獨「解決」問題，但我們應該讚揚這種努力，並鼓勵 Facebook 與其他公司繼續實驗。另一個例子是公益企業與共益企業（B Corps）的崛起，它們仍是營利公司，但把社會使命融入法律定義的目標中。下一步是科技公司把強大的駕馭機制與目標列為受託責任的一部分。由於這種另類的公司結構增加（現在有一萬多家公司採用共益企業的結構），很有可能出現正面的改變。[26] 雖然經濟目標與受到控制的技術不見得相互呼應，但這些創新的公司形式提高了兩者相互呼應的可能性。我們需要做的就是這種實驗。

駕馭技術需要新一代的企業。它需要企業的創辦人與科技工作者為社會做出正面的貢獻，它也需要某種更困難的東西——政治。

# 6. 政府：生存、改革、規範

誠如前述，技術問題需要技術解決方案，但光有技術方案是不夠的，我們也需要國家蓬勃發展。每一項強化自由民主國家及加強國家抵禦各種壓力的努力都必須受到支持。民族國家仍控制著文明的許多基本要素：法律、貨幣供應、稅收、國防等等。這有助於完成未來的任務，國家需要建立並維持有彈性的社會制度、福利網路、安全架構，以及能夠承受嚴重壓力的治理機制。但它們也得詳細了解正在發生的事情：目前，民族國家正在風暴中盲目地運行。

物理學家理查・費曼（Richard Feynman）有句名言：「我無法創造出我不懂的東西。」如今這句話套用在政府與技術上，再適合不過了。我認為政府需要更深入參與，重新開發真正的技術，制定標準，培養內部能力。它得在開放市場上爭搶人才與硬體。毫無疑問，這種方法很昂貴，而且會伴隨著浪費的錯誤。但相較於那種只會委外服務、依賴外包專業、依靠外部業者開發及管理技術的政府，積極主動的政府可以發揮更大的控制權。

問責是靠深入了解培養出來的；所有權讓人產生掌控感，這兩者都需要政府的積極參與。儘管公司目前處於領先地位，但許多最開創性的根本研究仍由政府資助。[27] 美國聯邦政府的研發支出僅占總支出的 20％，目前處於歷史最低水準，但每年的金額仍高達1,790 億美元。

這是個好消息。政府藉由投資科技與技術的教育與研究以及支持國內的科技企業，來打造良性循環。[28] 在這個良性循環中，政府直接參與了最先進的技術，可以善用技術的優點，減少技術的缺點。簡而言之，積極參與開發即將到來的浪潮，政府更有能力把技術發展導向整體公共利益。擁有更多的內部技術專家即使成本高昂，也是很值得的支出。政府不該依賴管理顧問、承包商或其他第三方供應商。政府應該招募受人敬重的專家來做全職的公職，給予媲美私營企業的合理薪酬，這點應列為政府策略的核心。目前，就國家關鍵的職位而言，私營部門的薪酬水準可達公共部門的十倍，這種現況不能持續下去。[29]

政府的首要之務應該是加強對技術發展的監測與了解。[30] 例如，各國需要詳細了解公民提供哪些資料、資料如何運用及用在何處，以及資料的含義。政府應該充分了解最新的研究，知道最新的發展與未來走向，以及如何利用那些進展來造福國家。最重要的是，它們要以公開透明記下技術造成傷害的所有方式——把每次實驗室外洩、每次網路攻擊、每次語言模型偏誤、每次隱私洩露都製成表格——好讓每個人都能從失敗中學習、改進。

接著，國家必須有效利用這些資訊，即時因應新出現的問題。接近行政權力的機構影響力愈來愈大（如白宮科技政策辦公室）。我們還要做更多的事情：二十一世紀，政府有內閣職位專門處理經濟、教育、安全、國防等問題，卻沒有一個職權相當的職位處理技術問題，這是不合理的。新興技術部長這個職位在政府中仍不常見。現實狀況不該如此。在技術突飛猛進的時代，每個國家都應該設立這樣的職位。

光靠監管並無法駕馭技術，但討論的時候忽略監管則注定會失敗。監管應該把重點放在動機上，好好協調個人、國家、公司、整體大眾的動機與安全，同時建立「硬剎車」的可能性。法律應該禁止某些技術應用（例如把 AI 用於競選活動），作為整體策略的一部分。

最近立法機關已經開始採取行動。2015 年，幾乎沒有關於 AI 的立法。[31] 但 2019 年以來，全球至少已經制定了七十二項包含 AI 一詞的法案。OECD 的 AI 政策觀測中心（AI Policy Observatory）在資料庫中收錄了來自六十個國家共八百多項 AI 政策。[32] 雖然歐盟的《人工智慧法案》有很多問題，但條款還是有很多值得讚許的地方，它體現了正確的關注焦點和抱負。

2022 年，白宮發布「AI 權利法案」（AI Bill of Rights）的藍圖，其中包括五項核心原則，「以協助引導 AI 與其他自動化系統的設計、開發、部署，從而保護美國大眾的權利」。[33] 法案指出，公民應該受到保護，以免被不安全、無效的系統與演算法的偏見影響。沒有人應該被迫接受 AI，每個人都有拒絕的權利。這類法案應該要被廣泛支持並迅速實施。

然而，政策制定者必須擴大眼界，涵蓋技術的巨大潛力，促使各國政府更深入研究監管。基於可以理解的原因，政府不准任何企業以它們自己認為合適的方式建造或營運核子反應爐。實務上，國家密切參與並密切關注、許可、管理核子反應爐的各個面向。隨著時間的推移，這種情況應該更適合套用在整體技術上。目前，任何人都可以開發 AI 或建立實驗室，我們應該轉向一個要先申請許可才能使用先進技術的環境。這將建立更明確的責任與更嚴格的機制，以利撤銷某些人取用先進技術的許可，以及補救先進技術造成的損害。只有經過認證且負責的開發人員才能開發最複雜的 AI 系統或合成器或量子電腦。為了獲得許可，這些人得遵守明確、有約束力的安全標準，遵守規則，做風險評估，留下記錄，密切追蹤技術的實際部署。就像你要是沒有美國聯邦航空總署的批准，就不能發射火箭到外太空一樣，發布最先進的 AI 也應該要獲得監管部門的批准。

我們可以根據模型的大小或能力套用不同的許可制度：模型愈大、能力愈強，許可要求就愈嚴格。模式愈通用，就愈有可能構成嚴重的威脅。也就是說，致力研究最基本能力的 AI 實驗室需要特別的關注。此外，如果需要專注於開發的特定細節，這種方法也可以針對細節發放許可，例如模型的培訓、某個尺寸以上的晶片組、或某些類型的生物體等等。

我們在經歷史上最大的價值創造轉型之際（從勞力轉向資本），稅收制度也需要徹底改革，為安全與福利提供資金。如果技術最終傷害了一些人，那些人應該得到實質的補償。今天，美國勞力所得的平均稅率是 25%，設備與軟體的稅率僅 5%。[34] 這種稅制的目的是為了讓資本在無阻力的情況下自我複製，促進企業蓬勃發展。未來，稅收必須把重點轉向資本，不僅要把財富重新分配給那些受到負面影響的人，也在過程中創造更平穩、更公平的轉型。財政政策是掌控這種轉型的重要關鍵，是控制這些鎖喉點的一種手段，同時也是提升國家韌性的一種方法。

這種稅改也應該對傳統形式的資本徵收更高的稅（例如土地、財產、公司股份，以及其他高價值、流動性較差的資產），並對自動與自主系統徵收新稅，這有時稱為「徵收機器人稅」（tax on robots）。[35] 麻省理工學院的經濟學家認為，即使只對這些價值徵收 1％至 4％的小稅，也可以產生很大的影響。[36] 這種仔細調整的稅賦減少了勞力的稅務負擔，可能會鼓勵企業繼續招募員工，並有助於緩和技術對家庭生活的衝擊。提供稅收抵免來提振最低收入，有可能立即緩解收入停滯或甚至大減的情況。與此同時，大規模的技能再培訓計劃與教育可以幫弱勢群體做好準備，提高他們對風險的認知，以及增加他們投入新興浪潮的機會。面對新興浪潮所造成的經濟衝擊，很多人經常提出「全民基本收入」（universal basic income ，UBI）作為解方──亦即政府支付基本收入給每個公民，無論個別狀況如何。未來，類似 UBI 的措施可能會有一席之地，但在那之前，還有許多可行的策略可以考量。

企業 AI 急速成長時，我們應該考慮直接對最大的公司課徵資本稅，而不是只對它們的資產或獲利課稅。[37] 此外，我們也要想辦法對跨國巨擘跨境課稅，確保它們為維持社會的運作做出應有的貢獻。這裡鼓勵政府多做實驗，例如，對公司價值徵收一定比例的稅，並把這些稅金當成公共股息支付，使價值回流到人群中──亦即在財富極度集中的時代做到財富重新分配。歸根結底，根本的問題在於：誰擁有新興浪潮的資本？真正的 AGI 不能像建築或卡車車隊那樣由私人實體擁有。談到可顯著延長人類壽命或提高人類能力的技術時，顯然一開始就必須針對資本的分配做全面的討論。

　　誰能夠設計、開發、部署這些新興技術，最終是由政府決定。政府的策略、制度、專業知識必須像技術一樣迅速發展，這對參與其中的每個人來說，都是一大世代挑戰。因此，一個技術受到駕馭的時代，也是一個技術受到全面智慧監管的時代，沒有例外。然而，國家的監管有個無可避免的缺陷：國界的限制。任何國家的政府都無法單獨做到這點。

# 7. 聯盟：協定的時候到了

　　雷射武器聽起來像科幻小說，很遺憾，它們並不是。隨著雷射技術的發展，大家發現雷射可導致失明。把雷射變成武器可以用來摧毀敵軍或任何鎖定的目標。一項令人振奮的新型民用技術，再次打開了恐怖攻擊模式的可能（雖然目前為止還沒有人用《星際大戰》〔*Star Wars*〕那種方式），沒有人想看到軍隊或幫派帶著致盲的雷射四處遊蕩。

　　幸好，這種事並沒有發生。根據 1995 年的《致盲雷射武器議定書》（*Protocol on Blinding Laser Weapons*），使用致盲雷射武器是非法的，該議定書由更新《特定常規武器公約》（*Convention on Certain Conventional Weapons*）而來，那份公約禁止使用「刻意為了讓沒戴眼鏡或護目鏡的人永久失明的雷射武器，作為唯一作戰功能或作戰功能之一」。[38] 共一百二十六個國家簽署了那份公約，因此，雷射武器既不是軍事裝備的主要組成部分，也不是街道上的常見武器。

當然，致盲的雷射不是本書談論的那種萬能技術，但雷射證明了這種協定是可以達成的，強而有力的禁令可以奏效。巧妙的聯盟與國際合作是可以實現的，它們可以改變歷史。

想想以下的例子，其中有一些前文有談過：《核武禁擴條約》；禁止氟氯碳化物的《蒙特婁議定書》；冷戰分裂時期研發、測試、推廣小兒麻痺疫苗；《禁止生物武器公約》是有效禁止生化武器的裁軍協議；禁止使用集束彈藥、地雷、人類基因改造、優生學政策；減少碳排放及減輕氣候變遷衝擊的《巴黎協定》；消除天花的全球合作；逐步消除汽油中的鉛；停止使用石棉。

國家不喜歡放棄權力，就像公司不喜歡放棄獲利一樣，但這些都是值得借鑒的先例。在一個因技術競爭而日益分裂的世界裡，這些實例象徵著些許的希望。每一項協議都有特定的條件與挑戰，這些條件與挑戰既有助於達成協定，也阻礙了絕對的屈從。然而，重要的是，每個例子都是世界各國團結起來、各自妥協面對重大挑戰的寶貴範例。這些例子為因應即將到來的浪潮提供了線索與架構。如果一個政府想要禁止合成生物或 AI 應用，它辦得到嗎？不行，它頂多只能片面做到，而且效果很弱。但一個強大、積極的聯盟呢？也許做得到。

面臨極端危機時，地緣政治局勢有可能迅速變化。二戰期間，和平一定感覺就像夢境一樣。盟軍疲憊鏖戰之際，戰場上很難預見，短短幾年後，他們的國家將投入數十億美元去重建眼前的敵國。德國與日本雖犯下種族滅絕的戰爭罪行，但兩國不久後就成為穩定的全球聯盟中不可或缺的成員。事後看來，這種轉變似乎難以想像。短短幾年的時間，有如天壤之別，諾曼第與硫磺島的敵意和衝突不見了，取而代之的是穩固的軍事與商業夥伴關係、延續至今的深厚友誼，以及有史以來規模最大的外援計劃。

在冷戰的顛峰期，即使局勢非常緊張，但高層的接觸依然維持不變。萬一出現邪惡 AGI 或發生重大生物危害之類的事件，這種高層協調非常重要。然而，隨著新冷戰的形成，分歧正逐漸擴大。災難性威脅的本質是全球性的，這點應該成為國際共識。各國的規定僅適用於國界之內，顯然是不夠的。雖然每個國家都能從這些技術發展中受益，但它們也有充分的理由減少技術發展的最糟後果。那麼，對於即將到來的浪潮所帶來的挑戰，類似《核武禁擴條約》、《蒙特婁議定書》、《巴黎協定》那樣的國際協定會長什麼樣子？

核武是一個例外，部分原因在於核武太難製造：漫長又有耐心的討論，聯合國數十年的辛苦協議，緊張局勢加劇期間的國際合作，都是限制核武的關鍵要素。限核既涉及道德層面，也涉及策略層面。達成並執行這類協議從來都不是件容易的事，在大國競爭的時代更是如此。因此，外交官在駕馭技術方面所扮演的角色往往遭到低估。我們迫切需要一個技術外交的黃金時代，超越傳統的軍備競賽時代。我認識的多位外交圈人士都非常清楚這點。

不過，駕馭技術的聯盟不僅限於國家，也可以在技術專家或國家以下的機構之間進行，他們可以共同決定要資助什麼、不資助什麼。生殖細胞編輯就是一個很好的例子。一項涉及一百零六個國家的研究顯示，生殖細胞編輯的監管並不一致，大多數的國家都有某種形式的規則或政策指導方針，但國與國之間有很大的差異與差距，世人並沒有為一項影響全球的技術建立一套全球架構。[39] 目前為止，比較有效的是第一線科學家的國際合作。發生第一起人類基因編輯後，艾瑞克・蘭德（Eric Lander）、艾曼紐爾・夏本提爾（Emmanuelle Charpentier）、張鋒等名人聯名發布了一封公開信，呼籲「全球暫停所有人類生殖細胞編輯的臨床應用——亦即改變（精子、卵子或胚胎中的）可遺傳 DNA，產生基改嬰兒」，以及成立「一個國際架構，在那個架構下，各國保留自主決定權的同時，也自願承諾，除非滿足某些條件，否則不批准任何臨床生殖細胞編輯的使用」。[40]

他們不是在呼籲永久禁止，不是禁止用於研究的生殖細胞編輯，也不是說每個國家都應該採取統一的做法，而是要求從業者花時間協調，並做出正確的決定。走在技術尖端的人夠多的時候，仍然可以發揮影響力，要求大家先暫停，幫忙創造空間及奠定基礎，讓各國與國際組織聚在一起，找出解決問題的辦法。

在本章前面一點的段落，我提到美國與中國之間的摩擦。儘管兩國有分歧，但這兩個競爭大國之間仍有明顯的合作空間。在這方面，合成生物是比 AI 更好的起點，因為現有的競爭較少，而且新的生物威脅有明顯的「相互保證毀滅」特質。SecureDNA 專案是個很棒的例子，它為管理合成生物提供了一條類似限制化學武器的途徑。如果中美　能夠建立一個共用的生物風險觀測中心，涵蓋各個領域，從先進研發到商業應用——這將為進一步的合作奠定寶貴的基礎。

中美兩國在遏制不良分子的長尾風險方面也有共同的利益。由於像奧姆真理教那樣的威脅可能來自任何地方，兩國都會致力防止先進技術的無節制傳播。目前，中國與美國正努力制定技術標準。但如果可以制定共用的方法，顯然可以達到雙贏的效果。各自獨立的標準對每個人來說更加麻煩。另一個潛在的合作領域是保護加密系統，以免量子運算或機器學習的進步帶來潛在的破壞。這種合作可以作為達成更廣泛協議的基礎。隨著二十一世紀的推進，我們必須重新記取冷戰的教訓：要確保技術安全，必須與競爭對手合作。

除了鼓勵雙邊協議，現階段最明顯的是提議設立某種致力於技術的新全球機構。我聽過以下的說法很多次了：一個類似世界銀行的全球生技機構，或一個類似聯合國的全球 AI 組織是什麼樣子？安全的國際合作能處理像 AGI 這樣強大又複雜的問題嗎？誰是最終仲裁者（類似央行身為最後貸款人的角色）？當有人問「誰駕馭技術？」時，哪個實體會站出來？

我們這個世代需要簽署一個類似《核武禁擴條約》的協議，藉此塑造一種全球通用的策略。在這種情況下，目標不是完全遏制核武擴散，而是設定限制，建立跨越國界的管理及風險緩和架構。這將對研究活動做出明確的限制，協調各國政府的技術許可授權，並為審查這兩項工作建立一個架構。

為了解決技術問題，設立一個或多個新實體似乎特別有必要。我們迫切需要一個專門的監管機構，（盡可能）處理充滿爭議的地緣政治，避免過度干預，並根據客觀標準做實務監督。這可能是類似國際原子能總署（International Atomic Energy Agency），或甚至像國際航空運輸協會（International Air Transport Association）那樣的產業組織所扮演的角色。不過，與其設立一個直接監管、開發或控制技術的組織，我會從設立一個類似 AI 審查機構（AI Audit Authority，AAA）的單位著手。AAA 專注於事實調查以及審查模型的規模，監測技術何時超過能力門檻，以提高先進技術的全球透明度。它將提出以下的問題：系統是否出現能夠自我精進的跡象？它有能力設定自己的目標嗎？它可以在沒人監督的情況下，自主收集額外資源嗎？有人刻意訓練它去欺騙或操縱嗎？類似的審查委員會可以在這波浪潮影響的幾乎每個領域運作，並為政府的技術許可授權奠定基礎，同時有助於推動禁擴條約。

實事求是的方法比含糊又不太可能的提議更有可能成功。我們沒有必要徹底改革現有的結構，那樣做可能會導致競爭加劇與嘩眾取寵。反之，我們應該想盡辦法改善現有的架構，而且動作要快。

# 8. 文化：謙卑擁抱失敗

這裡的共同主題是治理，包括軟體系統、晶片、企業與研究組織、國家與全球社群的治理。每個層面都有錯綜複雜的動機、沉沒成本、制度惰性、相互衝突的領域與世界觀需要理解。別搞錯了，倫理、安全、駕馭——這些結果主要來自良好的治理。但良好的治理不是只靠明確的法規與有效的體制結構就能達成。

1950 年代噴射引擎剛出現時，墜機與死亡事件多到令人擔憂。然而，2010 年代初期，每七百四十萬名乘客中僅有一人死於空難。[41] 多年來，美國民航機並未發生任何致命事故。飛行幾乎算是最安全的交通方式：坐在離地三萬五千英尺的飛機上，比坐在家裡的沙發還安全。

航空公司的安全記錄之所以如此出色，主要歸因於多年來技術與營運方面的逐步改善。但改善的背後還有同樣重要的東西：文化。航空業積極從各個層面的錯誤中記取教訓，墜機不止是值得哀悼的悲慘事故而已，更是判斷系統如何故障的學習經驗，也是診斷問題、修復問題並與整個產業分享知識的機會。因此，最佳實務不是企業機密，也不是凌駕競爭對手的優勢：競爭對手都會熱切採用最佳實務，因為大家都希望共同努力，讓飛行變得更加安全，培養乘客的信任。

即將到來的浪潮也需要這樣：每個參與先進技術的人都真心投入。制定、宣傳倫理與安全的方案與政策當然很好，但關鍵在於執行措施的人確實相信這很重要。

科技業談到「擁抱失敗」時往往講得頭頭是道，但一說到隱私、安全或技術破口，又講不出個所以然。推出一款市場反應冷淡的產品是一回事，擁有一種會傳播假資訊的語言模型、或一種會引起不良反應的藥物，那又是另一回事了。科技業受到的批評及面臨的競爭向來十分激烈，這不是沒有理由的。這衍生的後果在於，新技術或產品一旦出問題，保密文化便開始盛行。開發過程中特有的開放與互信消失了。學習及分享知識的機會也消失了。連承認錯誤都成了一種風險，是企業的大忌。

對失敗與大眾譴責的恐懼導致技術停滯不前。立即通報問題應該是個人與組織的基本準則。然而，公司與團隊並沒有因為實驗而受到讚揚，反而經常面臨嚴厲的批評。做正確的事只會引來冷嘲熱諷、社群媒體上的反彈，以及咄咄逼人的大眾批評。在這種情況下，誰會想要坦承錯誤？如果我們想要開發更好、更負責、更好駕馭的技術，就必須停止這種風氣。

擁抱失敗必須是真心的，而不只是嘴巴說說。首先，即使是令人不安的議題，完全坦誠地面對失敗也應該獲得讚揚，而不是侮辱。一家科技公司遇到任何類型的風險、不利因素或失敗模式時，首先應該做的，是如實與更廣泛的世界溝通。實驗室發生外洩，它該做的第一件事是公布事實，而非遮遮掩掩。接著，該領域的其他參與者（其他公司、研究機構、政府）得做的第一件事，是傾聽、反思、提供支援，最重要的是記取教訓、積極落實學到的知識。這種態度拯救了無數航空業的生命，未來也可以保護更多的人。

駕馭不能只是訴諸這個或那個政策、檢查清單或方案，而是需要培養一種自我批評的文化。在那種文化中，大家都積極想要落實駕馭方案，歡迎監管者前來研發中心與實驗室，監管機構與技術專家之間都想互相學習。這需要每個人都想參與它，擁有它，熱愛它。否則安全問題仍是大家事後才會想到的問題。在許多領域（不僅 AI 領域），很多人覺得我們「只是」研究人員，「只是」在探索與實驗，實際上並非如此，這是文化需要轉變的一個好例子。我們必須鼓勵研究人員，從搶著發表論文的競爭中退後一步。知識是一種公共財，但不見得一定要公開傳播不可。那些積極投入先進技術研究的人應該帶頭承認這點，就像核子物理、病毒學方面的研究人員一樣。在 AI 領域，我認為持續自我精進、自主性等功能是我們不該跨越的界限。解決這個問題不僅需要技術與法律方法，也需要最接近技術的人員與組織在道德、情感、文化上的認同。

1973 年，基因工程的發明者之一保羅・伯格（Paul Berg）在加州的蒙特利半島召集了一群科學家。他開始擔心他的發明可能帶來的後果，並希望為未來制定一些基本規則和道德原則。在阿西洛瑪會議中心（Asilomar conference center），他們提出這門新學問帶來的棘手問題：我們應該開始改造人類基因嗎？如果是，改造哪些特徵是可以允許的？兩年後，更多相關人士前來阿西洛瑪會議中心參加重組 DNA（Recombinant DNA）的會議。這場在濱海飯店舉行的重大會議涉及相當大的利益與風險，可謂生物科學界的一個轉捩點，為管理基因研究與技術建立了持久的原則，也為可以進行的實驗設定了指導方針與道德界限。

2015 年，我去波多黎各參加了一場大會，那場大會的目的是為

AI 做類似上述的事情。這場會議聚集了一個多元的群體，它想提高大家對 AI 安全的重視，開始培養謹慎的文化，並概述具體的解決方案。2017 年，我們在具有象徵意義的阿西洛瑪會議中心再次見面，草擬了一份 AI 原則，我與該領域的許多人都簽署了那份原則。[42] 那些原則的目的是建立一種明確負責的 AI 研究文化，並促成許多進一步的方案。隨著浪潮愈來愈大，我們得一再回頭檢視阿西洛瑪會議的精神與得出的原則。

幾千年來，希波克拉底誓詞（Hippocratic oath）一直是醫學界的道德準則。拉丁語 Primum non nocere 是指：首先，不要傷害。榮獲諾貝爾和平獎的波蘭裔英籍科學家約瑟夫・羅特布拉特（Joseph Rotblat）基於良心而離開洛斯阿拉莫斯國家實驗室，他認為科學家也需要類似希波克拉底誓詞的東西，任何科學家都不能忽視社會與道德責任。[43] 我認同這個觀點，我們應該為技術專家思考一個現代的版本：不僅要問，在一個演算法遍布全球、基因組可編輯的時代，「不要傷害」代表什麼意思；還要問，在道德往往模稜兩可的情況下，如何每天做到這點。

像這樣的預防原則是很好的第一步。在開發或發布任何東西之前，先暫停下來，審查一切，坐下來思索那樣做的第二、第三、第 n 級的影響。找出所有的證據，然後冷靜以待。持續不斷修正路線。願意停下來。做這一切不止是因為協議這樣規定，而是因為那是正確的，是技術專家該做的。

這樣的行為不能只是法律規定或公司口號。法律規定有國界的限制，公司口號往往只是表面。它們必須在更深的層面運作，好讓技術文化不再是那種一意孤行的「工程思維」，而是對可能發生的事情更加謹慎、好奇。健全的文化是一種樂於放過機會、願意拒絕或推遲潛在效益的文化，願意等到技術安全才去追求的文化。在這種文化中，技術專家時時謹記：技術只是達到目的的方法，而不是目的本身。

# 9. 運動：人民的力量

「我們」這個詞貫穿了這本書，它可能是指本書的兩位作者、AI 研究者與創業者、更廣泛的科學與技術界、西方世界的人，或是全人類（面對完全改變全球與物種的技術，這是少數幾個真正有理由談論「我們」人類的地方之一）。

談論技術時，大家常提出這樣的論點（包括我在內）：由於**我們**創造了技術，**我們**可以解決它帶來的問題。[44] 最廣義來說，這樣講沒錯。但問題是，這裡並沒有一個集體行動的「我們」。大家根本沒有共識，也沒有達成共識的機制。在現實中，集體的「我們」並不存在，當然也沒有「我們」可以運用的槓桿。這應該是顯而易見的道理，但值得在此重申。即使是美國總統，在改變網路等領域的發展方面，能力也非常有限。

相較之下，無數各自分立的行為者有時合作，有時相互對抗。前面提過，公司與國家往往有不同的優先要務，四分五裂，動機相互衝突。對技術的擔憂（如本書討論的議題）往往是精英關注的焦點，商務艙休息室的好話題，傳統報章雜誌的專欄文章，世界經濟論壇或 TED 論壇的主題。多數人尚未以任何有系統的方式擔心這些事情。在社群媒體之外、在泡沫之外，多數人有非常不同的擔憂。在這個脆弱的世界裡，有其他的問題需要世人關注。AI 的討論不見得有助益，往往敘述過於簡化。[45]

因此，如果目前使用「我們」這個詞來代表集體毫無意義，於是很自然會有人提出以下的建議：那就來打造一個群體吧。古往今來，變革之所以發生，是因為大家刻意去追求。大眾的壓力創造了新的規範。奴隸制的廢除、婦女選舉權、民權運動——這些都是很大的道德成就，都是靠大家努力不懈的爭取、建立了廣泛的聯盟、認真看待一項重大主張，然後在這些信念的基礎上實現了變革。氣候變遷問題之所以受到關注，不止是因為大家注意到天氣變得愈來愈極端。世人之所以會注意到氣候變遷，是因為基層活動人士與科學家，以及後來的一些作家、名人、執行長、政治人物高聲呼籲做有意義的變革。他們採取行動是因為他們渴望做正確的事。

研究顯示，當大家意識到新興技術及其帶來的風險時，他們真的會感到擔憂，並渴望尋找解決方案。[46] 雖然許多危害還很遙遠，但我相信大家完全有能力解讀這些跡象，並理解其中的意涵。根據我的觀察，大家看完波士頓動力公司（Boston Dynamics）的機器狗影片，或思考另一場疫情的可能性後，沒有一個人是絲毫不恐懼的。

大眾運動在此扮演很重要的角色。過去五年間，一場日益壯大的民間社會運動開始凸顯出這些問題。媒體、工會、慈善組織、草根運動都參與其中，積極尋找駕馭技術的方法。我希望我這一代的創業者與開發者可以為這些運動注入活力，而不是變成阻礙。與此同時，公民大會提供了一種讓更廣泛的群體參與討論的機制。[47]有一項建議是：以抽籤的方式，從人口中選出一個有代表性的樣本來進行激烈的辯論，並提出如何管理這些技術的建議。如果能夠獲得工具與建議，這種方法將使駕馭技術變成一個更集體、更周到、更扎實的過程。

　　大家要求改變時，改變就會發生。開發技術的「我們」是分散的，他們來自不同的國家，有不同的商業、研究動機。一旦那些受技術影響的「我們」團結起來，以單一的聲音清楚地表達意見，呼籲變革並要求制定統一策略，就愈有可能出現好的結果。任何地方的任何人都可以發揮影響力。基本上，無論是技術專家還是政府都無法單獨解決這個問題。但只要團結起來，「我們」就有可能辦到。

# 10. 狹路：唯一的辦法是通過

　　GPT-4 發布幾天後，數千位 AI 科學家簽署了一封公開信，呼籲暫停研究最強大的 AI 模型六個月。他們提到了阿西洛瑪會議得出的原則，並引用類似本書所說的理由：「近幾個月以來，AI 實驗室陷入一場失控的競賽，目的是開發及部署愈來愈強大的 AI。那種 AI 強大到沒有人能夠了解、預測或可靠地控制，甚至連它們的開發者也束手無策。」[48] 不久之後，義大利禁止了 ChatGPT。有人向美國聯邦貿易委員會（Federal Trade Commission）投訴大型語言模型，要求政府加強監管控制。[49] 白宮記者會上，有人問到 AI 風險的問題。數百人討論了技術的影響，這類討論從工作場所到餐桌，隨處可見。

某種東西正在形成，它不是駕馭，但新興浪潮所帶來的問題第一次受到應有的認真看待。

目前為止提到的每個想法都代表一個防波堤，是試探性的浪潮屏障——從技術本身的細節開始，向外擴展到啟動一場大規模的全球變革運動。這些策略單獨運作時，無法發揮效用；但結合在一起，駕馭的輪廓就開始浮現了。

麻省理工學院的生物技術專家艾斯韋爾特就是一個很好的例子，就生物安全威脅一事而論，很少人想得比他更縝密。[50] 萬一出現專門用來造成最多死亡的病原體怎麼辦？艾斯韋爾特決心使用一切手段來阻止這種病原體出現。他的方案是最全面的駕馭策略之一，建立在三個支柱上：拖延、偵測、防禦。

為了拖延，他模仿核武技術的措辭，提出一項「流行病禁試條約」。這項國際協議的目的是阻止任何人對高致病性的物質做實驗。任何可能顯著提高流行病風險的研究（如功能增益研究）都將被禁止。

此外，他也提議為那些處理病毒和其他可能有害的生物材料的人，建立一種全新的保險與責任制度。目前，發生機率低、但有災難性後果的事件完全外部化，由整個社會來承擔成本。這種制度把這類事件的成本直接計入研究費用，藉此以具體的方式提高責任成本。因此，從事高風險研究的實體不僅必須購買額外的保險，「自動生效法」（trigger law）指的是被證明對重大生物危害或災難性事件負有責任的任何人都必須承擔責任。

對所有合成器做 DNA 篩選是絕對必要的，而且整個系統必須設在雲端，以便根據新出現的威脅做即時更新。在這種模式下，迅速發現疫情爆發同樣重要，特別是那種潛伏期較長、難以捉摸的病原體。試想，某種疾病可能潛伏多年，如果你不知道發生了什麼事，就無法控制。

萬一最糟的情況發生了，那就得做好防禦。靈活應變且準備充分的國家很重要，因為最嚴重的疫情可能使維持糧食、水電供應、法律與秩序、醫療變得很困難。為所有重要的工作人員準備好最先進的抗疫個人防護裝備，可以發揮很大的效果。確保醫療設備供應鏈能夠承受嚴重的衝擊也很重要。那些可以殺滅病毒的短波燈泡呢？應該在疫情開始以前就普遍到處安裝，或至少要為快速全面安裝做好準備。

把這裡提到的所有元素結合起來，就會得到一張因應新興浪潮的藍圖。

| 1. 技術安全 | 具體的技術措施，以減輕可能的危害及維持掌控。 |
| 2. 審查 | 確保技術透明度與問責的方法。 |
| 3. 鎖喉點 | 減緩發展、為監管機構與防禦性技術爭取時間的關鍵。 |
| 4. 開發者 | 確保負責的開發人員從一開始就在技術中內建適切的控制。 |
| 5. 商業 | 使組織開發技術的動機呼應技術的駕馭。 |
| 6. 治理 | 支持政府，讓政府開發、規範技術，並實施減少風險的措施。 |
| 7. 聯盟 | 建立一個協調法律與方案的國際合作體系。 |
| 8. 文化 | 培養一種分享學習與失敗經驗的文化，迅速傳播解決問題的方法。 |
| 9. 運動 | 需要各層級的大眾投入，包括對每個組成要素施壓，使它們承擔責任。 |

第十步是關於一**致性**，確保每個要素與其他要素一起和諧運作，把駕馭變成相輔相成的措施所組成的良性循環，而不是一系列相互衝突的方案。如此一來，駕馭不是任何單一的提議，而是各種策略的集體互動，這是整個社會學會管理及降低技術人所帶來的風險的結果。無論是面對病原體、量子電腦還是 AI，單靠一項策略是不夠的。但像這種計劃是從小心累積相互關聯的對策來獲得力量（從達成國際協議到用創新的保護技術來加強供應鏈，如此一層一層累加護欄）。此外，像「拖延、偵測、防禦」這樣的提案並不是最終目標，而是持續的過程。面對即將到來的浪潮，安全不是我們

要達到的目標，而是必須持續落實的狀態。

　　駕馭不是一個休息點，而是一條永無止境的狹路。

━━━━━━━━━━━━

　　經濟學家艾塞默魯與政治學家詹姆斯‧羅賓森（James Robinson）都認為，自由民主國家並不像看起來那麼安全。[51] 他們認為國家本質上是不穩定的，是「受到束縛的利維坦」：國家龐大且強大，但受到持久的公民社會與規範所制約。隨著時間的推移，像美國這樣的國家進入了他們所謂的「窄廊」，並在廊中維持微妙的平衡。窄廊的兩邊都有陷阱：在其中一邊，國家的力量打破了整個社會的力量，完全主宰了社會，創造出像中國那樣的專制型利維坦。另一邊，國家四分五裂，產生了沒有利維坦的僵屍，國家對社會沒有真正的控制，就像索馬利亞或黎巴嫩等地。這兩種情況都為當地民眾帶來可怕的後果。

　　艾塞默魯與羅賓森認為，國家一直走在這條窄廊上，隨時都有可能倒下。每次國家的能力增強時，社會的能力就得跟著增強才能制衡。國家朝專制型利維坦邁進的壓力一直都在，需要社會持續的抵制才能避免。窄廊的盡頭沒有最終目的地，沒有快樂、安全與持續的存在。那是一個動態、不穩定的空間，精英與民眾之間的權力動態決定了國家的方向。在任何時候，受到束縛的利維坦都有可能消失或變得專制。安全是指一步一步向前、小心維持平衡。

　　我認為這個比喻也很適合用來看待技術，不止是因為技術現在使這種平衡變得更加不穩定。安全、受到駕馭的技術就像自由民主一樣，不是最終的狀態，而是一種持續的過程，一種微妙的平衡，必須積極維護、不斷爭取與保護。我們永遠不會達到一個讓我們宣稱「耶嘿！我們已經解決了技術擴散的問題！」的時點。我們只能想辦法找到一條前進的道路，確保有夠多的人致力在開放與封閉之間維持無止境的平衡。

在我的想像中，駕馭不是一條暗示著明確前進方向的走廊，而是一條狹窄又危險的小路，煙籠霧鎖，兩邊是陡峭的懸崖，災難或反烏托邦近在咫尺。你看不見遠方，行走的道路蜿蜒曲折，隨時都有可能出現意想不到的障礙。

一方面，完全開放各種實驗與開發一定會釀成災難。如果世界上每個人都能玩核彈，爆發核戰是遲早的事。開源對技術發展來說一直是一大福音，也是推動更廣泛進步的主要動力。但是，對於強大的 AI 模型或合成生物來說，這種理念不太適合，應該禁止。若缺乏嚴格的正當程式，這些技術不該分享，更遑論部署或發展。

確保安全，也就是防止故障，永遠防止那些技術落入不良分子手中。對網路、DNA 合成器、AGI 研究專案等技術做某種程度的監管是絕對必要的。寫下這樣的建議讓我感到相當痛苦。我二十歲出頭的時候，抱持著隱私至上的立場，那時的我認為完全不受監督的交流與研究空間是基本權利，也是健全民主的要素。然而，多年來，隨著爭論愈來愈明朗，技術愈來愈發達，我的觀點也更新了，讓災難性後果的威脅永遠存在根本是無法接受的狀態。智慧、生命、權力——這些都不是玩物，必須獲得應有的尊重、關注、控制。技術人員與一般大眾都必須接受比以前更嚴格的審查與規範。就像多數人不希望活在沒有法律與警察的社會一樣，我們大多也不希望活在一個技術不受限制的世界。

一些防擴散措施是必要的。沒錯！不要再回避事實了，真正的審查是無可避免的，可能還會跨越國界。有時，這種行為可能被視為——也許是正確的——肆無忌憚的美國霸權、西方的傲慢與自私。坦白說，我不見得確定正確的平衡在哪裡，但我現在確實相信，完全的開放將把人類推出那道狹路。然而，另一方面，我們也可以清楚看到，完全的監督與封閉是難以想像的、錯誤的，也是災難性的。過度控制只會迅速通往反烏托邦，我們必須抗拒那種情況。

在這個架構下，國家總是危如累卵。然而，有些國家持續運作了數百年，努力維持領先，保持平衡及恰恰好的約束。前述駕馭的每個方面都必須踩在這條痛苦的繩索上。這裡或未來討論的每項措施都要在這個範圍內評估——深入到足以提供有意義的保護，同時又避免過度干預。

我們有可能駕馭即將到來的浪潮嗎？

考慮到技術進步可能塑造的無數種未來，技術可能引導人類體驗的多個方向，以及技術改造世界的能力，駕馭在許多情況下似乎是不可行的。從現在起，我們必須永遠走在這條狹路上，只要走錯一步，就會跌入深淵。

歷史顯示，這種擴散與發展模式無可避免。強大的動機似乎已經根深柢固。技術成長的速度與規模連開發者都嘖嘖稱奇。似乎每天都有新的突破、產品或公司出現。先進技術在短短幾個月內就迅速擴散開來。面對這種飛速成長的技術，負責監管這場革命的民族國家正疲於追趕。

然而，雖然有令人信服的證據顯示駕馭是不可能的，但我天性樂觀。本書提出的概念為我們提供了工具與方法，讓我們在這條路上一步一步走下去；這些概念也提供了燈火、繩索、地圖，協助我們在曲折的道路上前進。駕馭技術的嚴峻挑戰不該阻止我們，它是一種行動呼籲，是我們這個世代要集體面對的世代使命。

如果**我們**人類作為一個集體，能夠透過一波堅定的新運動、企業、政府倡議；透過重新定義的動機、提高的技術能力、增加的知識、加強的保障措施來改變目前的情況，我們就可以創造出合適的情境。讓我們抱著一線希望，踏上這條危險的狹路。雖然挑戰的規模很驚人，但這裡討論的每一節都深入探討了許多較小的領域，每個人都可以在這些小領域中做出有意義的貢獻。從根本改變我們的社會、人性本能、歷史模式，這需要付出極大的努力。目前結果還不確定，看起來不可能達成，但克服二十一世紀最大的挑戰**必須**可能。

在這個瞬息萬變、權力不斷擴大的時代，我們都要適應與矛盾共存的生活。做最壞的打算，做好計劃，全力以赴，堅持不懈地走在狹路上。讓精英階級以外的廣大民眾也積極參與，推動駕馭。只要有夠多的人開始組成那種難以捉摸的集體意識（「我們」），那些希望的微光就會變成熊熊燃燒的變革之火。

# 人類世以後的生活

　　當時很安靜，窗戶都關了，百葉窗也全放了下來，燈火與蠟燭都熄了，晚餐早已結束。白天忙碌的喧鬧聲漸漸遠去，僅有偶爾傳來的狗吠聲、灌木叢裡的搔撓聲，或微風吹過樹林的沙沙聲打破了寂靜。整個世界陷入寧靜的沉睡。

　　他們在黑夜的掩護下出現，這樣就不會被認出來了。總共幾十個人，蒙面偽裝，帶著武器，怒氣衝衝。在這涼爽寂靜的夜晚，只要他們能保持冷靜，也許還有伸張正義的機會。

　　他們一言不發，躡手躡腳朝著城鎮邊緣那座龐大的建築前進。四周一片漆黑，那是一座牢不可破、令人望而生畏的方形建築，裡頭放著昂貴又有爭議的新技術——他們認為那些機器是敵人。萬一被逮，這些入侵者將失去一切，甚至性命。但他們已立了誓，破釜沉舟，沒有回頭路可走了。不能讓那些機器、那些霸主作威作福。

　　他們在外面停了一下，然後衝了過去。他們猛力敲打鎖住的大門，最終把門砸開，湧入室內。他們開始用錘子與棍棒砸碎機器，金屬碰撞的鏗鏘聲在室內迴盪。碎片散落滿地，警報聲開始響起。

百葉窗迅速拉開，夜班警衛的燈火匆匆點亮。破壞分子（所謂的盧德派）往出口逃逸，消失在柔和的月光中，寂靜已無法挽回。

———————

十九世紀之交，英國正處於早期浪潮的陣痛中。以蒸汽與機械自動化為基礎的技術顛覆了生產、勞動、價值、財富、能力、權力的規則。所謂的第一次工業革命正如火如荼地展開，一家又一家的工廠正在改變英國與世界。1785 年，發明家艾德蒙·卡特賴特（Edmund Cartwright）首次推出動力織布機，這是一種新的機械化織布法。起初，它並沒有流行起來。但不久，隨後的改進將為紡織製造業帶來重大的改革。

不是每個人都樂見其成。這種動力織機可以由一個孩童操作，產出的織布相當於三個半傳統織布工的產量。機械化背後的意涵是，1770 年之後的四十五年間，織布工的工資減了一半以上，但基本糧食價格大幅上漲。在新世界裡，相較於女性與孩童，男性反而處於劣勢。紡織工作向來都是很辛苦的體力活，從織布到染色皆然。工廠的工作環境特別嚴苛，嘈雜、嚴格、危險又壓迫。績效不佳的孩子會被吊在天花板上，或者被迫背負重物。死亡很常見，工時令人精疲力竭。對於那些在第一線承受工業化衝擊的人來說，這不是全新的技術烏托邦，而是一個由魔鬼般的工廠、奴役、侮辱組成的世界。

傳統的織布工與紡織工人覺得，新機器以及資助那些機器的資本正導致他們失業、減薪、喪失尊嚴，破壞他們原本富足的生活方式。節省勞力的機器對工廠老闆來說是好事，但對傳統上主導紡織業的高技能、高薪工人來說，卻是一場災難。

英格蘭中部地區的織布工受到神話人物內德‧盧德（Ned Ludd）的啟發，對工業化的衝擊感到憤怒，憤而團結動員起來。他們拒絕接受當時的狀況，儘管技術擴散是必然的、周遭的技術浪潮經濟上無可避免，但他們拒絕接受這些觀點，決定反擊。

1807 年，六千名織布工為抗議減薪而示威，一名揮舞軍刀的騎兵殺死抗議者，驅散了抗議活動。從那時起，一場更暴力的運動開始形成。1811 年，諾丁漢一家工廠的老闆連續收到幾封來自「盧德將軍與改革軍」的信件，那些破壞分子因此獲得盧德派的稱號。但信件都沒有得到回覆。3 月 11 日，失業的織布工突襲了當地的紡織廠，摧毀了六十三台機器，並加強了抗議活動。

在隨後幾個月的祕密突襲中，數以百計的織布機遭到摧毀。「盧德軍」開始對工業化展開反擊。他們只是想要公平的工資與尊嚴。他們的要求往往很小——適度增加工資，分階段引進新機器，某種利潤分享機制。這些要求看起來並不過分。

在一系列嚴峻法律與反民兵的鎮壓下，盧德派的抗議開始逐漸消失。此時，英國只有幾千台自動織布機。但到了 1850 年，已有二十五萬台織布機。抗爭失敗了，技術擴散了，織工的舊生活遭到摧毀，世界改變了。對那些抗爭失敗的人來說，這就是技術不受控制的模樣。

然而……

長遠來看，造成那麼多痛苦的工業技術大幅改善了生活水準。幾十年後，幾百年後，這些織布工的後代生活在盧德派幾乎無法想像的生活環境中，適應了大家習以為常的不穩定世界。絕大多數的人冬日裡能享受溫暖的居家環境，冰箱裡裝滿了各式各樣的食物，生病時可得到神奇的醫療，壽命比祖先長多了。

盧德派就像今天的我們一樣，陷入了困境。他們的痛苦及受到的衝擊是真實的，但生活水準的提高也是真實的，他們的子孫因此受益，現今的你我也不假思索地享受了這點。當時，盧德派無法控制技術的發展，但人類最終還是適應了。現今的挑戰顯而易見，我們的當務之急是善用這股浪潮的優勢，同時不被其危害壓垮。盧德派的抗爭失敗了，我認為現今試圖阻止技術的人很可能也會再次失敗。

現在唯一的辦法是：第一次就把這件事做對。我們必須確保大家不會像工業革命期間那樣，違背自己的意願去適應技術。反之，技術必須從一開始就設計成適應民眾，適應他們的生活與願望。適應的技術是受到駕馭的技術。所以，當務之急不是乘著浪潮而起，也不是徒勞地試圖阻止浪潮，而是去塑造它。

即將到來的浪潮將會改變世界。最終，人類可能不再像以前習慣的那樣主導地球。我們即將進入一個日常主要與 AI 互動的時代，而不是與其他人互動的時代。這可能聽起來耐人尋味、令人恐懼或很荒謬，但正在發生。我猜你清醒的時候，可能很多時間都是在螢幕前度過。事實上，你生活中花在各種螢幕上的時間，可能比你花在任一人（包括配偶和孩子）身上的時間還多。

因此，不難預見，我們將花愈來愈多的時間與這些新機器交談及互動。我們遇到及互動的 AI 與生物智慧的類型與性質將與現在完全不同。它們將為我們做我們的工作，尋找資訊，製作簡報，編寫程式，下單購物及採買今年的聖誕禮物，建議最佳的問題解方，或只是聊天與玩耍。

它們將成為我們的個人智慧，充當我們的同伴、助理、知己、同事、顧問、助理與翻譯。它們會幫我們規劃生活排程，傾聽我們內心深處的渴望與恐懼。它們將協助我們經營事業，治療疾病，努力抗爭。每天我們都會在這些智慧中遇到許多不同的性格類型、能力、形式。我們的認知和對話領域將整合這些不同的智慧集合，無可避免。因此，生活的方方面面，包括文化、政治、經濟、友誼、遊戲、愛情，都將隨著這些發展而發生變化。

未來的世界是由工廠在當地培植產品，幾乎就像以前時代的農場一樣。無人機與機器人將隨處可見。人類基因組將變得很有彈性，因此，「人類」這個概念也必然有彈性。人類的壽命將比我們現在的壽命長得多。許多人將會完全沉浸於虛擬實境。曾經看似穩定的社會協議將會扭曲與失效。學習在這個世界上生存與發展，將成為二十一世紀每個人生活的一部分。

盧德派的反應是人之常情，也是意料中的事。但一如既往，那將是一場空。不過，從前的技術專家沒有想過技術應該為人類服務，應該隨著人類的目的而調整，就像卡爾‧賓士和第一批石油大亨沒有考慮到他們的發明對地球大氣層的影響一樣。於是，技術被創造出來了，資本為它提供資金，其他人紛紛採用，沒想過潛在的長期影響。

　　這一次，駕馭策略必須改寫那個故事。目前也許還沒有一個全球性的「我們」，但現在有一群人正在開發這項技術。我們肩負著重大的責任，必須確保技術的修改不會只走單行道，確保即將到來的浪潮不會像動力織布機、氣候變遷那樣發展，而是隨著人類需求調整，為人類關切的事情而建立。即將到來的浪潮不該是為了迎合遙遠的利益而創造，也不該是為了盲目的技術目的或更糟的目的。

　　太多對未來的願景是從技術可以、或可能做什麼開始著手——這個基礎完全錯誤。技術專家不僅應該只看工程細節，也應該幫忙想像及實現一個更豐富、更融洽、更人性的未來。在這個多采多姿的未來中，技術只是其中的一個組成部分。毫無疑問，技術將在塑造未來的過程中發揮關鍵作用，但它不是未來的本質。真正的焦點及真正面臨風險的是我們。

　　技術應該放大我們最好的一面，為創意與合作開闢新的道路，順應人性本質及最寶貴的人際關係。[1] 它應該讓我們更快樂、更健康，為我們的努力加把勁，充實我們的生活，但總是按照我們的指令，透過民主決定，公開辯論，利益廣泛分享——在動盪中，我們永遠不能忽視這點，這是連最堅定的盧德派也有可能會支持的願景。

但在我們達到那個境界之前，在我們能夠釋放未來技術的無限潛力之前，這股浪潮及其核心困境需要駕馭，需要人類對整個技術領域進行前所未有的人性化控制。實現這個目標需要極大的決心，跨越數十年，涵蓋人類活動的所有領域。毫不誇張地說，這項艱鉅的任務將塑造本世紀及以後日常生活的品質與性質。

失敗的風險幾乎不堪設想，但我們還是必須面對。然而，克服這些挑戰的報酬極大：人類的安全與長期的蓬勃發展。

這無疑是值得我們奮鬥的目標。

# 謝辭

　　書也是史上最具變革性的技術之一。就像其他的變革性技術一樣，書本是團隊合作的結晶，這本書也不例外。首先，這本書就是兩位作者橫跨二十多年友誼，持續討論、密切合作的成果。

　　Crown 出版社從一開始一直是這本書的卓越支持者。大衛・德雷克（David Drake）睿智又充滿活力，他以卓越的出版願景指導這本書的出版。我們非常幸運可以和編輯保羅・惠雷奇（Paul Whitlatch）合作，他以過人的耐心與慧眼，一次又一次地對這本書做了無數次的修改。我們也要感謝麥迪森・雅各斯（Madison Jacobs）、凱蒂・貝瑞（Katie Berry）、克里斯・布蘭德（Chris Brand）。倫敦 Bodley Head 出版社的史都華・威廉斯（Stuart Williams）是另一位精明的編輯，也是我們堅定的支持者。我們很榮幸有兩位出色的經紀人蒂娜・班尼特（Tina Bennett）與蘇菲・蘭伯特（Sophie Lambert）。打從這個案子的初期，西莉亞・潘內提爾（Celia Pannetier）就擔任我們的研究員，為我們整理重要的證據；西恩・拉弗利（Sean Lavery）為整本書做了事實核查。

　　多年來，許多人讀過這份書稿。他們聚在一起交流，閱讀章節，反駁論點，提出想法，糾正錯誤。這些通話內容、研討會、採訪、編輯、建議幫我們寫出了這本書。下列每個人都花時間與心力與我們交談、分享專業知識、與我們辯論、指導我們。特別感謝許多審閱整份手稿並提供詳細意見的人，他們的大方分享與非凡見解對我們的最終手稿極其寶貴。

非常感謝 Gregory Allen、Graham Allison（以及哈佛大學貝爾弗中心〔Belfer Center〕的教職員工）、Sahar Amer、Anne Applebaum、Julian Baker、Samantha Barber、Gabriella Blum、Nick Bostrom、Ian Bremmer、Erik Brynjolfsson、Ben Buchanan、Sarah Carter、Rewon Child、George Church、Richard Danzig、Jennifer Doudna、Alexandra Eitel、Maria Eitel、Henry Elkus、Kevin Esvelt、Jeremy Fleming、Jack Goldsmith、Al Gore、Tristan Harris、Zaid Hassan、Jordan Hoffman、Joi Ito、Ayana Elizabeth Johnson、Danny Kahneman、Angela Kane、Melanie Katzman、Henry Kissinger、Kevin Klyman、Heinrich Kuttler、Eric Lander、Sean Legassick、Aitor Lewkowycz、Leon Marshall、Jason Matheny、Andrew McAfee、Greg McKelvey、Dimitri Mehlhorn、David Miliband、Martha Minow、Geoff Mulgan、Aza Raskin、Tobias Rees、Stuart Russell、Jeffrey Sachs、Eric Schmidt、Bruce Schneier、Marilyn Thompson、Mayo Thompson、Thomas Viney、Maria Vogelauer、Mark Walport、Morwenna White、Scott Young、Jonathan Zittrain。

感謝與我一起創辦 Inflection AI 的雷德・霍夫曼（Reid Hoffman）與凱倫・西蒙尼揚（Karen Simonyan），他們是很棒的合作者。也感謝與我一起創辦 DeepMind 的德米斯・哈薩比斯（Demis Hassabis）與謝恩・萊格（Shane Legg）過去十年的合作。巴斯卡想在此感謝與他一起創辦 Canelo 的伊恩・米勒（Iain Millar）與尼克・巴雷托（Nick Barreto），感謝他們一直以來的支持，而他最想感謝的，是他的賢妻丹妮（Dani）以及兒子蒙提（Monty）與道吉（Dougie）。

# 註解

關於本書的參考書目，請參見 The-Coming-Wave.com/ bibliography 網站。

# 注釋

## 第 1 章

1. 舉例來說，Kilobaser DNA & RNA 合成器的售價是 2 萬 5 千美元起，參見網站：kilobaser.com/dna-and-rna-synthesizer。

## 第 2 章

1. TUV Nord Group, "A Brief History of the Internal Combustion Engine," TUV Nord Group, April 18, 2019, www.tuev-nord.de/explore/en/remembers/a-brief-history-of-the-internal-combustion-engine

2. Burton W. Folsom, "Henry Ford and the Triumph of the Auto Industry," Foundation for Economic Education, Jan. 1, 1998, fee.org /articles/henry-ford-and-the-triumph-of-the-auto-industry.

3. "Share of US Households Using Specific Technologies, 1915 to 2005," Our World in Data, ourworldindata.org/grapher/technology-adoption-by-households-in-the-united-states?country=~Automobile.

4. "How Many Cars Are There in the World in 2023?," Hedges & Company, June 2021, hedgescompany.com/blog/2021/06/how-many-cars-are-there-in-the-world; "Internal Combustion Engine—the Road Ahead," Industr, Jan. 22, 2019, www.industr.com/en/internal-combustion-engine-the-road-ahead-2357709#.

5. 關於技術的確切定義，學術界仍爭論不休。本書採用常識性的日常定義：應用（最廣義的）科學知識來產出工具或實際的結果。然而，我們也承認這個詞的完整、多元複雜性。技術可以追溯到文化與實務，不止是電晶體、螢幕、鍵盤而已，還包括程式設計師的顯性與隱性知識，以及支持他們的社會生活與社會。

6. 研究技術的學者將傳播（diffusion）與擴散（proliferation）區分開來，但這裡大體上沒有做這樣的區分。我們主要取其口語上的意義，而不是正式的意義。

7. 這也會反過來發揮作用：技術促成新的工具與見解，進而推動科學的發展，就像蒸汽機有助於闡明熱力學的必要，或複雜的玻璃工藝促成望遠鏡的開發，進而改變了我們對太空的了解。

8. Robert Ayres, "Technological Transformations and Long Waves. Part I," *Technological*

*Forecasting and Social Change 37*, no. 1 (March 1990), www.sciencedirect.com/science/article/abs/pii/0040162590900573.

9.  這個詞是了解技術的核心，卻近期才出現。可以追溯至 1990 年代初期的一篇經濟學論文，參見 Timothy F. Bresnahan and Manuel Trajtenberg, "General Purpose Technologies 'Engines of Growth'?," (working paper, NBER, Aug. 1992), www.nber.org/papers/w4148。

10. Richard Wrangham, *Catching Fire: How Cooking Made Us Human* (London: Profile Books, 2010).

11. 取自 Richard Lipsey, Kenneth Carlaw, and Clifford Bekar, *Economic Transformations: General Purpose Technologies and Long-Term Economic Growth* (Oxford: Oxford University Press, 2005) 的描述。

12. 技術上來說，語言可能再次被視為一種原型或基礎性的通用技術。

13. Lipsey, Carlaw, and Bekar, *Economic Transformations*.

14. 關於這個流程如何運作，可參見 Oded Galor, The Journey of Humanity: The Origins of Wealth and Inequality (London: Bodley Head, 2022) 的精彩說明。

15. Michael Muthukrishna and Joseph Henrich, "Innovation in the Collective Brain," *Philosophical Transactions of the Royal Society B* 371, no. 1690 (2016), royalsocietypublishing.org/doi/10.1098/rstb.2015.0192.

16. Galor, The Journey of Humanity, 46.

17. Muthukrishna and Henrich, "Innovation in the Collective Brain."

18. Lipsey, Carlaw, and Bekar, Economic Transformations.

19. Lewis Mumford, *Technics and Civilization* (Chicago: University of Chicago Press, 1934).

20. Lewis Mumford, *Technics and Civilization* (Chicago: University of Chicago Press, 1934).

21. Lewis Mumford, *Technics and Civilization* (Chicago: University of Chicago Press, 1934).

22. Carlota Perez, Technological Revolutions and Financial Capital: The Dynamics of Bubbles and Golden Ages (Cheltenham, U.K.: Edward Elgar, 2002).

23. 事實上，比起水車花了數千年才擴散開來，風車加速擴散的早期跡象可能是在最初發明的那幾年，從英格蘭北部到敘利亞隨處可見。參見 Lynn White Jr., Medieval Technology and Social Change (Oxford: Oxford University Press, 1962), 87。

24. Elizabeth L. Eisenstein, The Printing Press as an Agent of Change: Communications and Cultural Transformations in Early-Modern Europe (Cambridge, U.K.: Cambridge University Press, 1979).

25. Eltjo Buringh and Jan Luiten Van Zanden, "Charting the 'Rise of the West': Manuscripts and Printed Books in Europe, a Long-Term Perspective from the Sixth Through Eighteenth Centuries," *Journal of Economic History*, June 1, 2009, www.cambridge.org/core/journals/journal-of-economic-history/article/abs/charting-the-rise-of-the-west-manuscripts-and-printed-books-in-europe-a-longterm-perspective-from-the-sixth-

through-eighteenth-centuries/0740F5F9030A706BB7E9FACCD5D975D4.

26. Max Roser and Hannah Ritchie, "Price of Books: Productivity in Book Production," Our World in Data, ourworldindata.org/books.

27. Polish Member Committee of the World Energy Council, "Energy Sector of the World and Poland: Beginnings, Development, Present State," World Energy Council, Dec. 2014, www.worldenergy.org/assets/images/imported/2014/12/Energy_Sector_of_the_world_and_Poland_EN.pdf.

28. Vaclav Smil, "Energy in the Twentieth Century: Resources, Conversions, Costs, Uses, and Consequences," *Annual Review of Energy and the Environment 25* (2000), www.annualreviews.org/doi/pdf/10.1146/annurev.energy.25.1.21.

29. William D. Nordhaus, "Do Real Output and Real Wage Measures Capture Reality? The History of Lighting Suggests Not," Cowles Foundation for Research in Economics at Yale University, Jan. 1996, cowles.yale.edu/sites/default/files/files/pub/d10/d1078.pdf.

30. Galor, The Journey of Humanity, 46.

31. 固網與行動電話皆計。

32. "Televisions Inflation Calculator," Official Data Foundation, www.in2013dollars.com/Televisions/price-inflation.

33. Anuraag Singh et al., "Technological Improvement Rate Predictions for All Technologies: Use of Patent Data and an Extended Domain Description," *Research Policy* 50, no. 9 (Nov. 2021), www.sciencedirect.com/science/article/pii/S0048733321000950#. 然而，不同的技術之間有很大的差異

34. 當然，提議可以追溯到更遠，至少可遠溯及十九世紀的數學家巴貝奇（Babbage）與勒芙蕾絲（Lovelace）。

35. George Dyson, Turing's Cathedral: The Origins of the Digital Universe (London: Allen Lane, 2012).

36. Nick Carr, "How Many Computers Does the World Need? Fewer Than You Think," *Guardian*, Feb. 21, 2008, www.theguardian.com/technology/2008/feb/21/computing.supercomputers.

37. 例如參見 Darrin Qualman, "Unimaginable Output: Global Production of Transistors," *Darrin Qualman Blog*, April 24, 2017, www.darrinqualman.com/global-production-transistors/；Azeem Azhar, *Exponential: How Accelerating Technology Is Leaving Us Behind and What to Do About It* (London: Random House Business, 2021), 21；以及 Vaclav Smil, *How the World Really Works: A Scientist's Guide to Our Past, Present and Future* (London: Viking, 2022), 128。

38. 例如參見 Darrin Qualman, "Unimaginable Output: Global Production of Transistors," *Darrin Qualman Blog*, April 24, 2017, www.darrinqualman.com/global-production-transistors/；Azeem Azhar, *Exponential: How Accelerating Technology Is Leaving Us Behind and What to Do About It* (London: Random House Business, 2021), 21；以及 Vaclav Smil, *How the World Really Works: A Scientist's Guide to Our Past, Present and Future* (London: Viking, 2022), 128。

39. John B. Smith, "Internet Chronology," UNC Computer Science, www.cs.unc.edu/~jbs/resources/Internet/internet_chron.html.

40. Mohammad Hasan, "State of IoT 2022: Number of Connected IoT Devices Growing 18% to 14.4 Billion Globally," IoT Analytics, May 18, 2022, iot-analytics.com/number-connected-iot-devices/; Steffen Schenkluhn, "Market Size and Connected Devices: Where's the Future of IoT?," *Bosch Connected World Blog*, blog.bosch-si.com/internetofthings/market-size-and-connected-devices-wheres-the-future-of-iot. However, the Ericsson Mobility Report estimates up to twenty-nine billion: "Ericsson Mobility Report, November 2022," Ericsson, Nov. 2022, www.ericsson.com/4ae28d/assets/local/reports-papers/mobility-report /documents/2022/ericsson-mobility-report-november-2022.pdf.

41. Azhar, *Exponential*, 219.

42. 同前，228。

## 第 3 章

1. Robert K. Merton, On Social Structure and Science (Chicago: University of Chicago Press, 1996) 提供了經典的研究。關於社會為何變成由它自己創造出來的風險管理所主導，也可參閱 Ulrich Beck, *Risk Society: Toward a New Modernity* (London: SAGE, 1992)。亦見 Edward Tenner, *Why Things Bite Back: Technology and the Revenge of Unintended Consequences* (New York: Vintage, 1997)，以及 Charles Perrow, *Normal Accidents: Living with High-Risk Technologies* (Princeton, N.J.: Princeton University Press, 1984)。

2. George F. Kennan, "The Sources of Soviet Conduct," *Foreign Affairs*, July 1947, www.cvce.eu/content/publication/1999/1/1/a0f03730-dde8-4f06-a6ed-d740770dc423/publishable_en.pdf.

3. 這段敘述取自 Anton Howes, "Age of Invention: Did the Ottomans Ban Print?," *Age of Invention*, May 19, 2021, antonhowes.substack.com/p/age-of-invention-did-the-ottomans。

4. 例子取自 Joel Mokyr, The Lever of Riches: Techno-logical Creativity and Economic Progress (Oxford: Oxford University Press, 1990)。

5. Harold Marcuse, "Ch'ien Lung (Qianlong) Letter to George III (1792)," UC Santa Barbara History Department, marcuse.faculty.history.ucsb.edu/classes/2c/texts/1792QianlongLetterGeorgeIII.htm.

6. 關於這個過程的更多資訊，可參見 Joseph A. Tainter, *The Collapse of Complex Societies* (Cambridge, U.K.: Cambridge University Press, 1988), and Jared Diamond, *Collapse: How Societies Choose to Fail or Survive* (London: Penguin, 2005)。

7. Waldemar Kaempffert, "Rutherford Cools Atomic Energy Hope," *New York Times*, Sept. 12, 1933, timesmachine.nytimes.com/timesmachine/1933/09/12/99846601.html.

8. Alex Wellerstein, "Counting the Dead at Hiroshima and Nagasaki," *Bulletin of*

*the Atomic Scientists*, Aug. 4, 2020, thebulletin.org/2020/08/counting-the-dead-at-hiroshima-and-nagasaki.

9. 參見 David Lilienthal et al., "A Report on the International Control of Atomic Energy," March 16, 1946, fissilematerials.org/library/ach46.pdf。

10. "Partial Test Ban Treaty," Nuclear Threat Initiative, Feb. 2008, www.nti.org/education-center/treaties-and-regimes/treaty-banning-nuclear-test-atmosphere-outer-space-and-under-water-partial-test-ban-treaty-ptbt/.

11. "Timeline of the Nuclear Nonproliferation Treaty (NPT)," Arms Control Association, Aug. 2022, www.armscontrol.org/factsheets/Timeline-of-the-Treaty-on-the-Non-Proliferation-of-Nuclear-Weapons-NPT.

12. Liam Stack, "Update Complete: U.S. Nuclear Weapons No Longer Need Floppy Disks," New York Times, Oct. 24, 2019, www.nytimes.com/2019/10/24/us/nuclear-weapons-floppy-disks.html.

13. 這裡的敘述大多取自 Eric Schlosser, *Command and Control* (London: Penguin, 2014), and John Hughes-Wilson, *Eve of Destruction: The Inside Story of Our Dangerous Nuclear World* (London: John Blake, 2021)。

14. William Burr, "False Warnings of Soviet Missile Attacks Put U.S. Forces on Alert in 1979-1980," National Security Archive, March 16, 2020, nsarchive.gwu.edu/briefing-book/nuclear-vault/2020-03-16/false-warnings-soviet-missile-attacks-during-1979-80-led-alert-actions-us-strategic-forces.

15. Paul K. Kerr, "Iran-North Korea-Syria Ballistic Missile and Nuclear Cooperation," Congressional Research Service, Feb. 26, 2016, sgp.fas.org/crs/nuke/R43480.pdf.

16. Graham Allison, "Nuclear Terrorism: Did We Beat the Odds or Change Them?," *PRISM*, May 15, 2018, cco.ndu.edu/News/Article/1507316/nuclear-terrorism-did-we-beat-the-odds-or-change-them.

17. Jose Goldemberg, "Looking Back: Lessons from the De-nuclearization of Brazil and Argentina," Arms Control Association, April 2006, www.armscontrol.org/act/2006-04/looking-back-lessons-denuclearization-brazil-argentina.

18. Richard Stone, "Dirty Bomb Ingredients Go Missing from Chornobyl Monitoring Lab," *Science*, March 25, 2022, www.science.org /content/article/dirty-bomb-ingredients-go-missing-chornobyl-monitoring-lab.

19. Patrick Malone and R. Jeffrey Smith, "Plutonium Is Missing, but the Government Says Nothing," Center for Public Integrity, July 16, 2018, publicintegrity.org/national-security/plutonium-is-missing-but-the-government-says-nothing.

20. Zaria Gorvett, "The Lost Nuclear Bombs That No One Can Find," BBC Future, Aug. 4, 2022, www.bbc.com/future/article/20220804-the-lost -nuclear-bombs-that-no-one-can-find.

21. Paul J. Young, "The Montreal Protocol Protects the Terrestrial Carbon Sink," *Nature*, Aug. 18, 2021, www.nature.com/articles/s41586-021-03737-3.epdf.

22. Paul J. Young, "The Montreal Protocol Protects the Terrestrial Carbon Sink," *Nature*,

Aug. 18, 2021, www.nature.com/articles/s41586-021-03737-3.epdf.

## 第 4 章

1. Natalie Wolchover, "How Many Different Ways Can a Chess Game Unfold?," *Popular Science*, Dec. 15, 2010, www.popsci.com/science/article/2010-12/fyi-how-many-different-ways-can-chess-game-unfold.
2. "AlphaGo," DeepMind, www.deepmind.com/research /highlighted-research/alphago. 然 而，一些報導的數字更高，例如《科學人》（*Scientific American*）說有 $10^{360}$ 種走法。 參 見 Christof Koch, "How the Computer Beat the Go Master," *Scientific American*, March 19, 2016, www .scientificamerican.com/article/how-the-computer-beat-the-go-master。
3. W. Brian Arthur, The Nature of Technology: What It Is and How It Evolves (London: Allen Lane, 2009), 31.
4. Everett M. Rogers, *Diffusion of Innovations* (New York: Free Press, 1962), 或參見喬 爾·莫基爾（Joel Mokyr）等學者有關工業革命的寫作。
5. Ray Kurzweil, How to Create a Mind: The Secret of Human Thought Revealed (New York: Viking Penguin, 2012).
6. 例 如 參 見 Azalia Mirhoseini et al., "A Graph Placement Methodology for Fast Chip Design," *Nature*, June 9, 2021, www.nature.com/articles/s41586-021-03544-w ； 以 及 Lewis Grozinger et al., "Pathways to Cellular Supremacy in Biocomputing," *Nature Communications*, Nov. 20, 2019, www.nature.com/articles/s41467-019-13232-z。
7. Alex Krizhevsky et al., "ImageNet Classification with Deep Convolutional Neural Networks," Neural Information Processing Systems, Sept. 30, 2012, proceedings. neurips.cc/paper/2012/file/c399862d3b9d6b76c 8436e924a68c45b-Paper.pdf.
8. Jerry Wei, "AlexNet: The Architecture That Challenged CNNs," *Towards Data Science*, July 2, 2019, towardsdatascience.com/alexnet-the-architecture-that-challenged-cnns-e406d5297951.
9. Chanan Bos, "Tesla's New HW3 Self-Driving Computer— It's a Beast," CleanTechnica, June 15, 2019, cleantechnica.com/2019/06/15/teslas-new-hw3-self-driving-computer-its-a-beast-cleantechnica-deep-dive.
10. Jeffrey De Fauw et al., "Clinically Applicable Deep Learning for Diagnosis and Referral in Retinal Disease," *Nature Medicine*, Aug. 13, 2018, www.nature.com/articles/s41591-018-0107-6.
11. "Advances in Neural Information Processing Systems," NeurIPS, papers.nips.cc.
12. "Research & Development," in *Artificial Intelligence Index Report 2021*, Stanford University Human-Centered Artificial Intelligence, March 2021, aiindex.stanford.edu/wp-content/uploads/2021/03/2021-AI-Index-Report-Chapter-1.pdf.
13. 套用馬克·安德森（Marc Andreessen）的說法。
14. "DeepMind AI Reduces Google Data Centre Cooling Bill by 40%," DeepMind, July 20,

2016, www.deepmind.com/blog/deepmind-ai-reduces-google-data-centre-cooling-bill-by-40.

15. "Better Language Models and Their Implications," OpenAI, Feb. 14, 2019, openai.com/blog/better-language-models.

16. 關於已開發的比較，參見 Martin Ford, Rule of the Robots: How Artificial Intelligence Will Transform Everything (London: Basic Books, 2021)。

17. Amy Watson, "Average Reading Time in the U.S. from 2018 to 2021, by Age Group," Statista, Aug. 3, 2022, www.statista.com /statistics/412454/average-daily-time-reading-us-by-age.

18. 微軟和 NVIDIA 建立了一個有五千三百億個參數的轉換器模型 MT-NLG（Megatron-Turing Natural Language Generation model），比他們一年前的最強大轉換器模型大了三十一倍。接著是來自北京智源人工智能研究院的悟道，據稱其參數多達一兆七千五百億，是 GPT-3 的十倍。例如，Tanushree Shenwai, "Microsoft and NVIDIA AI Introduces MT-NLG: The Largest and Most Powerful Monolithic Transformer Language NLP Model," *MarkTech Post*, Oct. 13, 2021, www.marktechpost.com/2021/10/13/microsoft-and-nvidia-ai-introduces-mt-nlg-the-largest-and-most-powerful-monolithic-transformer-language-nlp-model。

19. "Alibaba DAMO Academy Creates World's Largest AI Pre-training Model, with Parameters Far Exceeding Google and Microsoft," *Pandaily*, Nov. 8, 2021, pandaily.com/alibaba-damo-academy-creates-worlds-largest-ai -pre-training-model-with-parameters-far-exceeding-google-and-microsoft.

20. 來自 Alyssa Vance 的精彩圖像，假設每一「滴」含〇‧五毫升：mobile.twitter.com/alyssamvance/status/1542682154483589127。

21. William Fedus et al., "Switch Transformers: Scaling to Trillion Parameter Models with Simple and Efficient Sparsity," *Journal of Machine Learning Research*, June 16, 2022, arxiv.org/abs/2101.03961.

22. Alberto Romero, "A New AI Trend: Chinchilla (70B) Greatly Outperforms GPT-3 (175B) and Gopher (280B)," *Towards Data Science*, April 11, 2022, towardsdatascience.com/a-new-ai-trend-chinchilla-70b-greatly -outperforms-gpt-3-175b-and-gopher-280b-408b9b4510.

23. 詳情參見 github.com/karpathy/nanoGPT。

24. Susan Zhang et al., "Democratizing Access to Large-Scale Language Models with OPT-175B," Meta AI, May 3, 2022, ai.facebook.com/blog /democratizing-access-to-large-scale-language-models-with-opt-175b.

25. 例如參見 twitter.com/miolini/status/1634982361757790209。

26. Eirini Kalliamvakou, "Research: Quantifying GitHub Copilot's Impact on Developer Productivity and Happiness," GitHub, Sept. 7, 2022, github.blog/2022-09-07-research-quantifying-github-copilots-impact-on-developer-productivity-and-happiness.

27. Matt Welsh, "The End of Programming," Communications of the ACM, Jan. 2023, cacm.acm.org/magazines/2023/1/267976-the-end-of-programming/fulltext.

28. Emily Sheng et al., "The Woman Worked as a Babysitter: On Biases in Language Generation," arXiv, Oct. 23, 2019, arxiv.org/pdf /1909.01326.pdf.

29. Nitasha Tiku, "The Google Engineer Who Thinks the Company's AI Has Come to Life," *Washington Post*, June 11, 2022, www.washingtonpost.com/technology/2022/06/11/ google-ai-lamda-blake-lemoine.

30. Steven Levy, "Blake Lemoine Says Google's LaMDA AI Faces 'Bigotry,'" *Wired*, June 17, 2022, www.wired.com/story/blake-lemoine-google-lamda-ai-bigotry.

31. 引自 Moshe Y. Vardi, "Artificial Intelligence: Past and Future," *Communications of the ACM*, Jan. 2012, cacm.acm.org/magazines/2012/1/144824-artificial-intelligence-past-and-future/fulltext。

32. Joel Klinger et al., "A Narrowing of AI Research?," Computers and Society, Jan. 11, 2022, arxiv.org/abs/2009.10385.

33. Gary Marcus, "Deep Learning Is Hitting a Wall," *Nautilus*, March 10, 2022, nautil.us/ deep-learning-is-hitting-a-wall-14467.

34. 參見 Melanie Mitchell, *Artificial Intelligence: A Guide for Thinking Humans* (London: Pelican Books, 2020)，以 及 Steven Strogatz, "Melanie Mitchell Takes AI Research Back to Its Roots," *Quanta Magazine*, April 19, 2021, www.quantamagazine.org/ melanie-mitchell-takes-ai-research-back-to-its-roots-20210419。

35. 對準研究中心（The Alignment Research Center）已經測試了 GPT-4 的這項能力。研究發現，GPT-4 在這個階段還無法自主行動。"GPT-4 System Card," OpenAI, March 14, 2023, cdn.openai.com/papers/gpt-4-system-card.pdf. 發布沒幾天，大家就變得出乎意料地親近，例如參見 mobile.twitter.com/jacksonfall/status/1636 107218859745286。然而，這個測試版本所需要的自主性比在研究中心展示的更多。

## 第 5 章

1. Susan Hockfield, *The Age of Living Machines: How Biology Will Build the Next Technology Revolution* (New York: W. W. Norton, 2019).

2. Stanley N. Cohen et al., "Construction of Biologically Functional Bacterial Plasmids In Vitro," PNAS, Nov. 1, 1973, www.pnas.org/doi/abs/10.1073/pnas.70.11.3240.

3. "Human Genome Project," National Human Genome Research Institute, Aug. 24, 2022, www.genome.gov/about-genomics/educational-resources/fact-sheets/human-genome-project.

4. "Life 2.0," *Economist*, Aug. 31, 2006, www.economist.com/special-report/2006/08/31/ life-20.

5. 參見 "The Cost of Sequencing a Human Genome," National Human Genome Research Institute, Nov. 1, 2021, www.genome.gov/about-genomics/fact-sheets/Sequencing-Human-Genome-cost；以 及 Elizabeth Pennisi, "A \$100 Genome? New DNA Sequencers Could Be a 'Game Changer' for Biology, Medicine," *Science*, June 15,

2022, www.science.org/content/article/100-genome-new-dna-sequencers-could-be-game-changer-biology-medicine。

6. Azhar, *Exponential*, 41.

7. Jian-Feng Li et al., "Multiplex and Homologous Recombination-Mediated Genome Editing in *Arabidopsis and Nicotiana benthamiana* Using Guide RNA and Cas9," *Nature Biotechnology*, Aug. 31, 2013, www.nature.com/articles/nbt.2654.

8. Sara Reardon, "Step Aside CRISPR, RNA Editing Is Taking Off," Nature, Feb. 4, 2020, www.nature.com/articles/d41586-020-00272-5.

9. Chunyi Hu et al., "Craspase Is a CRISPR RNA-Guided, RNA-Activated Protease," *Science*, Aug. 25, 2022, www.science.org/doi/10.1126/science.add5064.

10. Michael Le Page, "Three People with Inherited Diseases Successfully Treated with CRISPR," *New Scientist*, June 12, 2020, www.newscientist.com/article/2246020-three-people-with-inherited-diseases-successfully-treated-with-crispr; Jie Li et al., "Biofortified Tomatoes Provide a New Route to Vitamin D Sufficiency," *Nature Plants*, May 23, 2022, www.nature.com/articles/s41477-022-01154-6.

11. Mohamed Fareh, "Reprogrammed CRISPR-Cas13b Suppresses SARS-CoV-2 Replication and Circumvents Its Mutational Escape Through Mismatch Tolerance," *Nature*, July 13, 2021, www.nature.com/articles/s41467-021-24577-9; "How CRISPR Is Changing Cancer Research and Treatment," National Cancer Institute, July 27, 2020, www.cancer.gov/news-events/cancer-currents-blog/2020/crispr-cancer-research-treatment; Zhihao Zhang et al., "Updates on CRISPR-Based Gene Editing in HIV-1/AIDS Therapy," *Virologica Sinica*, Feb. 2022, www.sciencedirect.com/science/article/pii/S1995820X22000177; Giulia Maule et al., "Gene Therapy for Cystic Fibrosis: Progress and Challenges of Genome Editing," *International Journal of Molecular Sciences*, June 2020, www.ncbi.nlm.nih.gov/pmc/articles/PMC7313467.

12. Raj Kumar Joshi, "Engineering Drought Tolerance in Plants Through CRISPR/Cas Genome Editing," 3 Biotech, Sept. 2020, www.ncbi.nlm.nih .gov/pmc/articles/PMC7438458; Muhammad Rizwan Javed et al., "Current Situation of Biofuel Production and Its Enhancement by CRISPR/Cas9-Mediated Genome Engineering of Microbial Cells," *Microbiological Research*, Feb. 2019, www.sciencedirect.com/science/article/pii/S0944501318308346.

13. Nessa Carey, *Hacking the Code of Life: How Gene Editing Will Rewrite Our Futures* (London: Icon Books, 2019), 136.

14. 例如參見 kilobaser.com/shop。

15. Yiren Lu, "The Gene Synthesis Revolution," *New York Times*, Nov. 24, 2021, www.nytimes.com/2021/11/24/magazine/gene-synthesis.html.

16. "Robotic Labs for High-Speed Genetic Research Are on the Rise," *Economist*, March 1, 2018, www.economist.com/science-and-technology/2018/03/01/robotic-labs-for-high-speed-genetic-research-are-on-the-rise.

17. Bruce Rogers, "DNA Script Set to Bring World's First DNA Printer to Market," *Forbes*,

May 17, 2021, www.forbes.com/sites/bruce rogers/2021/05/17/dna-script-set-to-bring-worlds-first-dna-printer-to-market.

18. Michael Eisenstein, "Enzymatic DNA Synthesis Enters New Phase," *Nature Biology*, Oct. 5, 2020, www.nature.com/articles/s41587-020-0695-9.

19. Synbio 不僅使用 DNA 合成，也運用了我們對於如何開關基因的日益了解，以及代謝工程方面的學問（在代謝工程領域，我們可以促使細胞產生我們想要的物質）。

20. Drew Endy, "Endy:Research," OpenWet Ware, Aug. 4, 2017, openwetware.org/wiki/Endy:Research.

21. First Self-Replicating Synthetic Bacterial Cell," JCVI, www.jcvi.org/research/first-self-replicating-synthetic-bacterial-cell.

22. Jonathan E. Venetz et al., "Chemical Synthesis Rewriting of a Bacterial Genome to Achieve Design Flexibility and Biological Functionality," PNAS, April 1, 2019, www.pnas.org/doi/full/10.1073/pnas.1818259116.

23. ETH Zurich, "First Bacterial Genome Created Entirely with a Computer," *Science Daily*, April 1, 2019, www.sciencedaily.com/releases /2019/04/190401171343.htm. 那一年，一個來自劍橋的團隊也製造出一個完全合成的大腸桿菌基因組。Julius Fredens, "Total Synthesis of Escherichia coli with a Recoded Genome," *Nature*, May 15, 2019, www.nature.com/articles/s41586 -019-1192-5.

24. 參 見 GP-write Consortium, Center of Excellence for Engineering Biology, engineeringbiologycenter.org/gp-write-consortium.

25. Jose-Alain Sahel et al., "Partial Recovery of Visual Function in a Blind Patient After Optogenetic Therapy," *Nature Medicine*, May 24, 2021, www.nature.com/articles/s41591-021-01351-4.

26. "CureHeart—a Cure for Inherited Heart Muscle Diseases," British Heart Foundation, www.bhf.org.uk/what-we-do/our-research/cure-heart; National Cancer Institute, "CAR T-Cell Therapy," National Institutes of Health, www.cancer.gov/publications/dictionaries/cancer-terms/def/car-t-cell-therapy.

27. 例 如 參 見 Astrid M. Vicente et al., "How Personalised Medicine Will Transform Healthcare by 2030: The ICPerMed Vision," *Journal of Translational Medicine*, April 28, 2020, translational-medicine.biomedcentral.com/articles/10.1186/s12967-020-02316-w。

28. Antonio Regalado, "How Scientists Want to Make You Young Again," MIT Technology Review, Oct. 25, 2022, www.technologyreview.com/2022/10/25/1061644/how-to-be-young-again.

29. Jae-Hyun Yang et al., "Loss of Epigenetic Information as a Cause of Mammalian Aging," Cell, Jan. 12, 2023, www.cell.com/cell/fulltext/S0092-8674(22)01570-7.

30. 例 如 參 見 David A. Sinclair and Matthew D. LaPlante, *Lifespan: Why We Age—and Why We Don't Have To* (New York: Atria Books, 2019)。

31. 例 如 參 見 Harvard research on memory: "Researchers Identify a Neural Circuit and

Genetic 'Switch' That Maintain Memory Precision," Harvard Stem Cell Institute, March 12, 2018, hsci.harvard.edu/news /researchers-identify-neural-circuit-and-genetic-switch-maintain-memory-precision。

32. John Cohen, "New Call to Ban Gene-Edited Babies Divides Biologists," *Science*, March 13, 2019, www.science.org/content/article/new-call-ban-gene-edited-babies-divides-biologists.

33. S. B. Jennifer Kan et al., "Directed Evolution of Cytochrome C for Carbon-Silicon Bond Formation: Bringing Silicon to Life," *Science*, Nov. 25, 2016, www.science.org/doi/10.1126/science.aah6219.

34. James Urquhart, "Reprogrammed Bacterium Turns Carbon Dioxide into Chemicals on Industrial Scale," Chemistry World, March 2, 2022, www.chemistryworld.com/news/reprogrammed-bacterium-turns-carbon-dioxide-into-chemicals-on-industrial-scale/4015307.article.

35. Elliot Hershberg, "Atoms Are Local," *Century of Bio*, Nov. 7, 2022, centuryofbio.substack.com/p/atoms-are-local.

36. "The Future of DNA Data Storage," Potomac Institute for Policy Studies, Sept. 2018, potomacinstitute.org/images/studies/Future_of_DNA_Data_Storage.pdf.

37. McKinsey Global Institute, "The Bio Revolution: Innovations Transforming Economies, Societies, and Our Lives," McKinsey & Company, May 13, 2020, www.mckinsey.com/industries/life-sciences/our-insights/the-bio-revolution-innovations-transforming-economies-societies-and-our-lives.

38. DeepMind, "AlphaFold: A Solution to a 50-Year-Old Grand Challenge in Biology," DeepMind Research, Nov. 20, 2020, www.deepmind.com/blog/alphafold-a-solution-to-a-50-year-old-grand-challenge-in-biology.

39. Mohammed AlQuraishi, "AlphaFold @ CASP13: 'What Just Happened?,'" *Some Thoughts on a Mysterious Universe*, Dec. 9, 2018, moalquraishi.wordpress.com/2018/12/09/alphafold-casp13-what-just-happened.

40. Tanya Lewis, "One of the Biggest Problems in Biology Has Finally Been Solved," *Scientific American*, Oct. 31, 2022, www.scientificamerican.com/article/one-of-the-biggest-problems-in-biology-has-finally-been-solved.

41. Ewen Callaway, "What's Next for AlphaFold and the AI Protein-Folding Revolution," *Nature*, April 13, 2022, www.nature.com/articles/d41586-022-00997-5.

42. "DeepMind Research Cracks Structure of Almost Every Known Protein," *Financial Times*, July 28, 2022, www.ft.com/content/6a088953-66d7-48db-b61c-79005a0a351a; DeepMind, "Alpha-Fold Reveals the Structure of the Protein Universe," DeepMind Research, July 28, 2022, www.deepmind.com/blog/alphafold-reveals-the-structure-of-the-protein-universe.

43. Kelly Servick, "In a First, Brain Implant Lets Man with Complete Paralysis Spell Out 'I Love My Cool Son,'" *Science*, March 22, 2022, www.science.org/content/article/first-brain-implant-lets-man-complete-paralysis-spell-out-thoughts-i-love-my-cool-son.

44. Brett J. Kagan et al., "In Vitro Neurons Learn and Exhibit Sentience When Embodied in a Simulated Game-World," Neuron, Oct. 12, 2022, www.cell.com/neuron/fulltext/S0896-6273(22)00806-6.

## 第 6 章

1.  Mitchell Clark, "Amazon Announces Its First Fully Autonomous Mobile Warehouse Robot," *Verge*, June 21, 2022, www .theverge.com/2022/6/21/23177756/amazon-warehouse-robots-proteus-autonomous-cart-delivery.
2.  Dave Lee, "Amazon Debuts New Warehouse Robot That Can Do Human Jobs," *Financial Times*, Nov. 10, 2022, www.ft.com/content/c8933d73-74a4-43ff-8060-7ff9402eccf1.
3.  James Gaines, "The Past, Present, and Future of Robotic Surgery," Smithsonian Magazine, Sept. 15, 2022, www.smithsonianmag.com/innovation/the-past-present-and-future-of-robotic-surgery-180980763.
4.  "Helper Robots for a Better Everyday," Everyday Robots, every dayrobots.com.
5.  Chelsea Gohd, "Walmart Has Patented Autonomous Robot Bees," World Economic Forum, March 19, 2018, www.weforum.org/agenda/2018/03/autonomous-robot-bees-are-being-patented-by-walmart.
6.  *Artificial Intelligence* Index Report 2021, aiindex.stanford.edu/report.
7.  Sara Sidner and Mallory Simon, "How Robot, Explosives Took Out Dallas Sniper in Unprecedented Way," CNN, July 12, 2016, cnn.com/2016/07/12/us/dallas-police-robot-c4-explosives/index.html.
8.  Elizabeth Gibney, "Hello Quantum World! Google Publishes Landmark Quantum Supremacy Claim," *Nature*, Oct. 23, 2019, www.nature .com/articles/d41586-019-03213-z; Frank Arute et al., "Quantum Supremacy Using a Programmable Superconducting Processor," *Nature*, Oct. 23, 2019, www.nature .com/articles/s41586-019-1666-5.
9.  Neil Savage, "Hands-On with Google's Quantum Computer," *Scientific American*, Oct. 24, 2019, www.scientificamerican.com/article/hands-on-with-googles-quantum-computer.
10. Gideon Lichfield, "Inside the Race to Build the Best Quantum Computer on Earth," MIT Technology Review, Feb. 26, 2022, www.technologyreview.com/2020/02/26/916744/quantum-computer-race-ibm-google.
11. Matthew Sparkes, "IBM Creates Largest Ever Superconducting Quantum Computer," *New Scientist*, Nov. 15, 2021, www.newscientist .com/article/2297583-ibm-creates-largest-ever-superconducting-quantum-computer.
12. 總而言之，對某些任務來說是如此。Charles Choi, "Quantum Leaps in Quantum Computing?," *Scientific American*, Oct. 25, 2017, www.scientificamerican.com/article/quantum-leaps-in-quantum-computing.

13. Ken Washington, "Mass Navigation: How Ford Is Exploring the Quantum World with Microsoft to Help Reduce Congestion," Ford Medium, Dec. 10, 2019, medium. com/@ford/mass-navigation-how-ford-is-exploring-the-quantum-world-with-microsoft-to-help-reduce-congestion-a9de6db 32338.

14. Camilla Hodgson, "Solar Power Expected to Surpass Coal in 5 Years, IEA Says," *Financial Times*, Dec. 10, 2022, www.ft.com/content/98cec49f-6682-4495-b7be-793bf2589c6d.

15. "Solar PV Module Prices," Our World in Data, ourworldindata.org/grapher/solar-pv-prices.

16. Tom Wilson, "Nuclear Fusion: From Science Fiction to 'When, Not If,'" *Financial Times*, Dec. 17, 2022, www.ft.com/content/65e8f125-5985-4aa8-a027-0c9769e764ad.

17. Eli Dourado, "Nanotechnology's Spring," *Works in Progress*, Oct. 12, 2022, www. worksinprogress.co/issue/nanotechnologys-spring.

## 第 7 章

1. Julian Borger, "The Drone Operators Who Halted Russian Convoy Headed for Kyiv," *Guardian*, March 28, 2022, www.theguardian.com/world/2022/mar/28/the-drone-operators-who-halted-the-russian-armoured-vehicles-heading-for-kyiv.

2. Marcin Wyrwai, "Wojna w Ukrainie. Jak sztuczna inteligencja zabija Rosjan," *Onet*, July 13, 2022, www.onet.pl/informacje/onetwiadomosci/rozwiazali-problem-armii-ukrainy-ich-pomysl-okazal-sie-dla-rosjan-zabojczy/pkzrk0z,79cfc278.

3. Patrick Tucker, "AI Is Already Learning from Russia's War in Ukraine, DOD Says," *Defense One*, April 21, 2022, www.defenseone.com/technology/2022/04/ai-already-learning-russias-war-ukraine-dod-says/365978.

4. "Ukraine Support Tracker," Kiel Institute for the World Economy, Dec. 2022, www.ifw-kiel.de/index.php?id=17142.

5. Audrey Kurth Cronin, *Power to the People: How Open Technological Innovation Is Arming Tomorrow's Terrorists* (New York: Oxford University Press, 2020), 2.

6. Scott Gilbertson, "Review: DJI Phantom 4," *Wired*, April 22, 2016, www.wired. com/2016/04/review-dji-phantom-4.

7. Cronin, *Power to the People*, 320; Derek Hawkins, "A U.S. 'Ally' Fired a $3 Million Patriot Missile at a $200 Drone. Spoiler: The Missile Won," *Washington Post*, March 17, 2017, www.washingtonpost.com/news/morning-mix/wp/2017/03/17/a-u-s-ally-fired-a-3-million-patriot-missile-at-a-200-drone-spoiler-the-missile-won.

8. zhar, *Exponential*, 249.

9. 例 如 參 見 Michael Bhaskar, *Human Frontiers: The Future of Big Ideas in an Age of Small Thinking* (Cambridge, Mass.: MIT Press, 2021)；Tyler Cowen, *The Great Stagnation: How America Ate All the Low-Hanging Fruit of Modern History, Got Sick, and Will (Eventually) Feel Better* (New York: Dutton, 2011)；以 及 Robert Gordon,

*The Rise and Fall of American Growth: The U.S. Standard of Living Since the Civil War* (Princeton, N.J.: Princeton University Press, 2017)。

10. Cesar Hidalgo, *Why Information Grows: The Evolution of Order, from Atoms to Economies* (London: Allen Lane, 2015).

11. Neil Savage, "Machines Learn to Unearth New Materials," *Nature*, June 30, 2021, www.nature.com/articles/d41586-021-01793-3.

12. Andrij Vasylenko et al., "Element Selection for Crystalline Inorganic Solid Discovery Guided by Unsupervised Machine Learning of Experimentally Explored Chemistry," *Nature Communications*, Sept. 21, 2021, www.nature.com/articles/s41467-021-25343-7.

13. Matthew Greenwood, "Hypercar Created Using 3D Printing, AI, and Robotics," Engineering.com, June 23, 2021, www.engineering.com/story/hypercar-created-using-3d-printing-ai-and-robotics.

14. Elie Dolgin, "Could Computer Models Be the Key to Better COVID Vaccines?," *Nature*, April 5, 2022, www.nature.com/articles/d41586-022-00924-8.

15. Anna Nowogrodzki, "The Automatic-Design Tools That Are Changing Synthetic Biology," *Nature*, Dec. 10, 2018, www.nature.com/articles/d41586-018-07662-w.

16. Vidar, "Google's Quantum Computer Is About 158 Million Times Faster Than the World's Fastest Supercomputer," Medium, Feb. 28, 2021, medium.com/predict/googles-quantum-computer-is-about-158-million-times-faster-than-the-world-s-fastest-supercomputer-36df56747f7f.

17. Jack W. Scannell et al., "Diagnosing the Decline in Pharmaceutical R&D Efficiency," *Nature Reviews Drug Discovery*, March 1, 2012, www.nature.com/articles/nrd3681.

18. Patrick Heuveline, "Global and National Declines in Life Expectancy: An End-of-2021 Assessment," *Population and Development Review* 48, no. 1 (March 2022), onlinelibrary.wiley.com/doi/10.1111/padr.12477. 然而，這些下降是在長期顯著改善的支持下出現的。

19. "Failed Drug Trials," Alzheimer's Research UK, www.alzheimersresearchuk.org/blog-tag/drug-trials/failed-drug-trials.

20. Michael S. Ringel et al., "Breaking Eroom's Law," *Nature Reviews Drug Discovery*, April 16, 2020, www.nature.com/articles/d41573-020-00059-3.

21. Jonathan M. Stokes, "A Deep Learning Approach to Antibiotic Discovery," *Cell*, Feb. 20, 2020, www.cell.com/cell/fulltext/S0092-8674(20)30102-1.

22. "Exscientia and Sanofi Establish Strategic Research Collaboration to Develop AI-Driven Pipeline of Precision-Engineered Medicines," Sanofi, Jan. 7, 2022, www.sanofi.com/en/media-room/press-releases/2022/2022 -01-07-06-00-00-2362917.

23. Nathan Benaich and Ian Hogarth, *State of AI Report* 2022, Oct. 11, 2022, www.stateof.ai.

24. Fabio Urbina et al., "Dual Use of Artificial-Intelligence- Powered Drug Discovery," *Nature Machine Intelligence*, March 7, 2022, www.nature.com/articles/s42256-022-00465-9.

25. K. Thor Jensen, "20 Years Later: How Concerns About Weaponized Consoles Almost Sunk the PS2," *PCMag*, May 9, 2020, www.pcmag.com/news/20-years-later-how-concerns-about-weaponized-consoles-almost-sunk-the-ps2; Associated Press, "Sony's High-Tech Playstation2 Will Require Military Export License," *Los Angeles Times*, April 17, 2000, www.latimes.com/archives/la-xpm-2000-apr-17-fi-20482-story.html.

26. 關於「多功能」（multi-use）一詞的更多資訊，參見 Cronin, *Power to the People*。

27. Scott Reed et al., "A Generalist Agent," DeepMind, Nov. 10, 2022, www.deepmind.com/publications/a-generalist-agent.

28. @GPT-4 Technical Report, OpenAI, March 14, 2023, cdn .openai.com/papers/gpt-4.pdf. 早期實驗參見 mobile.twitter.com/michalkosinski/status /1636683810631974912。

29. Sebastien Bubeck et al., "Sparks of Artificial General Intelligence: Early Experiments with GPT-4," arXiv, March 27, 2023, arxiv.org/abs/2303.12712.

30. Alhussein Fawzi et al., "Discovering Novel Algorithms with AlphaTensor," DeepMind, Oct. 5, 2022, www.deepmind.com/blog/discovering-novel-algorithms-with-alphatensor.

31. Stuart Russell Stuart Russell, *Human Compatible: AI and the Problem of Control* (London: Allen Lane, 2019).

32. Manuel Alfonseca et al., "Superintelligence Cannot Be Contained: Lessons from Computability Theory," *Journal of Artificial Intelligence Research*, Jan. 5, 2021, jair. org/index.php/jair/article/view/12202; Jaime Sevilla and John Burden, "Response to Superintelligence Cannot Be Contained: Lessons from Computability Theory," Centre for the Study of Existential Risk, Feb. 25, 2021, www.cser.ac.uk/news/response-superintelligence-contained.

## 第 8 章

1. 例如參見 Cade Metz, Genius Makers: The Mavericks Who Brought AI to Google, Facebook and the World (London: Random House Business, 2021), 170。

2. Google, "The Future of Go Summit: 23 May–27 May, Wuzhen, China," Google Events, events.google.com/alphago2017.

3. Paul Dickson, "Sputnik's Impact on America," Nova, PBS, Nov. 6, 2007, www.pbs.org/wgbh/nova/article/sputnik-impact-on-america.

4. Lo De Wei, "Full Text of Xi Jinping's Speech at China's Party Congress," Bloomberg, Oct. 18, 2022, www.bloomberg.com/news/articles/2022-10-18/full-text-of-xi-jinping-s-speech-at-china-20th-party-congress-2022.

5. 例如參見 Nigel Inkster, *The Great Decoupling: China, America and the Struggle for Technological Supremacy* (London: Hurst, 2020)。

6. Graham Webster et al., "Full Translation: China's 'New Generation Artificial Intelligence Development Plan,'" DigiChina, Stanford University, Aug. 1, 2017, digichina.stanford.edu/work/full-translation-chinas-new-generation-artificial-intelligence-development-plan-2017.

7.  Benaich and Hogarth, State of AI; Neil Savage, "The Race to the Top Among the World's Leaders in Artificial Intelligence," *Nature Index*, Dec. 9, 2020, www.nature. com/articles/d41586-020-03409-8; "Tsinghua University May Soon Top the World League in Science Research," *Economist*, Nov. 17, 2018, www.economist.com/ china/2018/11/17/tsinghua-university-may-soon-top-the-world-league-in-science-research.

8.  Sarah O'Meara, "Will China Lead the World in AI by 2030?," *Nature*, Aug. 21, 2019, www.nature.com/articles/d41586-019-02360-7; Akira Oikawa and Yuta Shimono, "China Overtakes US in AI Research," Nikkei Asia, Aug. 10, 2021, asia.nikkei.com/Spotlight/ Datawatch/China-overtakes-US-in-AI-research.

9.  Daniel Chou, "Counting AI Research: Exploring AI Research Output in English- and Chinese-Language Sources," Center for Security and Emerging Technology, July 2022, cset.georgetown.edu/publication /counting-ai-research.

10. Remco Zwetsloot, "China Is Fast Outpacing U.S. STEM PhD Growth," Center for Security and Emerging Technology, Aug. 2021, cset.georgetown.edu/publication/china-is-fast-outpacing-u-s-stem-phd-growth.

11. Graham Allison et al., "The Great Tech Rivalry: China vs the U.S.," Harvard Kennedy School Belfer Center, Dec. 2021, www.belfercenter.org/sites/default/files/ GreatTechRivalry_ChinavsUS_211207.pdf.

12. Xinhua, "China Authorizes Around 700,000 Invention Patents in 2021: Report," XinhuaNet, Jan. 8, 2021, english.news.cn/20220108/ded0496b77c24a3a8712fb26bb a390c3/c.html; "U.S. Patent Statistics Chart, Calendar Years 1963-2020," U.S. Patent and Trademark Office, May 2021, www.uspto.gov/web/offices/ac/ido/oeip/taf/us_ stat.htm. 然而，美國的資料是從 2020 年開始的。同樣重要的是，高價值專利也迅速成長：State Council of the People's Republic of China, "China Sees Growing Number of Invention Patents," Xinhua, Jan. 2022, english.www.gov.cn/statecouncil/ ministries/202201/12/content_WS61deb7c8c6d09c94e48a3883.html。

13. Joseph Hincks, "China Now Has More Supercomputers Than Any Other Country," *Time*, Nov. 14, 2017, time.com/5022859/china-most-supercomputers-world.

14. Jason Douglas, "China's Factories Accelerate Robotics Push as Workforce Shrinks," *Wall Street Journal*, Sept. 18, 2022, www.wsj.com/articles/chinas-factories-accelerate-robotics-push-as-workforce-shrinks-11663493405.

15. Allison et al., "Great Tech Rivalry."

16. Zhang Zhihao, "Beijing-Shanghai Quantum Link a 'New Era,'" *China Daily USA*, Sept. 30, 2017, usa.chinadaily.com.cn/china/2017-09/30/content_32669867.htm.

17. Amit Katwala, "Why China's Perfectly Placed to Be Quantum Computing's Superpower," *Wired*, Nov. 14, 2018, www.wired.co.uk/article/quantum-computing-china-us.

18. Han-Sen Zhong et al., "Quantum Computational Advantage Using Photons," *Science*, Dec. 3, 2020, www.science.org/doi/10.1126/science.abe8770.

19. 引自 Amit Katwala, *Quantum Computing* (London: Random House Business, 2021), 88。

20. Allison et al., "Great Tech Rivalry."

21. Katrina Manson, "US Has Already Lost AI Fight to China, Says Ex-Pentagon Software Chief," *Financial Times*, Oct. 10, 2021, www.ft.com/content/f939db9a-40af-4bd1-b67d-10492535f8e0.

22. 引自 Inkster, The Great Decoupling, 193。

23. 關於詳細的細目，參見 "National AI Policies & Strategies," OECD.AI, oecd.ai/en/dashboards。

24. Putin: Leader in Artificial Intelligence Will Rule World," CNBC, Sept. 4, 2017, www.cnbc.com/2017/09/04/putin-leader-in-artificial-intelligence-will-rule-world.html.

25. Thomas Macaulay, "Macron's Dream of a European Metaverse Is Far from a Reality," *Next Web*, Sept. 14, 2022, thenextweb.com/news/prospects-for-europes-emerging-metaverse-sector-macron-vestager-meta.

26. "France 2030," Agence Nationale de la Recherche, Feb. 27, 2023, anr.fr/en/france-2030/france-2030.

27. "India to Be a $30 Trillion Economy by 2050: Gautam Adani," *Economic Times*, April 22, 2022, economictimes.indiatimes.com/news/economy/indicators/india-to-be-a-30-trillion-economy-by-2050-gautam-adani/article show/90985771.cms.

28. Trisha Ray and Akhil Deo, "Priorities for a Technology Foreign Policy for India," Washington International Trade Association, Sept. 25, 2020, www.wita.org/atp-research/tech-foreign-policy-india.

29. Cronin, *Power to the People.*

30. Neeraj Kashyap, "GitHub's Path to 128M Public Repositories," *Towards Data Science*, March 4, 2020, towardsdatascience.com/githubs-path-to-128m-public-repositories-f6f656ab56b1.

31. arXiv, "About ArXiv," arxiv.org/about.

32. "The General Index," Internet Archive, Oct. 7, 2021, archive.org/details/GeneralIndex.

33. "Research and Development: U.S. Trends and International Comparisons," National Center for Science and Engineering Statistics, April 28, 2022, ncses.nsf.gov/pubs/nsb20225.

34. Prableen Bajpai, "Which Companies Spend the Most in Research and Development (R&D)?," Nasdaq, June 21, 2021, www.nasdaq.com/articles/which-companies-spend-the-most-in-research-and-development-rd-2021-06-21.

35. "Huawei Pumps $22 Billion into R&D to Beat U.S. Sanctions," Bloomberg News, April 25, 2022, www.bloomberg.com/news/articles/2022-04-25/huawei-rivals-apple-meta-with-r-d-spending-to-beat-sanctions; Jennifer Saba, "Apple Has the Most Growth Fuel in Hand," Reuters, Oct. 28, 2021, www.reuters.com/breakingviews/apple-has-most-growth-fuel-hand-2021-10-28.

36. Metz, Genius Makers, 58.

37. Mitchell, *Artificial Intelligence*, 103.

38. "First in the World: The Making of the Liverpool and Manchester Railway," Science+Industry Museum, Dec. 20, 2018, www.scienceandindustrymuseum.org.uk/objects-and-stories/making-the-liverpool-and-manchester-railway.

39. 這段以及更廣泛的描述取自 William Quinn and John D. Turner, *Boom and Bust: A Global History of Financial Bubbles* (Cambridge, U.K.: Cambridge University Press, 2022)。

40. 同前。

41. "The Beauty of Bubbles," Economist, Dec. 18, 2008, www.economist.com/christmas-specials/2008/12/18/the-beauty-of-bubbles.

42. Perez, *Technological Revolutions and Financial Capital*.

43. 大量的經濟學文獻深入研究了創新的個體經濟學,顯示出這個過程對經濟動機有多敏感與多糾結。關於概述,可參見 Lipsey, Carlaw, and Bekar, Economic Transformations。

44. 參見 Angus Maddison, The World Economy: A Millenarian Perspective (Paris: OECD Publications, 2001),或更新的報導 "GDP Per Capita, 1820 to 2018," Our World in Data, ourworldindata.org/grapher/gdp-per-capita-maddison-2020?yScale=log。

45. Nishant Yonzan et al., "Projecting Global Extreme Poverty up to 2030: How Close Are We to World Bank's 3% Goal?," *World Bank Data Blog*, Oct. 9, 2020, blogs.worldbank.org/opendata/projecting-global-extreme-poverty-2030-how-close-are-we-world-banks-3-goal.

46. Alan Greenspan and Adrian Wooldridge, *Capitalism in America: A History* (London: Allen Lane, 2018), 15.

47. 同前,47。

48. Charlie Giattino and Esteban Ortiz-Ospina, "Are We Working More Than Ever?," Our World in Data, ourworldindata.org/working-more-than-ever.

49. S&P Dow Jones Indices, July 2022, www.spglobal.com/spdji/en/indices/equity/sp-500/#data.

50. 光是 2021 年,全球就有超過 6 千億美元的創投資金,主要投資於科技與生技事業,金額是十年前的十倍,參見 Gene Teare, "Funding and Unicorn Creation in 2021 Shattered All Records," *Crunchbase News*, Jan. 5, 2022, news.crunchbase.com/business/global-vc-funding-unicorns-2021-monthly-recap。與此同時,私募基金在科技領域的投資也在 2021 年飆升至 4 千億美元以上,為最大的單一類別,參見 Laura Cooper and Preeti Singh, "Private Equity Backs Record Volume of Tech Deals," *Wall Street Journal*, Jan. 3, 2022, www.wsj.com/articles/private-equity-backs-record-volume-of-tech-deals-11641207603。

51. 例如參見 *Artificial Intelligence Index Report* 2021, 不過,從那時起,在生成性 AI 的熱潮中,數字肯定有所成長。

52. "Sizing the Prize—PwC's Global Artificial Intelligence Study: Exploiting the AI Revolution," PwC, 2017, www.pwc.com/gx/en/issues/data-and-analytics/publications/

artificial-intelligence-study.html.

53. Jacques Bughin et al., "Notes from the AI Frontier: Modeling the Impact of AI on the World Economy," McKinsey, Sept. 4, 2018, www.mckinsey.com/featured-insights/artificial-intelligence/notes-from-the-ai-frontier-modeling-the-impact-of-ai-on-the-world-economy; Michael Ciu, "The Bio Revolution: Innovations Transforming Economies, Societies, and Our Lives," McKinsey Global Institute, May 13, 2020, www.mckinsey.com/industries/pharmaceuticals-and-medical-products/our-insights/the-bio-revolution-innovations-transforming-economies-societies-and-our-lives.

54. "How Robots Change the World," Oxford Economics, June 26, 2019, resources.oxfordeconomics.com/hubfs/How%20Robots%20Change%20the%20World%20(PDF).pdf.

55. The World Economy in the Second Half of the Twentieth Century," OECD, Sept. 22, 2006, read.oecd-ilibrary.org/development/the-world-economy/the-world-economy-in-the-second-half-of-the-twentieth-century_9789264022621-5-en#page1.

56. Philip Trammell et al., "Economic Growth Under Transformative AI," Global Priorities Institute, Oct. 2020, globalprioritiesinstitute.org/wp-content /uploads/Philip-Trammell-and-Anton-Korinek_economic-growth-under-transformative-ai.pdf. 這促成一種出乎意料的非凡情境：成長「速度夠快，可在有限的時間內產生無限的產出」。

57. Hannah Ritchie et al., "Crop Yields," Our World in Data, ourworldindata.org/crop-yields.

58. "Farming Statistics—Final Crop Areas, Yields, Livestock Populations and Agricultural Workforce at 1 June 2020 United Kingdom," U.K. Government Department for Environment, Food & Rural Affairs, Dec. 22, 2020, assets.publishing.service.gov.uk/government/uploads/system /uploads/attachment_data/file/946161/structure-jun2020final-uk-22dec20.pdf.

59. Ritchie et al., "Crop Yields."

60. Smil, *How the World Really Works*, 66.

61. Max Roser and Hannah Ritchie, "Hunger and Under-nourishment," Our World in Data, ourworldindata.org/hunger-and-undernourishment.

62. Smil, *How the World Really Works*, 36.

63. 同前，42。

64. 同前，61。

65. Daniel Quiggin et al., "Climate Change Risk Assessment 2021," Chatham House, Sept. 14, 2021, www.chathamhouse.org/2021/09/climate-change-risk-assessment-2021?7J7ZL,68TH2Q,UNIN9.

66. Elizabeth Kolbert, *Under a White Sky: The Nature of the Future* (New York: Crown, 2022), 155.

67. Hongyuan Lu et al., "Machine Learning-Aided Engineering of Hydrolases for PET Depolymerization," Nature, April 27, 2022, www.nature.com/articles/s41586-022-04599-z.

68. "J. Robert Oppenheimer 1904-67," in Oxford Essential Quotations, ed. Susan Ratcliffe (Oxford: Oxford University Press, 2016), www.oxfordreference.com/view/10.1093/acref/9780191826719.001.0001/q-oro-ed4-00007996.

69. Quoted in Dyson, Turing's Cathedral.

## 第 9 章

1. 「民族國家」（nation-state）與「國家」（state）這兩個詞的用法顯然非常複雜，也有大量的討論文獻。不過，在此我以一種很基本的方式來定義：民族國家是世界上的國家、人民與他們的政府（代表很大的多元性與複雜性）；國家是指那些民族國家內的政府、統治與社會服務系統。愛爾蘭、以色列、印度、印尼都是非常不同的國家，但我們仍然可以把它們視為一組一致的實體，儘管它們有許多的不同之處。套用溫蒂・布朗（Wendy Brown）的說法，民族國家一直是「某種虛構的東西」（*Walled States*, Waning Sovereignty [New York: Zone Books, 2010], 69）──如果有人對人民施加權力，人民怎麼可能是主權呢？儘管如此，民族國家仍是一種極其有用又強大的虛構東西。

2. Max Roser and Esteban Ortiz-Ospina, "Literacy," Our World in Data, ourworldindata.org/literacy.

3. 套用威廉・戴維斯（William Davies）的說法，*Nervous States: How Feeling Took Over the World* (London: Jonathan Cape, 2018)。

4. 三分之一（35％）的英國人表示他們信任本國政府，這個比例低於 OECD 國家的平均水準（41％）。一半（49％）的英國人表示，他們不信任國家政府。"Building Trust to Reinforce Democracy: Key Findings from the 2021 OECD Survey on Drivers of Trust in Public Institutions," OECD, www.oecd.org/governance/trust-in-government.

5. "Public Trust in Government: 1958-2022," Pew Research Center, June 6, 2022, www.pewresearch.org/politics/2022/06/06/public-trust-in-government-1958-2022.

6. Lee Drutman et al., "Follow the Leader: Exploring American Support for Democracy and Authoritarianism," Democracy Fund Voter Study Group, March 2018, fsi-live.s3.us-west-1.amazonaws.com/s3fs-public/followtheleader_2018mar13.pdf.

7. "Bipartisan Dissatisfaction with the Direction of the Country and the Economy," AP NORC, June 29, 2022, apnorc.org/projects/bipartisan-dissatisfaction-with-the-direction-of-the-country-and-the-economy.

8. 例如參見 Daniel Drezner, *The Ideas Industry: How Pessimists, Partisans, and Plutocrats Are Transforming the Marketplace of Ideas* (New York: Oxford University Press, 2017)，以及 Edelman Trust Barometer: "2022 Edelman Trust Barometer," Edelman, www.edelman.com/trust/2022-trust-barometer。

9. Richard Wike et al., "Many Across the Globe Are Dissatisfied with How Democracy Is Working," Pew Research Center, April 29, 2019, www.pewresearch.org/global/2019/04/29/many-across-the-globe-are-dissatisfied-with-how-democracy-is-working/; Dalia Research et al., "Democracy Perception Index 2018," Alliance of

Democracies, June 2018, www.allianceofdemocracies.org/wp-content/uploads/2018/06/Democracy-Perception-Index-2018-1.pdf.

10. "New Report: The Global Decline in Democracy Has Accelerated," Freedom House, March 3, 2021, freedomhouse.org/article/new-report-global-decline-democracy-has-accelerated.

11. 關於更廣泛的調查，可參見 Thomas Piketty, Capital in the Twenty-first Century (Cambridge, Mass.: Harvard University Press, 2014)，以及 Anthony B. Atkinson, Inequality: What Can Be Done? (Cambridge, Mass.: Harvard University Press, 2015)。

12. "Top 1% National Income Share," World Inequality Database, wid.world/world/#sptinc_p99p100_z/US;FR;DE;CN;ZA;GB;WO/last/eu/k/p/yearly/s/false/5.6579999999999995/30/curve/false/country.

13. Richard Mille, "Forbes World's Billionaires List: The Richest in 2023," Forbes, www.forbes.com/billionaires/. 雖然 GDP 確實是流動的，而不是像財富那樣固定，但這種比較仍引人注目。

14. Alistair Dieppe, "The Broad-Based Productivity Slowdown, in Seven Charts," World Bank Blogs: Let's Talk Development, July 14, 2020, blogs.worldbank.org/developmenttalk/broad-based-productivity-slowdown-seven-charts.

15. Jessica L. Semega et al., "Income and Poverty in the United States: 2016," U.S. Census Bureau, www.census.gov/content/dam /Census/library/publications/2017/demo/P60-259.pdf, reported in digitallibrary.un.org/record/1629536?ln=en.

16. 例如參見 Christian Houle et al., "Social Mobility and Political Instability," Journal of Conflict Resolution, Aug. 8, 2017, journals.sagepub.com/doi/full/10.1177/0022002717723434；以及 Carles Boix, "Eco-nomic Roots of Civil Wars and Revolutions in the Contemporary World," World Politics 60, no. 3 (April 2008): 390–437。

17. 民族國家的消亡幾乎不算是什麼新概念，例如參見 Rana Dasgupta, "The Demise of the Nation State," Guardian, April 5, 2018, www.theguardian.com/news/2018/apr/05/demise-of-the-nation-state-rana-dasgupta。

18. Philipp Lorenz-Spreen et al., "A Systematic Review of Worldwide Causal and Correlational Evidence on Digital Media and Democracy," Nature Human Behaviour, Nov. 7, 2022, www.nature.com/articles/s41562-022-01460-1.

19. Langdon Winner, Autonomous Technology: Technics-Out-of-Control as a Theme in Political Thought (Cambridge, Mass.: MIT Press, 1977), 6.

20. 例如參見 Jenny L. Davis, How Artifacts Afford: The Power and Politics of Everyday Things (Cambridge, Mass.: MIT Press, 2020)。套用烏蘇拉‧富蘭克林（Ursula M. Franklin）的說法（The Real World of Technology [Toronto: House of Anansi, 1999]），技術是規範性的；也就是說，它們的創造或使用促成或需要某些行為、分工或結果。擁有牽引機的農民投入工作及規劃需求的方式，將與擁有兩頭牛和一把犁的農民不同。工廠制度所促成的勞力分工創造出與狩獵採集社會截然不同的社會組織，那是一種服從與管理的文化。「使用技術時所形成的模式，變成社會生活的一部分。」(55)

21. 關於機械鐘的影響，精彩分析可參見 Mumford, *Technics and Civilization*。
22. Benedict Anderson, *Imagined Communities: Reflectionss on the Origin and Spread of Nationalism* (London: Verso, 1983).
23. 劍橋政治學家大衛・朗西曼（David Runciman）所說的「僵屍民主」也有類似的意思：「基本概念是，民眾只是在觀看一場表演，他們的角色是在適當的時刻鼓掌或不鼓掌。民主政治已經變成一場精心策劃的演出。」David Runciman, *How Democracy Ends* (London: Profile Books, 2019), 47.

## 第 10 章

1. 詳情可參見 S. Ghafur et al., "A Retrospective Impact Analysis of the WannaCry Cyberattack on the NHS," *NPJ Digital Medicine*, Oct. 2, 2019, www.nature.com/articles/s41746-019-0161-6。
2. Mike Azzara, "What Is WannaCry Ransomware and How Does It Work?," Mimecast, May 5, 2021, www.mimecast.com/blog/all-you-need-to-know-about-wannacry-ransomware.
3. Andy Greenberg, "The Untold Story of NotPetya, the Most Devastating Cyberattack in History," *Wired*, Aug. 22, 2018, www.wired.com /story/notpetya-cyberattack-ukraine-russia-code-crashed-the-world.
4. James Bamford, "Commentary: Evidence Points to Another Snowden at the NSA," Reuters, Aug. 22, 2016, www.reuters.com/article/us-intelligence-nsa-commentary-idUSKCN10X01P.
5. Brad Smith, "The Need for Urgent Collective Action to Keep People Safe Online: Lessons from Last Week's Cyberattack," *Microsoft Blogs: On the Issues*, May 14, 2017, blogs.microsoft.com/on-the-issues/2017/05/14/need-urgent-collective-action-keep-people-safe-online-lessons-last-weeks-cyberattack.
6. 定義取自牛津字典 languages.oup.com。
7. Ronen Bergman et al., "The Scientist and the A.I.-Assisted, Remote-Control Killing Machine," *New York Times*, Sept. 18, 2021, www.nytimes.com/2021/09/18/world/middleeast/iran-nuclear-fakhrizadeh-assassination-israel.html.
8. Azhar, *Exponential*, 192.
9. Fortune Business Insights, "Military Drone Market to Hit USD 26.12 Billion by 2028; Rising Military Spending Worldwide to Augment Growth," Global News Wire, July 22, 2021, www.globenewswire.com/en/news-release/2021/07/22/2267009/0/en/Military-Drone-Market-to-Hit-USD-26-12-Billion-by-2028-Rising-Military-Spending-Worldwide-to-Augment-Growth-Fortune -Business-Insights.html.
10. David Hambling, "Israel Used World's First AI- Guided Combat Drone Swarm in Gaza Attacks," New Scientist, June 30, 2021, www.newscientist.com/article/2282656-israel-used-worlds-first-ai-guided-combat-drone-swarm-in-gaza-attacks.
11. Dan Primack, "Exclusive: Rebellion Defense Raises $150 Million at $1 Billion

Valuation," Axios, Sept. 15, 2021, www.axios.com/2021/09/15/rebellion-defense-raises-150-million-billion-valuation; Ingrid Lunden, "Anduril Is Raising Up to $1.2B, Sources Say at a $7B Pre-money Valuation, for Its Defense Tech," TechCrunch, May 24, 2022, techcrunch.com/2022/05/24/filing-anduril-is-raising-up-to-1-2b-sources-say-at-a-7b-pre-money-valuation-for-its-defense-tech.

12. Bruce Schneier, "The Coming AI Hackers," Harvard Kennedy School Bel

13. Anton Bakhtin et al., "Human-Level Play in the Game of Diplomacy by Combining Language Models with Strategic Reasoning," Science, Nov. 22, 2022, www.science.org/doi/10.1126/science.ade9097.

14. 關於這個論述的更成熟版本，參見 Benjamin Wittes and Gabriella Blum, *The Future of Violence: Robots and Germans, Hackers and Drones—Confronting A New Age of Threat* (New York: Basic Books, 2015)。

15. 最早的報導出現在 Nilesh Cristopher, "We've Just Seen the First Use of Deepfakes in an Indian Election Campaign," *Vice*, Feb. 18, 2020, www.vice.com/en/article/jgedjb/the-first-use-of-deepfakes-in-indian-election-by-bjp。

16. Melissa Goldin, "Video of Biden Singing 'Baby Shark' Is a Deepfake," Associated Press, Oct. 19, 2022, apnews.com/article/fact-check-biden-baby-shark-deepfake-412016518873; "Doctored Nancy Pelosi Video Highlights Threat of 'Deepfake' Tech," CBS News, May 25, 2019, www.cbsnews .com/news/doctored-nancy-pelosi-video-highlights-threat-of-deepfake-tech-2019-05-25.

17. TikTok @deeptomcruise, www.tiktok.com/@deeptom cruise?lang=en.

18. Thomas Brewster, "Fraudsters Cloned Company Director's Voice in $35 Million Bank Heist, Police Find," Forbes, Oct. 14, 2021, www.forbes.com/sites/thomasbrewster/2021/10/14/huge-bank-fraud-uses-deep-fake-voice-tech-to-steal-millions.

19. Catherine Stupp, "Fraudsters Used AI to Mimic CEO's Voice in Unusual Cybercrime Case," *Wall Street Journal*, Aug. 30, 2019, www.wsj .com/articles/fraudsters-use-ai-to-mimic-ceos-voice-in-unusual-cybercrime-case-11567157402.

20. 那是真的深偽，參見 Kelly Jones, "Viral Video of Biden Saying He's Reinstating the Draft Is a Deepfake," *Verify*, March 1, 2023, www.verifythis.com/article/news/verify/national-verify/viral-video-of-biden-saying-hes-reinstating-the-draft-is-a-deepfake/536-d721f8cb-d26a-4873-b2a8-91dd91 288365。

21. Josh Meyer, "Anwar al-Awlaki: The Radical Cleric Inspiring Terror from Beyond the Grave," NBC News, Sept. 21, 2016, www.nbcnews.com/news/us-news/anwar-al-awlaki-radical-cleric-inspiring-terror-beyond-grave-n651296; Alex Hern, "'YouTube Islamist' Anwar al-Awlaki Videos Removed in Extremism Clampdown," *Guardian*, Nov. 13, 2017, www.theguardian.com/technology/2017/nov/13/youtube-islamist-anwar-al-awlaki-videos-removed-google-extremism-clampdown.

22. Eric Horvitz, "On the Horizon: Interactive and Compositional Deepfakes," ICMI '22: Proceedings of the 2022 International Conference on Multimodal Interaction, arxiv.org/

abs/2209.01714.

23. U.S. Senate, Report of the Select Committee on Intelligence: Russian Active Measures Campaigns and Interference in the 2016 U.S. Election, vol. 5, Counterintelligence Threats and Vulnerabilities, 116th Congress, 1st sess., www.intelligence.senate.gov/ sites/default/files/documents/report_volume5 .pdf; Nicholas Fandos et al., "House Intelligence Committee Releases Incendiary Russian Social Media Ads," *New York Times*, Nov. 1, 2017, www.nytimes.com/2017/11/01/us/politics/russia-technology-facebook.html.

24. 然而，那通常是俄羅斯。2010 年，有 58％的網路攻擊來自俄羅斯。參見 Tom Burt, "Russian Cyberattacks Pose Greater Risk to Governments and Other Insights from Our Annual Report," *Microsoft Blogs: On the Issues*, Oct. 7, 2021, blogs.microsoft.com/ on-the-issues/2021/10/07/digital-defense-report-2021。

25. Samantha Bradshaw et al., "Industrialized Disinformation: 2020 Global Inventory of Organized Social Media Manipulation," Oxford University Programme on Democracy & Technology, Jan. 13, 2021, demtech.oii.ox.ac.uk/research/posts/industrialized-disinformation.

26. 例如參見 Krassi Twigg and Kerry Allen, "The Disinformation Tactics Used by China," BBC News, March 12, 2021, www.bbc .co.uk/news/56364952; Kenddrick Chan and Mariah Thornton, "China's Changing Disinformation and Propaganda Targeting Taiwan," *Diplomat*, Sept. 19, 2022, thediplomat.com/2022/09/chinas-changing-disinformation-and-propaganda-targeting-taiwan/；以 及 Emerson T. Brooking and Suzanne Kianpour, "Iranian Digital Influence Efforts: Guerrilla Broadcasting for the Twenty-first Century," Atlantic Council, Feb. 11, 2020, www.atlanticcouncil.org/in-depth-research-reports/report/iranian-digital-influence-efforts-guerrilla-broadcasting-for-the-twenty-first-century。

27. Virginia Alvino Young, "Nearly Half of the Twitter Accounts Discussing 'Reopening America' May Be Bots," Carnegie Mellon University, May 27, 2020, www.cmu.edu/ news/stories/archives/2020/may/twitter-bot-campaign.html.

28. Nina Schick, Deep Fakes and the Infocalypse: What You Urgently Need to Know (London: Monoray, 2020); and Ben Buchanan et al., "Truth, Lies, and Automation," Center for Security and Emerging Technology, May 2021, cset.georgetown.edu/ publication/truth-lies-and-automation.

29. William A. Galston, "Is Seeing Still Believing? The Deepfake Challenge to Truth in Politics," Brookings, Jan. 8, 2020, www.brookings.edu/research/is-seeing-still-believing-the-deepfake-challenge-to-truth-in-politics.

30. 數字取自 William MacAskill, *What We Owe the Future: A Million-Year View* (London: Oneworld, 2022), 112。他引用了許多資料來源，但承認沒有一份資料確定這個數字。亦參見 H. C. Kung et al., "Influenza in China in 1977: Recurrence of Influenza Virus A Subtype H1N1," *Bulletin of the World Health Organization* 56, no. 6 (1978), www.ncbi.nlm.nih.gov/pmc/articles/PMC2395678/pdf/bullwho00443-0095.pdf。

31. Joel O. Wertheim, "The Re-emergence of H1N1 Influenza Virus in 1977: A Cautionary Tale for Estimating Divergence Times Using Biologically Unrealistic Sampling Dates," PLOS ONE, June 17, 2010, journals.plos.org/plosone/article?id=10.1371/journal.pone.0011184.

32. 例如參見 Edwin D. Kilbourne, "Influenza Pandemics of the 20th Century," *Emerging Infectious Diseases* 12, no. 1 (Jan. 2006), www.ncbi.nlm.nih.gov/pmc/articles/PMC3291411; and Michelle Rozo and Gigi Kwik Gronvall, "The Reemergent 1977 H1N1 Strain and the Gain-of-Function Debate," *mBio*, Aug. 18, 2015, www.ncbi.nlm.nih.gov/pmc/articles/PMC4542197.

33. 例如參見 Alina Chan and Matt Ridley, *Viral: The Search for the Origin of Covid-19* (London: Fourth Estate, 2022)；以及 MacAskill, What We Owe the Future 中的精彩描述。

34. Kai Kupferschmidt, "Anthrax Genome Reveals Secrets About a Soviet Bioweapons Accident," *Science*, Aug. 16, 2016, www.science.org/content/article/anthrax-genome-reveals-secrets-about-soviet-bioweapons-accident.

35. T. J. D. Knight-Jones and J. Rushton, "The Economic Impacts of Foot and Mouth Disease—What Are They, How Big Are They, and Where Do They Occur?," *Preventive Veterinary Medicine*, Nov. 2013, www.ncbi.nlm.nih.gov/pmc/articles/PMC3989032/#bib0005. 應該指出的是，這次造成的損害比 2001 年那次小得多，後者是自然原因造成的。

36. Maureen Breslin, "Lab Worker Finds Vials Labeled 'Smallpox' at Merck Facility," *The Hill*, Nov. 17, 2021, thehill.com/policy/healthcare/581915-lab-worker-finds-vials-labeled-smallpox-at-merck-facility-near-philadelphia.

37. Sophie Ochmann and Max Roser, "Smallpox," Our World in Data, ourworldindata.org/smallpox; Kelsey Piper, "Smallpox Used to Kill Millions of People Every Year. Here's How Humans Beat It," *Vox*, May 8, 2022, www.vox.com/future-perfect/21493812/smallpox-eradication-vaccines-infectious-disease-covid-19.

38. 例如參見 Kathryn Senio, "Recent Singapore SARS Case a Laboratory Accident," *Lancet Infectious Diseases*, Nov. 2003, www.thelancet.com/journals/laninf/article/PIIS1473-3099(03)00815-6/fulltext；Jane Parry, "Breaches of Safety Regulations Are Probable Cause of Recent SARS Outbreak, WHO Says," *BMJ*, May 20, 2004, www.bmj.com/content/328/7450/1222.3；以及 Martin Furmanski, "Laboratory Escapes and 'Self-Fulfilling Prophecy' Epidemics," Arms Control Center, Feb. 17, 2014, armscontrolcenter.org/wp-content/uploads/2016/02/Escaped-Viruses-final-2-17-14-copy.pdf。

39. Alexandra Peters, "The Global Proliferation of High-Containment Biological Laboratories: Understanding the Phenomenon and Its Implications," *Revue Scientifique et Technique*, Dec. 2018, pubmed.ncbi.nlm.nih.gov/30964462. 過去兩年間，實驗室的數量從五十九個增至六十九個，多數在城市裡。處理致命病原體的實驗室，數量則是超過一百個。新一代「BSL-3+」實驗室也大量增加。參見 Filippa Lentzos et

al., "Global BioLabs Report 2023," King's College London, May 16, 2023, www.kcl. ac.uk/warstudies/assets/global-biolabs-report-2023.pdf。

40. David Manheim and Gregory Lewis, "High-Risk Human- Caused Pathogen Exposure Events from 1975-2016," FioooResearch, July 8, 2022, f1000research.com/ articles/10-752.

41. David B. Manheim, "Results of a 2020 Survey on Reporting Requirements and Practices for Biocontainment Laboratory Accidents," *Health Security* 19, no. 6 (2021), www. liebertpub.com/doi/10.1089/hs.2021.0083.

42. Lynn C. Klotz and Edward J. Sylvester, "The Con-sequences of a Lab Escape of a Potential Pandemic Pathogen," Frontiers in Public Health, Aug. 11, 2014, www. frontiersin.org/articles/10.3389/fpubh.2014.00116/full.

43. 特別感謝傑森・馬瑟尼（Jason Matheny）與凱文・艾斯韋爾特（Kevin Esvelt）討論這個主題。

44. Martin Enserink and John Cohen, "One of Two Hotly Debated H5N1 Papers Finally Published," *Science*, May 2, 2012, www.science.org/content/article/one-two-hotly-debated-h5n1-papers-finally-published.

45. Amber Dance, "The Shifting Sands of 'Gain-of- Function' Research," *Nature*, Oct. 27, 2021, www.nature.com/articles/d41586-021-02903-x.

46. Chan and Ridley, *Viral*; "Controversial New Research Suggests SARS-CoV-2 Bears Signs of Genetic Engineering," Economist, Oct. 27, 2022, www.economist.com/science-and-technology/2022/10/22/a-new-paper-claims-sars-cov-2-bears-signs-of-genetic-engineering.

47. 例如參見 Max Matza and Nicholas Yong, "FBI Chief Christopher Wray Says China Lab Leak Most Likely," BBC, March 1, 2023, www.bbc.co.uk/news/world-us-canada-64806903。

48. Da-Yuan Chen et al., "Role of Spike in the Pathogenic and Antigenic Behavior of SARS-CoV-2 BA.1 Omicron," bioRxiv, Oct. 14, 2022, www.biorxiv.org/content/10.110 1/2022.10.13.512134v1.

49. Kiran Stacey, "US Health Officials Probe Boston University's Covid Virus Research," *Financial Times*, Oct. 20, 2022, www.ft.com/content/f2e88a9c-104a-4515-8de1-65d72a5903d0.

50. Shakked Noy and Whitney Zhang, "Experimental Evidence on the Productivity Effects of Generative Artificial Intelligence," MIT Economics, March 10, 2023, economics.mit. edu/sites/default/files/inline-files/Noy_Zhang_1_0.pdf.

51. 不過，可能的總數較少，但依然可觀，參見 James Manyika et al., "Jobs Lost, Jobs Gained: What the Future of Work Will Mean for Jobs, Skills, and Wages," McKinsey Global Institute, Nov. 28, 2017, www.mckinsey.com/featured-insights/future-of-work/jobs-lost-jobs-gained-what-the -future-of-work-will-mean-for-jobs-skills-and-wages。確切的措辭是：「我們估計，全球勞力中約有一半的受薪活動，可能會藉由調整目前展示的技術而達到自動化。」第二個統計資料來自 Mark Muro et al.,

"Automation and Artificial Intelligence: How Machines Are Affecting People and Places," Metropolitan Policy Program, Brookings, Jan. 2019, www.brookings.edu/wp-content/uploads/2019/01/2019.01_BrookingsMetro_Automation-AI_Report_Muro-Maxim-Whiton-FINAL-version.pdf。

52. Daron Acemoglu and Pascual Restrepo, "Robots and Jobs: Evidence from US Labor Markets," *Journal of Political Economy* 128, no. 6 (June 2020), www.journals.uchicago.edu/doi/abs/10.1086/705716.

53. 同前；Edward Luce, *The Retreat of Western Liberalism* (London: Little, Brown, 2017), 54。亦參見 Justin Baer and Daniel Huang, "Wall Street Staffing Falls Again," *Wall Street Journal*, Feb. 19, 2015, www.wsj.com/articles/wall-street-staffing-falls-for-fourth-consecutive-year-1424366858；Ljubica Nedelkoska and Glenda Quintini, "Automation, Skills Use, and Training," OECD, March 8, 2018, www.oecd-ilibrary.org/employment/automation-skills-use-and-training_2e2f4eea-en。

54. David Autor David H. Autor, "Why Are There Still So Many Jobs? The History and Future of Workplace Automation," *Journal of Economic Perspectives* 29, no. 3 (Summer 2015), www.aeaweb.org/articles?id=10.1257/jep.29.3.3.

55. 這是雅齊‧阿札爾（Azeem Azhar）的觀點：「但整體而言，自動化的持久影響不會是失業。」(Azhar, Exponential, 141).

56. 關於這些阻力更詳細的敘述，參見 Daniel Susskind, *A World Without Work: Technology, Automation and How We Should Respond* (London: Allen Lane, 2021)。

57. "U.S. Private Sector Job Quality Index (JQI)," University at Buffalo School of Management, Feb. 2023, ubwp.buffalo.edu/job-quality-index-jqi. 亦參見 Ford, *Rule of the Robots*。

58. Autor, "Why Are There Still So Many Jobs?"

## 第 11 章

1. White, *Medieval Technology and Social Change*. 這說法未被普遍接納。關於林恩‧懷特（Lynn White）那份著名論文的懷疑論述，可參見 "The Great Stirrup Controversy," The Medieval Technology Pages, web.archive.org/web/20141009082354/http://scholar.chem.nyu.edu/tekpages/texts/strpcont.html。

2. Brown, Walled States, *Waning Sovereignty*.

3. William Dalrymple, *The Anarchy: The Relentless Rise of the East India Company* (London: Bloomsbury, 2020), 233.

4. 理查‧丹齊格（Richard Danzig）與我共餐時首次向我提出這個想法，後來他發表了一篇出色的論文："Machines, Bureaucracies, and Markets as Artificial Intelligences," Center for Security and Emerging Technology, Jan. 2022, cset.georgetown.edu/wp-content/uploads/Machines-Bureaucracies-and-Markets-as-Artificial-Intelligences.pdf。

5. "Global 500," *Fortune*, fortune.com/global500/. 截至 2022 年 10 月，世界銀行的數字

顯示略低：World Bank, "GDP (Current US$)," World Bank Data, data.worldbank.org/indicator/NY.GDP.MKTP.CD。

6. Benaich and Hogarth, *State of AI Report 2022.*

7. James Manyika et al., "Superstars: The Dynamics of Firms, Sectors, and Cities Leading the Global Economy," McKinsey Global Institute, Oct. 24, 2018, www.mckinsey.com/featured-insights/innovation-and-growth/superstars-the-dynamics-of-firms-sectors-and-cities-leading-the-global-economy.

8. Colin Rule, "Separating the People from the Problem," The Practice, July 2020, thepractice.law.harvard.edu/article/separating-the-people-from-the-problem.

9. 例如參見 Jeremy Rifkin, *The Zero Marginal Cost Society: The Internet of Things, the Collaborative Commons, and the Eclipse of Capitalism* (New York: Palgrave, 2014)。

10. 艾瑞克・布林優夫森（Erik Brynjolfsson）把一種情境稱為「圖靈陷阱」（Turing Trap）：AI 接管愈來愈多的經濟，把許多人鎖在一個沒工作、沒財富、沒有權力的平衡中。Erik Brynjolfsson, "The Turing Trap: The Promise & Peril of Human-Like Artificial Intelligence," Stanford Digital Economy Lab, Jan. 11, 2022, arxiv.org/pdf/2201.04200.pdf.

11. 例如參見 Joel Kotkin, *The Coming of Neo-feudalism: A Warning to the Global Middle Class* (New York: Encounter Books, 2020)。

12. James C. Scott, *Seeing Like a State: How Certain Schemes to Improve the Human Condition Have Failed* (New Haven, Conn.: Yale University Press, 1998).

13. "How Many CCTV Cameras Are There in London?," CCTV.co.uk, Nov. 18, 2020, www.cctv.co.uk/how-many-cctv-cameras-are-there-in-london.

14. Benaich and Hogarth, *State of AI Report 2022.*

15. Dave Gershgorn, "China's 'Sharp Eyes' Program Aims to Surveil 100% of Public Space," *OneZero*, March 2, 2021, onezero.medium.com/chinas-sharp-eyes-program-aims-to-surveil-100-of-public-space-ddc22d63e015.

16. Shu-Ching Jean Chen, "SenseTime: The Faces Behind China's Artificial Intelligence Unicorn," *Forbes*, March 7, 2018, www.forbes.com/sites/shuchingjeanchen/2018/03/07/the-faces-behind-chinas-omniscient-video-surveillance-technology.

17. Sofia Gallarate, "Chinese Police Officers Are Wearing Facial Recognition Sunglasses," Fair Planet, July 9, 2019, www.fairplanet.org/story/chinese-police-officers-are-wearing-facial-recogni%C2%ADtion-sunglasses.

18. 統計數據取自《紐約時報》的調查：Isabelle Qian et al., "Four Takeaways from a Times Investigation into China's Expanding Surveillance State," *New York Times*, June 21, 2022, www.nytimes.com/2022/06/21/world/asia/china-surveillance-investigation.html。

19. Ross Andersen, "The Panopticon Is Already Here," *Atlantic*, Sept. 2020, www.theatlantic.com/magazine/archive/2020/09/china-ai-surveillance/614197.

20. Qian et al., "Four Takeaways from a Times Investigation into China's Expanding Surveillance State."

21. "NDAA Section 889," GSA SmartPay, smartpay.gsa.gov/content/ndaa-section-889.

22. Conor Healy, "US Military & Gov't Break Law, Buy Banned Dahua/Lorex, Congressional Committee Calls for Investigation," IPVM, Dec. 1, 2019, ipvm.com/reports/usg-lorex.

23. Zack Whittaker, "US Towns Are Buying Chinese Surveillance Tech Tied to Uighur Abuses," TechCrunch, May 24, 2021, techcrunch.com/2021/05/24/united-states-towns-hikvision-dahua-surveillance.

24. Joshua Brustein, "Warehouses Are Tracking Workers' Every Muscle Movement," Bloomberg, Nov. 5, 2019, www.bloomberg.com/news/articles/2019-11-05/am-i-being-tracked-at-work-plenty-of-warehouse-workers-are.

25. Kate Crawford, *Atlas of AI: Power, Politics, and the Planetary Costs of Artificial Intelligence* (New Haven, Conn.: Yale University Press, 2021).

26. Joanna Fantozzi, "Domino's Using AI Cameras to Ensure Pizzas Are Cooked Correctly," *Nation's Restaurants News*, May 29, 2019, www.nrn.com/quick-service/domino-s-using-ai-cameras-ensure-pizzas-are-cooked-correctly.

27. 例如戴夫・艾格斯（Dave Eggers）的《一切》（*The Every*）是一本關於監控反烏托邦的最新小說，內容並沒有真正涉及監控，也不是在寫遙遠的科幻小說，而是在嘲諷當代的科技公司。

28. 分析員是以色列國家安全研究院的退役準將阿薩夫・歐利翁（Assaf Orion）。"The Future of U.S.-Israel Relations Symposium," Council on Foreign Relations, Dec. 2, 2019, www.cfr.org/event /future-us-israel-relations-symposium, quoted in Kali Robinson, "What Is Hezbollah?," Council on Foreign Relations, May 25, 2022, www.cfr.org/backgrounder /what-hezbollah.

29. 例如參見 "Explained: How Hezbollah Built a Drug Empire via Its 'Narcoterrorist Strategy,'" Arab News, May 3, 2021, www.arabnews.com/node/1852636/middle-east。

30. Lina Khatib, "How Hezbollah Holds Sway over the Lebanese State," Chatham House, June 30, 2021, www.chathamhouse.org/sites/default/files/2021-06/2021-06-30-how-hezbollah-holds-sway-over-the-lebanese-state-khatib.pdf.

31. 這只是大幅地擴大某些現有的趨勢，就像中央集權，私人行為者承擔更多傳統上大家認為是國家專屬的角色。例如參見 Rodney Bruce Hall and Thomas J. Biersteker, *The Emergence of Private Authority in Global Governance* (Cambridge, U.K.: Cambridge University Press, 2002)。

32. "Renewable Power Generation Costs in 2019," IRENA, June 2020, www.irena.org/publications/2020/Jun/Renewable-Power-Costs-in-2019.

33. James Dale Davidson and William Rees-Mogg, *The Sovereign Individual: Mastering the Transition to the Information Age* (New York: Touchstone, 1997).

34. Peter Thiel, "The Education of a Libertarian," *Cato Unbound*, April 13, 2009, www.cato-unbound.org/2009/04/13/peter-thiel/education-libertarian. 關於技術構造如何取代民族國家的更深入觀點，參見 Balaji Srinivasan, *The Network State* (1729 publishing, 2022)。

第 12 章

1. Niall Ferguson, *Doom: The Politics of Catastrophe* (London: Allen Lane, 2021), 131.
2. 數字來源同前。
3. 數字取自一次機密簡報，但我們知道，生物安全專家認為資料可信。
4. 值得注意的是，三分之一從事 AI 研究的科學家認為 AI 可能將導致災難。Jeremy Hsu, "A Third of Scientists Working on AI Say It Could Cause Global Disaster," *New Scientist*, Sept. 22, 2022, www.newscientist.com/article/2338644-a-third-of-scientists-working-on-ai-say-it-could-cause-global-disaster.
5. 參 見 Richard Danzig and Zachary Hosford, "Aum Shinrikyo—Second Edition—English," CNAS, Dec. 20, 2012, www.cnas.org /publications/reports/aum-shinrikyo-second-edition-english；以 及 Philipp C. Bleak, "Revisiting Aum Shinrikyo: New Insights into the Most Extensive Non-state Biological Weapons Program to Date," James Martin Center for Nonproliferation Studies, Dec. 10, 2011, www.nti.org/analysis/articles/revisiting-aum-shinrikyo-new-insights-most-extensive-non-state-biological-weapons-program-date-1。
6. Federation of American Scientists, "The Operation of the Aum," in Global Proliferation of Weapons of Mass Destruction: A Case Study of the Aum Shinrikyo, Senate Government Affairs Permanent Subcommittee on Investigations, Oct. 31, 1995, irp.fas.org/congress/1995_rpt/aum/part04.htm.
7. Danzig and Hosford, "Aum Shinrikyo."
8. Nick Bostrom, "The Vulnerable World Hypothesis," Sept. 6, 2019, nickbostrom.com/papers/vulnerable.pdf 可能是這個命題最成熟的版本。他針對「易得核武」（easy nukes）的風險思考解決方案時，想像了一個「高科技的全方位監控系統」：每個人都有一個「自由標籤」，「戴在脖子上，上面裝有多向攝影鏡頭及麥克風」。加密的影片與音訊不斷從裝置上傳到雲端，並由機器即時翻譯。AI 演算法對佩戴者的活動、手勢、附近的物體、其他的情境線索進行分類。只要檢測到可疑活動，資料就會轉發至愛國者監測站。
9. Martin Bereaja et al., "AI-tocracy," *Quarterly Journal of Economics*, March 13, 2023, academic.oup.com/qje/advance-article-abstract/doi/10.1093/qje/qjad012/7076890.
10. 巴拉吉·斯里尼瓦森（Balaji Srinivasan）預見非常類似的結果：美國是僵屍，中國是魔鬼。「當美國陷入無政府狀態時，中共指出它們那套功能強大、但非常不自由的系統是唯一選擇，並將他們那種監控國家的統包版本輸出到其他國家，作為下一版的「一帶一路」，作為一塊「基礎設施」，裡面包含中國全知 AI SaaS 的訂閱。Srinivasan, *The Network State*, 162.
11. Isis Hazewindus, "The Threat of the Megamachine," *IfThenElse*, Nov. 21, 2021, www.ifthenelse.eu/blog/the-threat-of-the-megamachine
12. Michael Shermer, "Why ET Hasn't Called," *Scientific American*, Aug. 2002, michaelshermer.com/sciam-columns/why-et-hasnt-called.
13. Ian Morris, *Why the West Rules—for Now: The Patterns of History and What They*

*Reveal About the Future* (London: Profile Books, 2010); Tainter, *The Collapse of Complex Societies; Diamond, Collapse.*

14. Stein Emil Vollset et al., "Fertility, Mortality, Migration, and Population Scenarios for 195 Countries and Territories from 2017 to 2100: A Forecasting Analysis for the Global Burden of Disease Study," *Lancet*, July 14, 2020, www.thelancet.com/article/S0140-6736(20)30677-2/fulltext.

15. Peter Zeihan, *The End of the World Is Just the Beginning: Mapping the Collapse of Globalization* (New York: Harper Business, 2022).

16. Xiujian Peng, "Could China's Population Start Falling?" BBC Future, June 6, 2022, www.bbc.com/future/article/20220531-why-chinas-population-is-shrinking.

17. Zeihan, *The End of the World Is Just the Beginning*, 203.

18. "Climate-Smart Mining: Minerals for Climate Action," World Bank, www.worldbank.org/en/topic/extractiveindustries/brief/climate-smart-mining-minerals-for-climate-action.

19. Galor, *The Journey of Humanity*, 130.

20. John von Neumann, "Can We Survive Technology?," in *The Neumann Compendium* (River Edge, N.J.: World Scientific, 1995), geosci.uchicago.edu/~kite/doc/von_Neumann_1955.pdf.

## 第 13 章

1. David Cahn et al., "AI 2022: The Explosion," Coatue Venture, coatue-external.notion.site/AI-2022-The-Explosion-e76afd140f824f2eb6b0 49c5b85a7877.

2. "2021 GHS Index Country Profile for United States," Global Health Security Index, www.ghsindex.org/country/united-states.

3. Edouard Mathieu et al., "Coronavirus (COVID-19) Deaths," Our World in Data, ourworldindata.org/covid-deaths.

4. 舉例來說，相較於 1957 年亞洲流感期間，美國聯邦預算不僅金額很高（16.2%），占 GDP 的比例也大得多（20.8%）。1957 年還沒有專門的衛生部，疾病管制與預防中心（CDC）的前身才成立十一年，尚未成熟。Ferguson, *Doom*, 234.

5. "The Artificial Intelligence Act," Future of Life Institute, artificialintelligenceact.eu.

6. 例如參見 "FLI Position Paper on the EU AI Act," Future of Life Institute, Aug. 4, 2021, futureoflife.org/wp-content/uploads /2021/08/FLI-Position-Paper-on-the-EU-AI-Act.pdf ?x72900；以及 David Matthews, "EU Artificial Intelligence Act Not 'Futureproof,' Experts Warn MEPs," Science Business, March 22, 2022, sciencebusiness.net/news/eu-artificial-intelligence-act-not-futureproof-experts-warn-meps。

7. Khari Johnson, "The Fight to Define When AI Is High Risk," *Wired*, Sept. 1, 2021, www.wired.com/story/fight-to-define-when-ai-is -high-risk.

8. "Global Road Safety Statistics," Brake, www.brake.org.uk/get-involved/take-action/mybrake/knowledge-centre/global-road-safety#.

9. Jennifer Conrad, "China Is About to Regulate AI—and the World Is Watching," Wired, Feb. 22, 2022, www.wired.com/story/china-regulate-ai-world-watching.
10. Christian Smith, "China's Gaming Laws Are Cracking Down Even Further," SVG, March 15, 2022, www.svg.com/799717/chinas-gaming-laws-are-cracking-down-even-further.
11. "The National Internet Information Office's Regulations on the Administration of Internet Information Service Algorithm Recommendations (Draft for Comment) Notice of Public Consultation," Cyberspace Administration of China, Aug. 27, 2021, www.cac.gov.cn/2021-08/27/c_1631652502 874117.htm.
12. 例如參見 Alex Engler, "The Limited Global Impact of the EU AI Act," Brookings, June 14, 2022, www.brookings.edu /blog/techtank/2022/06/14/the-limited-global-impact-of-the-eu-ai-act。一項對二十五萬份國際條約所做的研究顯示，它們往往達不到目的，參見 Steven J. Hoffman et al., "International Treaties Have Mostly Failed to Produce Their Intended Effects," *PNAS*, Aug. 1, 2022, www.pnas.org/doi/10.1073/pnas.2122854119。
13. 關於這點的詳細闡述，參見 George Marshall, *Don't Even Think About It: Why Our Brains Are Wired to Ignore Climate Change* (New York: Bloomsbury, 2014)。
14. 1970s Rebecca Lindsey, "Climate Change: Atmospheric Carbon Dioxide," Climate.gov, June 23, 2022, www.climate.gov/news-features/understanding-climate/climate-change-atmospheric-carbon-dioxide.

## 第 14 章

1. "IAEA Safety Standards," International Atomic Energy Agency, www.iaea.org/resources/safety-standards/search?facility=All&term_node_tid_depth_2=All&field_publication_series_info_value= &combine=&items_per_page=100.
2. Toby Ord, *The Precipice: Existential Risk and the Future of Humanity* (London: Bloomsbury, 2020), 57.
3. Benaich and Hogarth, *State of AI Report* 2022.
4. 關於 AI 研究人員的估計人數，參見 "What Is Effective Altruism?," www.effectivealtruism.org/articles/introduction-to-effective-altruism#fn-15。
5. NASA, "Benefits from Apollo: Giant Leaps in Technology," NASA Facts, July 2004, www.nasa.gov/sites/default/files/80660main_ApolloFS.pdf.
6. Kevin M. Esvelt, "Delay, Detect, Defend: Preparing for a Future in Which Thousands Can Release New Pandemics," Geneva Centre for Security Policy, Nov. 14, 2022, dam.gcsp.ch/files/doc/gcsp-geneva-paper-29-22.
7. Jan Leike, "Alignment Optimism," *Aligned*, Dec. 5, 2022, aligned.substack.com/p/alignment-optimism.
8. Russell Russell, *Human Compatible*.
9. Deep Ganguli et al., "Red Teaming Language Models to Reduce Harms: Methods,

Scaling Behaviors, and Lessons Learned," arXiv, Nov. 22, 2022, arxiv.org/pdf/2209.07858.pdf.

10. Sam R. Bowman et al., "Measuring Progress on Scalable Oversight for Large Language Models," arXiv, Nov. 11, 2022, arxiv.org/abs/2211.03540.

11. Security DNA Project, "Securing Global Biotechnology," SecureDNA, www.securedna.org.

12. Ben Murphy, "Chokepoints: China's Self-Identified Strategic Technology Import Dependencies," Center for Security and Emerging Technology, May 2022, cset.georgetown.edu/publication/chokepoints.

13. Chris Miller, *Chip War: The Fight for the World's Most Critical Technology* (New York: Scribner, 2022).

14. Demetri Sevastopulo and Kathrin Hille, "US Hits China with Sweeping Tech Export Controls," *Financial Times*, Oct. 7, 2022, www.ft.com/content/6825bee4-52a7-4c86-b1aa-31c100708c3e.

15. Gregory C. Allen, "Choking Off China's Access to the Future of AI," Center for Strategic & International Studies, Oct. 11, 2022, www.csis.org/analysis/choking-chinas-access-future-ai.

16. Julie Zhu, "China Readying $143 Billion Package for Its Chip Firms in Face of U.S. Curbs," Reuters, Dec. 14, 2022, www.reuters.com/technology/china-plans-over-143-bln-push-boost-domestic-chips-compete-with-us-sources-2022-12-13.

17. Stephen Nellis and Jane Lee, "Nvidia Tweaks Flagship H100 Chip for Export to China as H800," Reuters, March 22, 2023, www.reuters.com/technology/nvidia-tweaks-flagship-h100-chip-export-china-h800-2023-03-21.

18. 此外，不僅是機器，還有許多零組件也是只有一家製造商，比如 Cmer 的先進雷射器或蔡司（Zeiss）的反射鏡，這種反射鏡的純度極高，即使把它放大到德國那麼大，其不規則性僅幾公釐寬。

19. 例如參見 Michael Filler on Twitter, May 25, 2022, twitter.com/michaelfiller/status/1529633698961833984。

20. "Where Is the Greatest Risk to Our Mineral Resource Supplies?," USGS, Feb. 21, 2020, www.usgs.gov/news/national-news-release/new-methodology-identifies-mineral-commodities-whose-supply-disruption?qt-news_science_products=1#qt-news_science_products.

21. Zeihan, *The End of the World Is Just the Beginning*, 314.

22. Lee Vinsel, "You're Doing It Wrong: Notes on Criticism and Technology Hype," Medium, Feb. 1, 2021, sts-news.medium.com/youre-doing-it-wrong-notes-on-criticism-and-technology-hype-18b08b4307e5.

23. Stanford University Human-Centered Artificial Intelligence, Artificial Intelligence Index Report 2021.

24. 例如 Shannon Vallor, "Mobilising the Intellectual Resources of the Arts and Humanities," Ada Lovelace Institute, June 25, 2021, www.adalovelaceinstitute.org/blog/

mobilising-intellectual-resources-arts-humanities.

25. Kay C. James on Twitter, March 20, 2019, twitter.com/KayColesJames/status/110836 5238779498497.

26. "B Corps 'Go Beyond' Business as Usual," B Lab, March 1, 2023, www.bcorporation. net/en-us/news/press/b-corps-go-beyond -business-as-usual-for-b-corp-month-2023.

27. "U.S. Research and Development Funding and Performance: Fact Sheet," Congressional Research Service, Sept. 13, 2022, sgp.fas.org/crs/misc/R44307.pdf.

28. 例如參見 Mariana Mazzucato, *The Entrepreneurial State: Debunking Public vs. Private Sector Myths* (London: Anthem Press, 2013)。

29. 英國財政部的網路安全主管的薪水是私營部門同等職位的十分之一：參見 @Jontafkasi on Twitter, March 29, 2023, mobile.twitter.com/Jontafkasi/ status/1641193954778697728。

30. 這些觀點在 Jess Whittlestone and Jack Clark, "Why and How Governments Should Monitor AI Development," arXiv, Aug. 31, 2021, arxiv.org/pdf/2108.12427.pdf. 有很好的闡述。

31. "Legislation Related to Artificial Intelligence," National Conference of State Legislatures, Aug. 26, 2022, www.ncsl.org/research/tele communications-and-information-technology/2020-legislation-related-to-artificial-intelligence.aspx.

32. OECD, "National AI Policies & Strategies," OECD AI Policy Observatory, oecd.ai/en/ dashboards/overview.

33. "Fact Sheet: Biden-Harris Administration Announces Key Actions to Advance Tech Accountability and Protect the Rights of the American Public," White House, Oct. 4, 2022, www.whitehouse.gov/ostp/news-updates/2022/10/04/fact-sheet-biden-harris-administration-announces-key-actions-to-advance-tech-accountability-and-protect-the-rights-of-the-american-public.

34. Daron Acemoglu et al., "Taxes, Automation, and the Future of Labor," MIT Work of the Future, mitsloan.mit.edu/shared/ods/documents ?PublicationDocumentID=7929.

35. Arnaud Costinot and Ivan Werning, "Robots, Trade, and Luddism: A Sufficient Statistic Approach to Optimal Technology Regulation," *Review of Economic Studies*, Nov. 4, 2022, academic.oup.com/restud/advance-article/doi/10.1093/restud/rdac076/6798670.

36. Daron Acemoglu et al., "Does the US Tax Code Favor Automation?," *Brookings Papers on Economic Activity* (Spring 2020), www.brookings.edu/wp-content/uploads/2020/12/ Acemoglu-FINAL-WEB.pdf.

37. Sam Altman, "Moore's Law for Everything," Sam Altman, March 16, 2021, moores. samaltman.com.

38. "The Convention on Certain Conventional Weapons," United Nations, www.un.org/ disarmament/the-convention-on-certain-conventional-weapons.

39. Frangoise Baylis et al., "Human Germline and Heritable Genome Editing: The Global Policy Landscape," *CRISPR Journal*, Oct. 20, 2020, www.liebertpub.com/doi/10.1089/ crispr.2020.0082.

40. Eric S. Lander et al., "Adopt a Moratorium on Heritable Genome Editing," *Nature*, March 13, 2019, www.nature.com/articles/d41586-019 -00726-5.
41. Peter Dizikes, "Study: Commercial Air Travel Is Safer Than Ever," *MIT News*, Jan. 23, 2020, news.mit.edu/2020/study-commercial-flights-safer-ever-0124.
42. "AI Principles," Future of Life Institute, Aug. 11, 2017, future oflife.org/open-letter/ai-principles.
43. Joseph Rotblat, "A Hippocratic Oath for Scientists," *Science*, Nov. 19, 1999, www.science.org/doi/10.1126/science.286.5444.1475.
44. 例如，參見瑞奇‧薩頓（Rich Sutton）的提案，"Creating Human-Level AI: How and When?," University of Alberta, Canada, futureoflife.org/data/PDF/rich_sutton.pdf ?x72900; Azeem Azhar, "We are the ones who decide what we want from the tools we build" (Azhar, *Exponential*, 253)；或 Kai-Fu Lee, "We will not be passive spectators in the story of AI—we are the authors of it" (Kai-Fu Lee and Qiufan Cheng, *AI 2041: Ten Visions for Our Future* [London: W. H. Allen, 2021, 437])。
45. Patrick O'Shea et al., "Communicating About the Social Implications of AI: A FrameWorks Strategic Brief," FrameWorks Institute, Oct. 19, 2021, www.frameworksinstitute.org/publication/communicating-about-the-social-implications-of-ai-a-frameworks-strategic-brief.
46. Stefan Schubert et al., "The Psychology of Existential Risk: Moral Judgments About Human Extinction," *Nature Scientific Reports*, Oct. 21, 2019, www.nature.com/articles/s41598-019-50145-9.
47. Aviv Ovadya, "Towards Platform Democracy," Harvard Kennedy School Belfer Center, Oct. 18, 2021, www.belfercenter.org /publication/towards-platform-democracy-policymaking-beyond-corporate-ceos-and-partisan-pressure.
48. "Pause Giant AI Experiments: An Open Letter," Future of Life Institute, March 29, 2023, futureoflife.org/open-letter/pause-giant-ai-experiments.
49. Adi Robertson, "FTC Should Stop OpenAI from Launching New GPT Models, Says AI Policy Group," *The Verge*, March 30, 2023, www.theverge.com/2023/3/30/23662101/ftc-openai-investigation-request-caidp-gpt-text-generation-bias.
50. Esvelt, "Delay, Detect, Defend." 關於整體化駕馭策略的另一個例子，參見 Allison Duettmann, "Defend Against Physical Threats: Multipolar Active Shields," Foresight Institute, Feb. 14, 2022, foresightinstitute.substack.com/p/defend-physical。
51. Daron Acemoglu and James Robinson, *The Narrow Corridor: How Nations Struggle for Liberty* (London: Viking, 2019).

## 結語

1. 例如參見 Divya Siddarth et al., "How AI Fails Us," Edmond and Lily Safra Center for Ethics, Dec. 1, 2021, ethics.harvard.edu/how-ai-fails-us。

結語 注釋

395

# 控制邊緣

**The Coming Wave**
Technology, Power, and the Twenty-first Century's Greatest Dilemma

作者：穆斯塔法・蘇萊曼（Mustafa Suleyman）、麥可・巴斯卡（Michael Bhaskar）│譯者：洪慧芳│視覺：白日設計、薛美惠│編輯協力：徐育婷│副總編輯：鍾涵瀞│出版：感電出版│發行：遠足文化事業股份有限公司（讀書共和國出版集團）│地址：23141 新北市新店區民權路108-2號9樓│電話：02-2218-1417│傳真：02-8667-1851│客服專線：0800-221-029│信箱：sparkpresstw@gmail.com│法律顧問：華洋法律事務所蘇文生律師│出版日期：2024年5月│EISBN：9786269829477（EPUB）、9786269829446（PDF）│定價：650元

國家圖書館出版品預行編目(CIP)資料

控制邊緣/穆斯塔法.蘇萊曼, 麥可.巴斯卡著；洪慧芳譯. -- 新北市：感電
出版：遠足文化事業股份有限公司發行, 2024.05

400 面；14.8×21公分

譯自：The coming wave : technology, power, and the twenty-first century's
greatest dilemma.

ISBN 978-626-97712-9-5 (軟精裝)

1.CST: 未來社會 2.CST: 資訊社會 3.CST: 人工智慧

541.49                                                    113000380

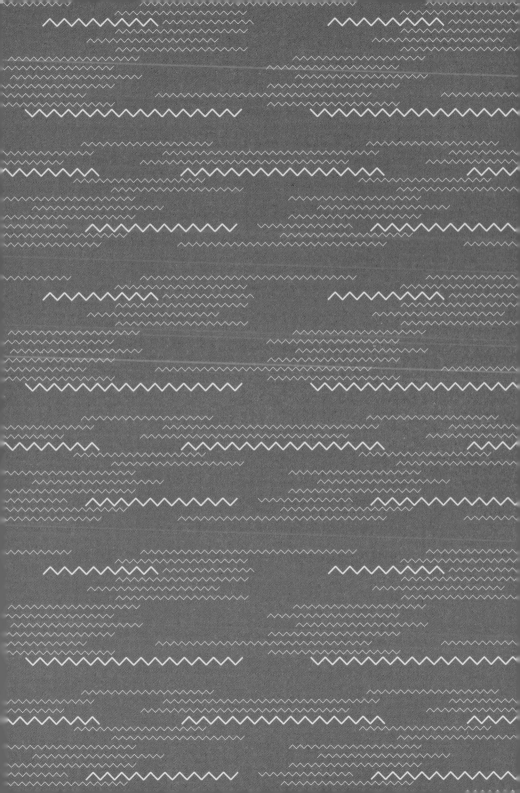

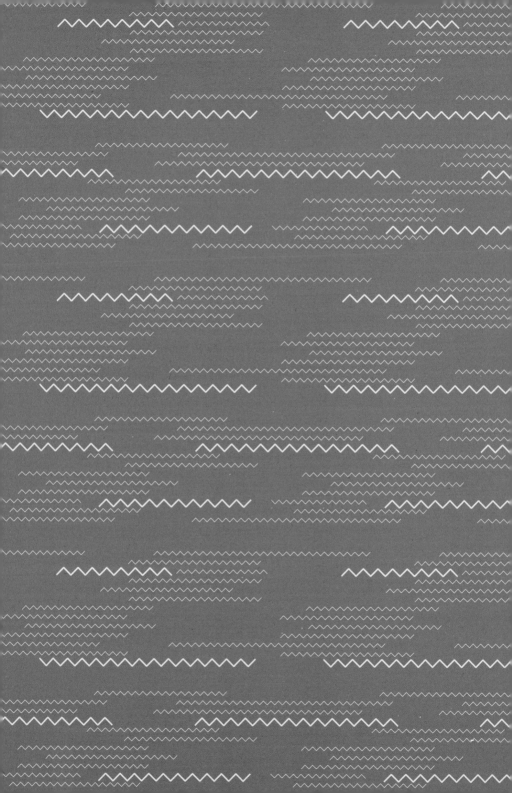